영어교육 연구방법과 SPSS를 활용한 통계 분석

정양수 지음

신아사

머리말

대학에서 오랫동안 대학원 학생들을 대상으로 「영어교육 연구방법론」과 「영어교육 통계분석 방법」 이라는 교과목을 가르치면서 그들의 석·박사 논문 작성에 도움을 제공하고자 하였다. 하지만 많은 대학원 학생들이 영어교육 분야에서 이루어지는 연구방법에 대한 기본적인 지식과 이해가 부족하고, 특히 통계분석과 관련해서는 막연한 두려움과 부담감을 갖고 있다는 것을 자주 접하게 된다. 심지어 어떤 대학원생은 통계분석만을 위해서 많은 비용을 지불해 가면서 통계 전문가에게 데이터 분석을 의뢰하는 경우도 있다. 그럼에도 불구하고, 통계 전문가들은 영어교육 분야의 전문가가 아니기 때문에 통계분석을 하더라도 데이터 분석 결과에 대한 해석이 영어교육 분야에 적절하지 않은 경우가 자주 있게 된다.

또한 시중에서 시판되고 있는 많은 연구방법론 및 통계분석과 관련된 서적들은 너무 많은 수학적인 공식에 기반 하여 어떤 수치들을 계산하는 과정을 자세하게 제시하고 있어서, 통계분석에 두려움을 갖고 있는 학생들을 더 두렵게 만들어 버리는 경우를 자주 접하게 된다. 이는 통계분석이 꼭 필요한 지식임에도 불구하고, 결국 통계분석에 대한 관심과 이해를 미리 포기하도록 만들어 버리는 안타까운 경우이다. 따라서 본 저자는 너무 수학적인 면에 치중하지 않으면서, 그리고 영어교육 분야에 맞는 연구 맥락과 연구 방법 등을 학생들에게 쉽게 전달하고자 하는 목적에서 본 교재에 대한 집필을 시작하였다.

본 교재는 크게 2부로 나뉘어져 있다. 1부는 영어교육 연구의 이론적 배경에 대한 전반적인 설명이 제공되는데, 1장은 영어교육 연구의 이해에 대해서, 2장은 영어교육 연구의 기본 패러다임의 이해에 대해서, 3장은 연구 맥락에서의 변인과 연구 가설에 대해서 기술하였으며, 4장은 실험연구의 이해와 설계에 대해서, 그리고 5장에서는 통계분석의 논리에 대해서 기술하였다. 그리고 본 교재의 2부는 SPSS 프로그램을 사용하여 실제적인 통계분석이 이루어지는 방법을 제시하고 있다. 본 교재에서 다루고 있는 SPSS(Statistical Package for the Social Science) 프로그램은 영어교육을 포함한 인문·사회 분야와 같은 행동과학(behavioral science)에서 가장 널리 사용되는 통계처리 프로그램이며, 무엇보다도 세계적으로 널리 사용되는 신뢰성이 높은 프로그램이다. 6장에서 13장까지는 SPSS 프로그램을 활용하여 실제적인 통계 분석 과정을 제시하고자 하였다. 6장은 데이터 분포도와 표준 점수에 대해서, 7장은 T-test에 대해서, 8장은 분산분석에 대해서, 9장은 상관관계 분석에 대해서, 10장은 회귀분석에 대해서, 11장은 카이제곱 분석에 대해서, 12장은 요인분석에 대해서, 13장은 신뢰도 검사에 대해서, 그리고 마지막 14장에서는 연구결과 보고서의 작성에 대해서 기술하였다.

본 교재는 주로 석·박사 논문을 작성하기 위해서 통계분석을 사용해야 하는 대학원생들을 대상으로 집필되었다. 물론 학술 논문을 작성하고 게재하기 위해서 통계분석을 사용하는 전문 연구자들에게도 좋은 참고 서적이 될 것으로 사료된다. 무엇보다도, 본 교재는 복잡한 수학적인 공식을 활용한 수치의 계산 과정 등은 가능한 생략하고, 꼭 필요한 경우에만 공식을 활용한 계산 과정을 제시하고자 하였다. 대신 영어교육 분야에서 이루어지는 연구 맥락과 연구 방법, 그리고 이러한 맥락에 적절한 통계분석 방법의 선택과 사용 등에 대한 이해를 돕기 위해 많은 예시를 사용하여 자세한 설명을 제공하는데 집중하였다. 그리고 본 교재는 영어교육 분야의 연구 맥락과 연구 방법, 그리고 통계처리 방법에 대해 가능한 우리나라 말로 자세하게 설명하였지만, 중요한 용어에 대해서는 영어 원어를 같이 제시하고자 하였다. 통계학에서 사용되는 주요 용어에 대한 영어 원어 이해는 나중에 영어로 쓰여진 통계관련 서적을 접할 때 이들 용어에 대한 이해를 돕는데도 도움이 될 것으로 사료된다.

본 교재는 영어교육 분야에서 이루어지는 연구 방법과 통계 분석과 관련하여 가장 기본적인 지식을 전달하는데 치중하고 있어서, 보다 깊은 지식과 정보를 원하는 독자들은 시중에서 시판되고 있는 다른 전문 서적을 참고하기 바란다.

끝으로 어려운 여건에서도 본 교재의 출간을 흔쾌히 허락해 주시고, 편집에 최선을 다해 주신 「신아사」 편집부 관계자께 진심어린 감사의 마음을 드린다.

2019. 1. 30
대덕골 연구실에서
저자 정양수

목차

1부: 영어교육 연구의 이론적 배경

2부: 통계분석의 실제

1부

영어교육 연구의 이론적 배경

1. 영어교육 연구의 이해
2. 영어교육 연구의 기본 패러다임 이해
3. 연구 맥락에서의 변인과 연구 가설
4. 실험 연구의 이해와 설계
5. 통계 분석의 논리

1장

영어교육 연구의 이해

1.1 연구의 정의

영어 교수 · 학습 과정 중에서 나타나는 다양한 현상을 이해하기 위해서 연구자는 체계적인 접근 방법을 사용하게 되는데, 이러한 체계적인 노력의 일체를 연구(research)라고 한다. Nunan(1992)에 의하면, 연구는 영어 교수 · 학습 과정 중의 여러 현상에 대한 문제 제기, 문제에 대한 원인 확인, 문제에 대한 해결책 제시 등을 위한 일체의 노력을 의미한다. 따라서 연구자는 영어 교수 · 학습 과정 중에서 제기된 여러 문제에 대한 원인을 파악하기 위해서 먼저 가설을 설정할 수 있으며, 가설의 진위 여부를 결정하기 위해서 적절한 데이터와 증거를 수집하며, 그리고 이러한 데이터를 분석하고 해석하는 행위를 수반하게 된다. McDonough와 McDonough(1997)는 연구가 갖는 공통된 특징으로 다음 4가지를 제시하였다.

① 연구는 체계적이어야 하며 구체적인 데이터에 근거하여 수행되어야 한다.
② 연구가 수행되기 위해서는 일련의 집단(통제 집단, 실험 집단

등)이 있어야 하며, 이들 집단을 대상으로 처치(treatment)가 제공되고, 이에 대한 효과를 검증해야 한다.

③ 연구를 진행하기 위해서 연구 가설(hypothesis)을 설정하고, 궁극적으로는 설정된 가설의 진위 여부를 확인한다.

④ 연구는 가능한 연구자의 주관을 배제하고 객관적으로 진행되어야 한다.

연구가 갖는 가장 중요한 특징 중의 하나는 제기된 문제(또는 연구 가설)에 대한 답을 찾기 위해서 체계적인 접근 방법을 사용하는 것이다. 이를 위해 연구자는 처치 제공, 관찰, 인터뷰, 시험, 설문조사 등의 다양한 방법을 사용하여 데이터를 수집하게 된다. 그리고 수집된 데이터를 분석한 후 최종 결론에 도달하게 된다. 중요한 점은 연구 문제에 대한 해답을 찾고 결론을 내리기 위해서 최적의 방법을 사용해야 하고, 이에 근거하여 객관적이고 정당하게 결과를 해석해야 한다.

지금까지 살펴본 연구는 연구 가설을 설정하고, 설정된 가설에 대한 데이터를 수집하고, 데이터를 체계적으로 분석하고, 그리고 객관적이고 정당하게 그 결과를 해석하고 해결책을 제시하는 것이라 할 수 있다. 그렇다면 연구자는 왜 연구를 수행하는가? 연구를 수행하는 가장 기본적인 목적은 영어 교육 현장에서 접하게 되는 여러 문제들(예를 들어, 현재 사용 중에 있는 교수법은 학습자들의 어휘 능력 및 독해 능력의 신장에 도움이 되지 않는 것 같은데, 다른 교수법을 사용하면 도움이 될 것인가?; 현재 수업에서 학습자들의 참여도가 저조한데, 특정 학습 매체를 사용하면 학습자와 학습자 간의 상호작용을 활성화 시켜서 학습자들의 수업 참여도에 도움이 될 것인가?)에 대한 해답을 찾고, 문제에 대한 해결책을 제시하는데 있다. 한편, Johnson(1992)

과 McKay(2006)는 연구를 수행하는 가장 중요한 목적 중의 하나는 영어 교수 · 학습 과정에 대한 통찰력을 제공함으로써 궁극적으로는 효과적인 영어교육에 기여하는데 있다고 하였다. 따라서 연구 결과를 토대로 영어 교수 · 학습에 도움이 되는 환경과 장애가 되는 환경을 파악하여 궁극적으로는 효과적인 영어교육이 이루어질 수 있는 방법을 찾고 제안하는데 있다. 결국, 연구를 수행하는 가장 중요한 이유는 영어 교수 · 학습을 위한 보다 효과적인 방법을 찾고 제시하는 것이다.

1.2 질적 연구와 양적 연구

영어교육 현장에서 수행되는 연구는 여러 유형이 있지만, 데이터 수집 방법에 따라 질적 연구, 양적 연구, 그리고 이들 두 방법을 통합한 통합 방법(mixed method) 연구가 있다.

1.2.1 질적(Qualitative) 연구

질적(qualitative) 연구는 연구 대상이 되는 어떤 현상에 대해 자세하고 구체적이며 풍부한 데이터를 수집하여 어떤 일관된 경향, 또는 패턴(pattern)이 있는지를 살펴보는 연구 방법이다. 특히, 잘 모르는 현상이나 대상에 대해서 내부자의 시각(emic perspective)에서 기술(description)하기 때문에 과정 중심적이고 귀납적인(inductive) 접근 방식을 취한다고 할 수 있다. 그리고 질적 연구의 결과는 가설과 이론의 진위 여부를 검증하기 보다는 새로운 가설과 이론을 제안하고 설정하는 기초가 된다.

일반적으로 질적 연구는 연구 대상이 되는 현상에 대한 심도 있는 이해를 목적으로 한다. 따라서 질적 연구는 소수의 학습자가 개입되고 특정 현상에 대한 깊이 있는 이해를 위해서 일종의 사례 연구 형식으로 연구가 진행된다. 하지만, 연구 대상이 되는 학습자들의 행동 자체는 역동적이어서 연구 결과를 다른 현상으로까지 확대 적용할 수 있는 일반화에는 관심이 없다. 즉, 질적 연구의 결과는 연구 대상이 되는 현상이나 상황에 대한 정확한 이해를 돕는데 있기 때문에, 이를 넘어서 다른 현상 및 대상으로까지의 확대 해석은 적절하지 않다.

무엇보다도 질적 연구의 성공 여부는 연구자의 데이터 분석 능력에 달려 있다. 왜냐하면, 질적 연구에서는 방대한 양의 데이터가 수집되는 경우가 많고, 수집된 데이터를 분석하여 연구자 스스로 의미 있는 어떤 결과를 발견하여야 하고, 또한 통계 분석과 같은 표준화된 데이터 분석 방법이 사용되지 않기 때문이다. 질적 연구에서 사용되는 데이터 수집 방법에는 관찰, 면담, 대화분석, 녹음, 녹화, 일지 작성 등이 있다.

질적 연구의 실행 절차를 정리하여 제시하면 다음과 같다(Seliger & Shohamy, 1989, p. 122).

<표 1-1> 질적 연구의 절차

1. 연구의 대상이 되는 제2언어 현상을 명확하게 정한다.
2. 질적 연구에서 사용하는 방법을 사용하여 데이터를 수집한다.
3. 수집된 데이터 속에서 어떤 일관된 유형이나 패턴을 찾는다.
4. 기존 데이터를 재검토 또는 필요한 경우 데이터를 추가로 수집하여 연구 결과에 대한 타당성 여부를 검토한다.
5. 필요하다면 위 1)번 절차로 다시 돌아가서 연구의 초점을 다시 정한다.

1.2.2 양적(Quantitative) 연구

양적(quantitative) 연구는 일반적인 실험 연구를 의미한다. 실험 연구는 연구 참여자를 실험 집단과 통제 집단으로 배정하여, 두 집단에 대해서 조작적으로 정의된 특정 변인(예: 독립 변인)을 서로 다르게 투입한 후, 다른 변인(예: 종속 변인)에 대해 어떤 영향을 미치는지를 수량적인 데이터를 수집하여 독립 변인의 영향력을 검증하는 연구이다. 또한, 양적 연구는 수집된 수량 데이터를 분석하여 연구 가설의 진위 여부를 검증하기 때문에 결과 지향적이고 연역적인(deductive) 접근 방법을 사용한다.

양적 연구를 수행하기 위해서 일반적으로 모집단(population)이 설정되고, 모집단을 대표할 수 있는 표본(sample)이 만들어진다. 양적 연구에서는 표본을 대상으로 연구가 수행되며, 연구 결과는 다시 모집단으로의 일반화 과정을 거친다. 양적 연구는 연구자가 검증하고자 하는 어떤 처치(treatment, 즉 독립 변인)의 교육적 효과가 어떻게 나타나는지를 검증하는데 관심을 두기 때문에, 독립 변인과 종속 변인 이외의 다른 변인(예를 들어, 외재 변인)들이 연구 과정에 영향을 미치는 것을 적극 통제하게 된다.

양적 연구는 실험실에서 어떤 실험을 진행하는 것과 같이 여러 변인들을 완벽하게 통제한 상태에서 수행되기 때문에, 연구의 결과는 신뢰성과 타당성이 높게 나올 수 있다. 하지만, 이러한 연구 결과는 실제 교육현장의 다양성과 역동성을 설명하기에는 부족하다는 지적이 있다. 또한, 연구 결과에 영향을 미칠 수 있는 여러 변인들을 완벽하게 통제한다는 것은 현실적으로 불가능하다는 점도 인정해야 한다. 그리고 양적 연구는 표본을 대상으로 연구를 수행하고, 그 결과를 모집단으로 일반화하기 때문에 모집단을 대표할 수 있는 충분한 수의 표본을 확보해야 하는 문제가 있다. 때때로 충분한 수의 표본을 확보하지 못한 경우가 있는데, 이 경우 모집단으로의 일반화에 문제가 생길 수 있다.

지금까지 살펴본 질적 연구와 양적 연구를 비교하여 표로 제시하면 다음과 같다.

<표 1-2> 질적 연구와 양적 연구 간의 차이 비교

	양적 연구	질적 연구
1. 접근 방법	- 연구자가 외부인 입장에서 객관적 실체를 파악한다.	- 연구자가 내부인 입장에서 현상에 대한 이해를 추구한다.
2. 연구 목적	- 가설의 진위 여부를 파악하기 위해서 연역적 방법을 사용한다.	- 현상을 이해하고, 그 현상에 내재된 새로운 내용을 파악하기 위해서 귀납적 방법을 사용한다.
3. 연구 과정	- 가설의 검증이 중요하기 때문에 변인에 대한 조작, 통제가 이루어진다. - 안정적인 연구 환경을 전제로 연구가 수행된다.	- 상황 속에 내재된 여러 요인들을 발견하고, 기술하며, 또한 일정한 패턴이 있는지를 발견하고자 한다. - 역동적인 연구 환경을 전제로 연구가 수행된다.
4. 분석 방법	- 데이터가 수량화되어 통계 분석 방법이 사용된다. - 데이터에 대한 객관적 분석이 이루어진다. - 결과 중심의 분석 방법이 사용된다.	- 데이터가 수량화되지 않으며, 주로 내용 분석이 이루어진다. - 데이터에 대한 주관적 분석이 이루어진다. - 과정 중심의 분석 방법이 사용된다.

5. 일반화	- 일반화가 이루어진다.	- 일반화가 이루어지지 않는다.
6. 연구기간	- 비교적 단기간 연구가 수행된다.	- 비교적 장기간 연구가 수행된다.
7. 연구자 역할	- 객관적으로 관찰하고 측정한다. - 모든 변인들을 통제한다. - 연구자와 연구 대상이 상호 분리된다.	- 연구자가 연구의 한 부분이 된다. - 연구자는 변인을 통제하지 않는다. - 연구자와 연구 대상이 상호 의존적이다.

1.2.3 통합 방법(Mixed Method) 연구

통합 방법(mixed method) 연구는 앞서 언급한 질적 연구와 양적 연구를 동시에 사용하는 연구를 지칭한다. 예를 들어, 실험 연구를 진행하면서 학습자들의 성취도와 같은 수량 데이터를 수집하여 분석한 후, 실험에 참여한 학습자들을 대상으로 면담 등의 방법을 사용하여 그 결과를 상호 보완적으로 보고하는 연구 방법이라 할 수 있다. 통합 방법 연구는 질적 연구와 양적 연구에서 사용하는 다양한 데이터 수집 방법을 사용하기 때문에 두 연구가 갖는 장점을 극대화하여 보다 심도 있는 연구를 진행할 수 있는 이점이 있다. 하지만 통합 방법 연구를 진행하면서 두 연구의 비중을 항상 똑같이 할 필요는 없다. 연구자의 연구 방향과 연구 목적에 따라 어느 한 연구 방법을 주된 방법으로 사용하고, 다른 방법을 보조적인 방법으로 사용한다면 이는 보다 다양한 관점에서 연구 결과를 얻을 수 있는 이점이 있다.

그렇다면, 연구자는 앞서 제시한 3가지 연구 방법 중에서 어떤 방법을 사용할 것인가? 이는 연구자가 수행하는 연구의 목적과 연구 질문에 의해서 결정된다. 연구자가 연구 가설의 진위 여부를 파악하는데 관심이 있다면 양적 연구를 사용할 수 있고, 만약에 가설의 설정보다는 앞으로 가설을 설정하기 위한 단계로서 탐색의 성격이 강하다면 질적 연구를 사용할 수 있다. 하지만 실제 연구를 수행하다 보면 현실적인 문제 때문에 특정의 연구방법을 사용할 수 있다. 예를 들어, 연구에 참여하는 학습자의 수가 많지 않다든지, 연구 기간에 제한이 있다든지, 특정의 통계분석 방법이 요구된다든지 등의 요인에 따라 연구 방법이 결정될 수 있다. 하지만 분명한 것은 한 가지 연구 방법보다는 여러 연구 방법을 사용하여 상호 보완이 된다면 보다 신뢰성 있는 연구 결과를 얻을 수 있다.

1.3 실험 연구 결과에 영향을 미치는 요인들

1.3.1 외재 변인의 통제 필요성

실험 연구는 실험 집단(experimental group)과 통제 집단(control group)을 대상으로 독립 변인(independent variable)과 종속 변인(dependent variable) 간의 인과관계(causal-effect relationship)를 밝히는데 관심을 갖는다. 만약 독립 변인의 영향으로 인해서 종속 변인에서 어떤 변화 또는 차이를 가져왔다면, 그 변화 및 차이의 주된 원인은 독립 변인 때문이라고 생각한다. 예를 들어, 스마트 앱을 활용한 교수법이 학습자의 어휘 능력 신장에 도움이 되는지를 알아보는 연구를 진행한다고 가정해 보자. 스마트 앱을 사용하는 교수법은 일종의 처치(treatment)가 되기 때문에 독립 변인이 되며, 학습자의 어휘 능력 신장은 결국 어휘 평가의 결과로 인해 점수라는 수량으로 나타나기 때문에 종속 변인이 된다. 만약 학습자의 어휘 능력이 신장된 것으로 나타났다면 그 원인은 스마트 앱을 활용한 교수법 때문인 것으로 해석되어야 한다. 만약 다른 요인들, 예를 들어 학습 분위기, 교수자의 친절성 등의 인성 요인, 사교육의 영향, 최신 교재의 사용 등이 학습자의 어휘 능력 신장에 영향을 미쳤다는 그 가능성을 완벽하게 배제할 수 없다면, 연구자는 스마트 앱의 활용과 어휘 능력 신장이라는 두 변인 간의 인과관계를 성립하는데 어려움이 따르며, 결국 연구 결과에 대한 신뢰도는 낮아지게 된다. 따라서 실험 연구에서는 독립 변인과 종속 변인 간의 인과관계를 밝히는데 영향을 미칠 수 있는 다른 외재 변인(extraneous variable)들은 완벽하게 통제되어야 한다.

일반적으로 실험 연구는 일정 기간 동안 특정의 처치(예: 독립 변인)를 실험 집단에게 제공하고, 통제 집단에는 다른 유형의 처치를 제공하거나 또는 아예 처치를 제공하지 않는다. 그리고 실험이 끝나는 즈음에 실험 집단과 통제 집단 간에 서로 차이가 있는지를 알아보기 위해서 연구 대상이 되는 능력의 변화(예: 종속 변인)를 측정하게 된다. 즉, 처치(독립 변인)로 인해서 학습자들의 종속 변인(예: 언어 능력)의 변화 및 차이에 어떤 영향을 미쳤는지, 이로 인해 두 집단 간에 차이가 있었는지를 검증하게 된다. 만약 종속 변인에서 두 집단 간에 의미 있는 점수 차이가 있는 것으로 나타났다면, 연구자는 두 집단 간에 나타난 차이의 원인은 바로 처치(즉, 독립 변인) 때문인 것으로 결론을 내리게 된다. 이때 중요한 점은 두 집단 간의 차이를 설명하는데 있어서 독립 변인 이외의 다른 외재 변인의 영향은 없었던 것으로 확신해야 한다.

따라서 실험 연구의 성공 여부는 일정 실험기간 동안 외재 변인을 얼마나 잘 통제하였는가에 달려 있다고 볼 수 있다. 하지만 실험 기간 동안에 연구자가 외재 변인을 잘 통제한다는 것은 쉬운 일이 아니다. 설사 외재 변인들을 잘 통제한다고 하더라도 실험 연구의 타당도에 영향을 미칠 수 있는 또 다른 요인들이 발생하게 된다. 그런데, 이러한 요인들은 실험 연구의 결과를 해석할 때 영향을 미친다. 만약에 이러한 요인들에 대한 고려 및 통제가 적절하게 이루어지지 않을 때 실험 연구의 결과는 연구자가 설정한 연구 목적을 뒷받침하지 못해서 연구 결과의 타당성에 문제를 유발할 수 있다. 이어지는 장에서는 실험 연구의 결과에 대한 타당도에 영향을 미칠 수 있는 여러 요인들에 대해서 알아보고자 한다.

1.3.2 실험 결과의 타당도에 영향을 미치는 요인들

1.3.2.1 연구 환경 측면

1) 자연발생 변인(Naturally occurring variables)

연구를 수행하는 중에 학습자 주위의 환경에서 발생하는 변인들이 연구 결과에 영향을 미치는 경우를 의미한다. 예를 들어, 첫 번째 집단을 대상으로 듣기 평가가 진행되는 과정 중에 별다른 소음이 없었고, 음향 시설도 좋아서 아무런 문제없이 듣기 평가를 마무리 하였다. 그런데, 두 번째 집단을 대상으로 듣기 평가를 하는 과정 중에, 갑자기 버스 경적 소리가 들리고, 화물을 내리는 트랙터 소리 등이 매우 심하게 들려서 창문을 닫은 상태에서 시험이 계속 진행되었다. 그런데 교실은 에어컨이 없어서 실내 온도가 섭씨 27도 이상 올라갔다. 이 경우, 두 집단의 듣기 평가 결과를 상호 비교하는 것이 타당하다고 할 수 있는가? 연구자의 의도와는 무관하게 주위 환경에서 발생되는 요인들, 예를 들어 기온, 조명, 소음, 좌석 배정 등이 연구 결과의 타당도에 영향을 미칠 수 있다.

2) 인위성(Artificiality)

연구자는 학습자가 일상생활 속에서 자연스럽게 행동하듯이 실험 환경 속에서도 똑같이 행동하길 바라고, 그러한 데이터를 수집하길 원한다. 예를 들어, 학습자의 의사소통능력을 측정하고자 한다면 연구자는 실제 생활에서 언어를 사용하는 것과 같은 실제적인 의사소통 능력에 대한 언어 데이터를 수집하는데 많은 관심을 기울인다. 하지만 대부분의 외국어 구술시험이 이루어지는 환경은 인위적이어서 실제 생활에서 이루어지는 학습자의 자연스런 언어사용 능력을 측정하는 것이 어려울 수 있다. 이 경우, 구술시험이 이루어지는 상황을 녹화하기 위해서 비디오를 설치하면 도움이 될 것인가? 한편, 외국어 교실에서 학습자와 교수자 간의 상호작용이 어떻게 이루어지는지에 대한 데이터를 수집하기 위해서 교실 뒤편에 비디오를 설치하면 늘 그래왔듯이 학습자와 교수자 간의 자연스런 상호작용에 관한 데이터를 얻을 수 있을까? 만약에 학습자들이 교실 뒤편에 설치된 비디오를 인식하고 평소와는 다르게 행동하면 인위성이 증가하여 자연스러운 언어 데이터를 수집하는데 장애가 될 수 있다. 따라서 연구자는 자연적인 언어 데이터를 수집하기 위해서 가능한 인위성을 줄일 필요가 있다.

1.3.2.2 집단 구성(Grouping) 측면

1) 자기 선정(Self selection)

연구를 진행하기 위해서는 실험 집단과 통제 집단을 만들게 되며, 각각의 집단에 학습자들을 배정하게 된다. 그런데 '자기 선정(self selection)'은 학습자가 어떤 집단에 배정될 것인지를 스스로 결정하는 것을 의미한다. 무엇보다도 자기 선정 방식은 두 개 이상의 집단을 구성할 때 연구 결과에 치명적인 위험을 초래할 수 있다. 예를 들어, 현재 진행하고자 하는 연구에 학습자 스스로 자원하여 구성된 집단과 그렇지 않은 학습자들로 구성된 집단 간에는 여러 가지 면에서 차이가 있어서 동질(homogeneous) 집단으로 보기 어려운 경우가 많이 생긴다.

예를 들어, 2개의 집단을 구성하여 특정 외국어 학습법의 효율성을 상호 비교하는 연구를 진행한다고 가정해 보자. 한 집단은 학습자 스스로 자원하여 어학 실습실에서 매일 추가적으로 1시간씩 외국어 학습을 하였고, 반면에 다른 집단의 학습자들은 정규 강의 계획서에 따라서 외국어를 학습하였다. 한 학기 수업이 끝난 후, 두 집단의 학습자들은 외국어 능숙도 시험을 치루었고, 두 집단 간에 의미 있는 차이가 있는지를 알아보았다. 만약 어학 실습실에서 외국어를 1시간 더 추가적으로 학습한 집단이 그렇지 않은 집단에 비해서 외국어 능숙도 점수가 높게 나왔다면, 어학 실습실에서 추가적으로 1시간 더 학습한 것이 학습자들의 외국어 학습에 도움이 되었다고 결론내릴 수 있는가?

자원하여 연구에 참여한 집단과 그렇지 않은 집단 간에는 분명 보이지 않는 어떤 차이점들이 많이 있을 것으로 생각된다. 연구에 기꺼이 자원한 학습자들은 그렇지 않은 학습자들에 비해서 학습에 대한 동기 부여가 더 잘 되어 있을 수 있고, 외국어 학습에 대한 태도가 더 긍정적일 수도 있으며, 아니면 어학 실습실에서 외국어를 학습하는 것이 학습자 자신의 적성과도 잘 맞을 수 있다. 따라서 어학 실습실에서 외국어를 학습하는 것을 자원한 집단과 그렇지 않은 집단 간에 외국어 능력에서 차이가 나타났을 때, 그 원인을 어학실의 학습 여부로 단정 지어서 결론내리기엔 너무 위험하다. 왜냐하면, 어학 실습실에서 행한 학습 이외에도 두 집단 간의 차이를 가져왔을 것으로 생각되는 다른 추가적인 요인들이 너무 많기 때문이다. 따라서 연구자는 이런 잠재적인 문제점에 대해서 주의를 기울일 필요가 있다.

2) 소멸(Mortality)

'소멸(mortality)'의 의미는 연구를 진행하는 도중에 참여 학습자들 중의 일부가 다른 학교로 전학을 간다든지, 병원에 입원하여 더 이상 실험에 참여하는 것이 어렵다든지 등의 이유로 연구 조사에서 중도 포기하는 경우를 지칭한다. 소멸이 너무 과도하게 일어난다든지, 또는 비교 대상이 되는 집단들 중에서 소멸이 어느 한 집단에서 더 많이 일어나서 더 이상 집단 간에 동질 집단을 구성하기가 어렵게 될 때, 이는 연구의 타당성을 훼손시킬 수 있는 한 요인이 될 수 있다. 사실, 소멸은 연구자 측면에서 예측 불가능하고, 때로는 통제하기 어려운 변인이어서 연구 결과 해석에 어려움을 줄 수 있다.

3) 성숙(Maturation)

'성숙(maturation)'은 연구 기간이 길어지면서 실험에 참여한 학습자의 특성이 자연스럽게 변화될 수 있다는 것을 의미한다. 예를 들어, 실험 초기 학습자들은 서로 비슷한 능력을 갖고 있다. 하지만 시간이 흐르면서 학습자의 언어능력이 향상될 수 있고, 외국어 학습에 대한 태도와 동기가 변할 수 있으며, 다른 외적 요인의 영향에 따라 학습자가 갖는 여러 내적 요인들이 변할 수 있다. 실험이 진행되는 기간 동안에 학습자가 겪을 수 있는 신체적, 정서적, 심리적 변화는 학습자의 성숙에 영향을 미칠 수 있다. 이런 변화를 통해 학습자가 겪는 성숙의 정도는 달라질 수 있으며, 이는 집단의 특성에도 영향을 주어서 연구 결과의 해석에도 영향을 미치게 된다.

4) 이질(Heterogenous) 집단의 형성

실험을 진행하면서 어떤 처치의 영향으로 인해서 종속 변인에서 두 집단 간에 차이가 있는지를 검증한다고 할 경우, 가장 기본적인 전제는 공정한 비교를 위해서 실험 초에 비교 대상이 되는 두 집단은 동질(homogeneous) 집단이어야 한다. 따라서 동질 집단을 만드는 가장 좋은 방법은 무선 표집(random sampling)에 의해서 학습자들을 각 집단에 배정하는 것이다. 만약 무선 표집이 완벽하게 되지 않을 경우, 비교 대상이 되는 두 집단은 실험 시작부터 어떤 차이점 때문에 서로 이질(heterogeneous) 집단이 될 수 있다. 따라서 실험이 시작되기 전에 두 집단은 무엇보다도 측정 대상이 되는 변인, 즉 종속 변인에서 그리고 다른 변인들(예를 들어, 성별, 나이, 학습경험 등)에서 서로 동질 집단이어야 한다. 만약 그렇지 않다면 공정한 실험을 시행할 수 없을 뿐만 아니라 그 결과를 정확하게 해석할 수 없다.

1.3.2.3 연구 참여자 측면

1) Hawthorne 효과

학습자들 자신이 어떤 연구에 참여하고 있다는 것을 인지하게 될 때, 또한 연구에 참여하는 것이 그들에게 어떤 자부심과 기쁨이 될 때, 그들은 평소와는 다르게 행동하게 되어 연구 결과에 영향을 미치게 된다. 이러한 현상을 'Hawthorne 효과'라 한다. *Hawthorne* 효과는 미국 시카고 소재 웨스턴 전력회사의 *Hawthorne* 지점에 근무하고 있는 노동자들의 생산성을 조사하면서 언급되기 시작하였다. 일반적으로 노동자들의 생산성은 노동자들이 처한 노동 환경에 따라 달라지기 마련이다. 그런데 *Hawthorne* 지점의 노동자들은 그들 자신이 조사 연구의 대상이 되고 있다는 점을 인식하면서 그들이 처한 노동 환경과는 무관하게 그렇지 않은 노동자들에 비해서 더 열심히 일을 함으로써 그들의 생산성이 평소보다 더 높게 나온 점이 관찰되었다. 이렇듯, 학습자들이 연구에 참여하고 있다는 점을 인식할 때, 이는 연구 결과에 영향을 미칠 수 있다.

예를 들어, 이중 언어 몰입(bilingual immersion) 프로그램을 사용한 집단과 단일 언어를 사용한 집단 간의 학습자들이 보여준 학업 성취도를 비교하는 연구를 수행한다고 가정해 보자. 동일 학교 내에서 한 집단은 이중 언어(예를 들어, 스페인어와 영어)를 사용하고, 다른 집단은 단일 언어(예를 들어, 영어)를 사용하여 프로그램의 효용성을 비교해 보았다. 연구 결과, 이중 언어 몰입 프로그램에 속한 학습자들의 성취도가 더 높게 나왔다면, 그 이유는 몰입 프로그램 자체의 효용성이 더 높아서 성취도가 높게 나왔든지, 아니면 이 프로그램에 속한 학습자들이 이 집단에 속하게 되어 기쁨이나 우월감을 느끼게 되어 성취도가 더 높게 나왔을 것이라고 생각할 수 있다. 연구 결과를 해석할 때, 프로그램 자체의 효용성 때문인지 아니면 프로그램의 참여로 인해서 나타나는 기쁨이나 우월감 때문인지를 명확하게 분리해서 생각해낼 수 없다면 연구자는 *Hawthorne* 효과의 여부를 확인해야 한다.

2) Halo 효과

'Halo 효과'는 학습자의 어떤 능력이 너무 뛰어나서 그 능력에 대해서 교수자가 호의적으로 평가할 경우, 해당 학습자의 다른 능력을 측정할 때도 영향을 주어서 호의적으로 평가를 하는 경우를 지칭한다. 또한, 연구자가 자신과 친분이 있거나 호감을 갖고 있는 학습자에게 평가를 진행하면서 긍정적인 평가를 하는 경우를 지칭하기도 한다. 이는 특정 대상이 되는 어떤 언어적 능력을 정확하게 측정하기 보다는 해당 학습자에 대한 개인적인 관계 또는 긍정적인 느낌이 평가 과정에 영향을 미치는 것이어서 연구 결과 해석에 부정적인 영향을 미치게 된다. 또한, *Halo* 효과는 한 개인에 대한 호감 및 비호감이라는 개인적인 느낌에 의해서 비롯될 수 있지만, 때로는 어떤 문화권에 대한 개인적인 편견 등에 의해서도 영향을 받아서 특정 문화권의 학습자를 정확하게 평가하지 못하는 경우도 있다.

3) 학습자 기대(Subject expectancy)

'학습자 기대(subject expectancy)'란 연구에 참여하는 학습자가 연구자가 진행하고자 하는 연구의 목적이 무엇인지를 인지했다고 가정할 때, 연구자의 연구 목적이 달성될 수 있도록 도와주려는 의도에서 연구자가 원하는 행동을 의도적으로 더 많이 하게 되는 현상을 지칭한다.

4) 연구자 기대(Researcher expectancy)

'연구자 기대(researcher expectancy)'란 연구자가 연구를 진행하면서 의식적 또는 무의식중에 자신이 원하는 연구 결과가 나오도록 행동하는 것을 의미한다. 예를 들어, 실험 집단과 통제 집단이 있을 경우, 각각의 집단에 대해서 연구자가 다르게 행동하는 것을 의미한다. 예를 들어, 어느 집단이 실험 집단이고 통제 집단인지를 알고 있는 연구자는 의식적 또는 무의식적으로 자신의 행동을 달리함으로써 궁극적으로는 학습자들의 언어학습 과정에 영향을 미칠 수 있다. 이 경우, 설사 두 집단 간에 의미 있는 차이가 발견되었다 하더라도 그 차이의 원인이 만약 연구자의 기대 효과 때문이라면 연구 결과를 타당하게 해석하기가 어려워진다.

이러한 연구자 기대 효과를 차단하기 위해서 *single-blind* 기법과 *double-blind* 기법이 사용된다. *Single-blind* 기법은 연구에 참여하는 학습자 자신들이 통제 집단 또는 실험 집단이든 어느 집단에 배정되었는지를 모르게 한 상태에서 연구를 진행하는 것을 의미한다. 반면에 *double-blind* 기법은 연구자나 학습자 모두 학습자들이 어느 집단에 배정되었는지를 모르게 한 상태에서 연구를 진행하는 것을 의미한다. 하지만 연구자가 직접 실험 연구를 진행하는 경우가 많기 때문에 주로 *single-blind* 기법이 사용되는 경우가 많다.

5) John Henry 효과

실험 연구를 위해서 학습자들은 무작위로 통제 집단과 실험 집단에 배정된다. 그런데 우연히 통제 집단에 속한 학생들이 자신들이 통제 집단에 배정된 것을 알게 되는 경우가 있다. 이 경우, 이들 학습자들은 기분이 상할 수도 있지만, 한편으로 위기의식으로 인해서 더 학습활동에 적극적으로 참여하게 되어 실험 집단보다 더 높은 성취도를 보이게 되는 경우를 지칭한다.

1.3.2.4 측정(Measurement) 측면

1) 연습(Practice) 효과

'연습(practice) 효과'는 이전에 행한 평가가 다음에 이루어지는 평가에 영향을 미치는 것을 지칭한다. 특히, 사전 평가(pre test)와 사후 평가(post test)를 비교하여 학습자들의 언어적 능력에서 어느 정도 향상도가 있었는지를 측정하고자 할 때, 무엇보다도 동일한 문제로 구성된 사전 평가와 사후 평가를 사용할 때, 연습 효과 여부는 중요한 문제가 된다. 예를 들어, 8주간의 집중 ESL 프로그램을 운영한 후, 학습자들의 읽기 능력에서 어느 정도 향상도가 나타났는지를 연구한다고 가정해 보자. 집중 프로그램 실시 전에 사전 평가를 실시할 수 있고, 프로그램이 끝난 후 동일한 문제로 사후 평가를 실시하게 된다. 만약, 사전 평가에 비해서 사후 평가에서 의미 있는 향상도를 보였다고 가정할 때, 연구자는 학습자들의 읽기 능력이 실제로 향상되어서 이런 결과가 나타난 것인지, 아니면 사전 평가를 통한 학습자들의 경험, 또는 실수를 통한 학습 경험 때문에 향상도가 나타난 것인지를 명확하게 검증해야 한다.

2) 반응성(Reactivity) 효과

'반응성(reactivity)'은 측정 도구가 학습자들의 정의적인 요인, 특히 태도 및 동기 등에 영향을 미치는 것을 의미한다. 예를 들어, 문화적인 요인이 학습자들의 언어학습에 어떤 영향을 미치는지를 연구한다고 가정해 본다. 이를 위해서 연구자는 학습자들의 목표어 문화에 대한 이해를 알아보기 위해서 설문지를 개발하여 배포하게 된다. 학습자들은 설문지에 답하기 전까지는 목표어 문화권에 대한 특별한 태도를 취하지 않았는데, 설문조사에 응하면서 학습자들이 자신의 내부에 숨겨져 있었던 태도를 더 명확하게 갖게 되는 경우를 지칭하기 위해서 반응성이란 개념이 사용되었다. 즉, 현재 사용 중인 측정 도구가 학습자의 태도 형성에 촉매 역할을 하였다고 볼 수 있다.

3) 측정 과정 및 측정 결과의 불완전성

측정 도구가 적절하지 못해서 '천장(ceiling) 효과'와 '바닥(floor) 효과'가 나타나는 경우이다. 천장 효과는 측정 도구가 너무 쉬워서 모든 학습자들이 변별성이 없이 높은 점수를 받는 경우를 지칭하며, 반면에 바닥 효과는 측정 도구가 너무 어려워서 대부분의 학습자들이 낮은 점수를 받은 경우를 지칭한다. 적절하게 개발된 측정 도구는 학습자들 간에 존재하는 변별성, 즉 측정하고자 하는 학습자들의 언어적 또는 비언어적 능력을 제대로 측정할 수 있어야 한다. 만약 그렇지 못할 경우 측정 결과에 아무런 차이를 가져오지 않는 문제가 발생한다. 또한, 동일한 측정 도구를 반복적으로 사용하더라도 같은 결과를 얻을 수 없는 경우를 지칭하기 위해서 '측정 결과의 불완전성'을 지칭하기도 한다. 따라서 연구자는 연구를 진행하면서 측정이 안정적이고 일관성 있게 진행되었는지를 확인할 필요가 있다.

2장
영어교육 연구의 기본 패러다임 이해

2.1 탐색적 목적과 연역적 목적의 연구

연구자가 수행하고자하는 연구의 기본 방향에 따라 종합적(synthetic) 또는 탐색적(heuristic) 접근 방식과 분석적(analytic) 또는 연역적(deductive) 접근 방식으로 구분된다. 외국어 학습 과정에는 여러 요인들이 내재되어 있다. 종합적 또는 탐색적 접근 방식은 언어학습에 내재된 여러 요인들 중 어떤 요인이 언어학습에 더 중요한 영향을 미치는지, 그리고 이러한 요인들 간에는 어떤 패턴이 있는지를 파악하기 위해서 연구가 수행된다. 하지만 분석적 또는 연역적 접근 방식은 언어학습에 중요한 영향을 미치는 것으로 이해되는 어떤 특정 요인, 또는 요인 군(cluster of factors)을 대상으로 실제 언어학습에 미치는 효과가 어떠한지를 파악하기 위해서 연구가 수행된다. 탐색적 목적의 연구와 연역적 목적의 연구가 상호 배타적이지는 않지만, 서로 다른 연구 방법을 사용하기 때문에 평행 연장선(continuum)에서 보면 양 끝에 위치하는 연구 방법이라 할 수 있다.

2.1.1 종합적(Synthetic) 또는 탐색적(Heuristic) 목적

종합적 또는 탐색적 접근 방식의 연구는 언어학습 과정에 내재된 여러 요인들 중에서 어떤 요인들이 더 효과가 있는지, 또는 이들 요인들 간에 어떤 관련성이 있는지를 알아보기 위한 목적으로 연구가 수행된다. 따라서 탐색적 목적의 연구에서는 특정의 연구 가설을 미리 설정하지 않고, 대신에 연구 결과에 따라 미래의 추가 연구를 위한 가설을 형성하기 위한 연구로 이해된다. 탐색적 목적의 연구 맥락을 제시하면 다음과 같다(Seliger & Shohamy, 1989, p. 29).

[연구 맥락]
어떤 학습자들은 다른 학습자들에 비해서 제2외국어를 더 성공적으로 배우게 되는데, 그 원인을 파악하는 연구를 수행한다고 가정해 보자. 본 연구를 위해서 연구자는 교실이라는 맥락에서 학습자들이 어떤 행동을 하는지를 관찰해 보면서 가능한 많은 정보들을 수집하기로 하였다. 관찰의 목적은 제2외국어 학습의 성공과 관련이 있을 것으로 생각되는 학습자들의 여러 행위들, 예를 들어 손을 드는 것, 노트에 요점을 적는 것, 혼잣말로 자신에게 말하는 것, 옆 동료 학습자들에게 말을 하는 것 등의 행위들을 가능한 많이 관찰하여 이런 행위들이 실제 제2언어 학습의 성공과 어떤 관련이 있는지를 알아보는데 있다.

물론, 연구자는 선험 연구를 통해서 어떤 학습자가 다른 학습자에 비해서 제2언어를 잘 습득하는 원인에 대해 이미 알고 있는 지식들이 많을 것으로 생각된다. 하지만 연구자는 어떠한 선입관을 배제하고, 위 연구가 진행되는 상황 속에서 학습자들이 보여주는 모든 행위들에 대해 가능한 많은 데이터를 수집한다. 그리고 수집된 데이터를 분석하고, 그리고 성공적으로 언어를 습득하는 학습자들이 보여주는 어떤 일관된 특징 또는 패턴이 있는지를 발견하고 기술하고자 한다. 예를 들어, 수업 시간 중에 손을 자주 들어 질문을 한다든지, 동료 친구들과 적극적으로 상호작용을 한다든지, 수업 시간 중에 중요한 요점들을 잘 정리한다든지 등의 다른 학습자들과는 차별되는 어떤 공통적인 행위들을 발견하는데 관심을 갖는다. 따라서 연구의 기본 방향은 탐색적(heuristic)이면서 귀납적(inductive) 접근 방식이 된다. 탐색적 연구에서 가장 중요한 점은 연구자가 어떤 선입감이 없는 상태에서 연구를 진행하는 것이다. 단지, 연구 과정 중에서 학습자들이 실제 보여준 행동들, 즉 수집된 데이터에서 보여주는 어떤 특정의 유형 또는 패턴 등을 찾고 해석하는 것이다. 이러한 맥락에서 탐색적 연구의 결과는 추후 연구를 위한 연구 가설을 설정하는 기반이 된다.

2.1.2 분석적(Analytic) 또는 연역적(Deductive) 목적

분석적(analytic) 또는 연역적(deductive) 목적의 연구는 특정 요인이 실제 언어학습에 미치는 효과를 검증하기 위해서 인위적으로 설정된 실험 상황에서 연구가 진행되며, 연구의 기본 목적은 설정된 연구 가설(research hypothesis)의 진위를 검증하는데 있다. 따라서 분석적 또는 연역적 목적의 연구는 연구자가 검증하고자 하는 연구 가설로부터 시작된다. 연역적 연구에서 다루어지는 연구 가설 또는 연구 과제는 제2언어 습득 현상에 내재된 여러 변인들 간에 어떤 관련성이 있는지를 알아보거나(예: 상관관계 분석), 또는 특정 변인이 다른 변인에 어떤 영향을 미치는지를 알아보는(예: 인과관계 설정) 등의 연구의 기본 방향을 보다 명확히 하는 역할을 한다.

연역적 목적의 연구는 연구자가 검증하고자 하는 연구 가설, 연구 과제, 이론 등에서 출발하기 때문에 제2언어 습득과 관련된 특정 현상에 대해서 좀 더 체계적으로 연구하는 것이 가능하다. 연역적 목적의 연구 맥락을 제시하면 다음과 같다(Seliger & Shohamy, 1989, p. 30).

> [연구 맥락]
> 인지심리학(cognitive psychology)에서 장독립형(Field Independence)과 장의존형(Field Dependence)의 개념이 개발되었다. 이 이론에 의하면, 어떤 학습자들(FI)은 배경에 묻혀있는 기하학적 도형(geometric figure)을 잘 인식하는 반면에, 다른 학습자들(FD)은 그렇지 못하다는 것이다. 이러한 성향은 학습자들의 학습 성향(learning style)과 연결되어 제2언어 습득분야에서도 응용되어진다. 그렇다면 이들 두 성향의 학습자들은 그들이 처한 언어학습 맥락에 따라 그들이 보여준 언어학습의 효과는 다르게 나타날 것인가? 본 연구를 위해서 다음과 같은 연구 가설이 설정되었다. 학습자들이 실제 의사소통 맥락과 유사한 상황에서 언어를 학습할 경우, 장의존형의 성향을 가진 학습자들은 장독립형의 성향을 가진 학습자들에 비해서 말하기 능력에서 더 높은 성취도를 보일 것인가? 이를 검증하기 위해서 심리 평가를 통해 먼저 학습자들을 장독립형과 장의존형으로 분류하였다.

위에서 제시한 연구 맥락은 장독립형 또는 장의존형 중 어떤 유형의 학습자들이 영어 말하기 능력을 더 효과적으로 습득하는지를 새롭게 발견하려는 것이 아니다. 본 연구는 학습자들을 장독립형과 장의존형으로 미리 분류해 놓고, 실제 의사소통 맥락과 유사한 상황에서 말하기 연습이 주어질 경우, 장의존형의 성향을 가진 학습자들이 장독립형의 성향을 가진 학습자들에 비해서 말하기 능력에서 더 높은 성취도를 보일 것이라는 연구 가설의 진위를 파악하고자 하는 목적에서 출발한다. 따라서 연구를 통해서 제시된 연구 가설의 진위 여부를 증명하는 것이 연역적 연구의 가장 중요한 목적이 된다.

탐색적 연구와 연역적 연구 간의 차이점을 정리하여 제시하면 다음과 같다(Seliger & Shohamy, 1989, p. 31).

<표 2-1> 탐색적 연구와 연역적 연구 비교

탐색적 연구	연역적 연구
1. 데이터 기반의 연구	1. 연구 가설 기반의 연구
2. 선입관을 배제하고 연구함	2. 연구 결과를 미리 예측함
3. 연구 가설을 생성함	3. 연구 가설을 검증함
4. 현상에 대한 기술, 가설을 결과물로 얻음	4. 변인 간의 인과관계에 관한 이론 정립이 가능함

2.1.3 기술적(Descriptive) 연구

대부분의 연구는 탐색적 연구 또는 연역적 연구 목적을 가지고 수행되지만, 항상 이 두 가지 유형의 연구만 가능한 것은 아니다. 상황에 따라서 탐색적, 연역적 연구의 특성을 모두 살리는 연구를 수행할 수 있다. 탐색적이면서 연역적 연구 모두의 성격을 갖는 연구가 바로 기술적(descriptive) 연구이다. 기술적 연구는 데이터를 수집하고 분석한 후, 이러한 결과에 근거하여 연구 가설을 설정한다. 그리고 그 가설의 진위 여부를 검증하기 위한 연구를 수행한다.

기술적 연구는 연구 대상이 되는 어떤 현상의 특징, 진행 과정, 그리고 상호 관련성에 대한 데이터를 수집하고 분석하여 그 결과를 비교하면서 사실 그대로 기술하려는 목적을 갖고 수행된다. 관련 변인이나 실험 조건을 조작하는 실험적 연구와는 달리, 기술적 연구는 변인이나 실험 조건을 조작하지 않은 상태에서 연구 대상을 객관적으로 관찰하고 분석하면서 관련 데이터를 수집한다.

일반적으로 기술적 연구는 자연적인 상황에서 연구 대상이 되는 현상을 살펴보고, 그 현상과 관련된 여러 변인들을 추론하고, 그 변인들 간의 관련성을 밝히는데 주된 관심을 보인다. 하지만 기술적 연구는 이러한 탐색적 연구에 그치지 않고 연역적인 목적을 위해서도 연구가 수행될 수 있다. 이 경우, 연역적 목적에서 기술적 연구가 수행된다는 것은 데이터의 분석을 통해 예상되는 연구 가설에서 연구가 수행될 수 있음을 의미한다. 즉, 연구 대상이 되는 어떤 현상에 대한 대략적인 연구 과제, 또는 연구 가설 등을 염두에 두고 연구를 시작한다든지, 또는 좀 더 구체적인 연구 과제나 연구 가설을 가지고 연구를 수행하는 것을 의미한다. 이 경우, 연구는 특정의 상황에 초점이 맞추어져 있기 때문에, 수집하는 데이터의 범위는 상당히 좁혀진다고 볼 수 있다. 하지만, 기술적 연구는 연구 방법론 측면에서 볼 때 비실험적 방법으로 연구가 수행된다.

2.2 연구 제반 조건의 통제와 조작

연구를 수행하기 위해서는 연구 제반 조건과 관련된 여러 요인들을 통제(control) 또는 조작(manipulation)하게 된다. 연구 제반 조건의 통제는 측정 목표가 되는 학습자의 행동, 수집하고자 하는 데이터의 유형, 데이터 분석 방법 등의 연구 수행 방법 등을 선택 또는 구체화하는 것을 의미한다. 그리고 연구 맥락에 대한 조작은 어떤 실험 처치를 제공할 것인지, 연구의 참여하는 학습자의 성격 또는 그 수를 얼마로 할 것인지, 어떤 유형의 데이터를 수집할 것인지 등을 결정하는 것을 의미한다.

연구의 제반 조건의 통제와 조작을 연속체(continuum) 개념으로 본다면, 연속체의 한 끝은 통제나 조작을 전혀 하지 않은 매우 자연스러운 상태에서 연구가 수행되는 반면에, 다른 한 끝은 연구 조건의 제반 구성 요소들을 계획적으로 조작하는 상태에서 연구가 수행되는 것을 의미한다. 물론, 양끝의 특징을 병합한 중간적인 입장에서 연구가 수행되기도 한다. 이러한 개념은 통제와 조작의 정도가 낮고, 높은 상대적 개념으로 설명되어진다. 본 장에서는 연구의 범위, 변인의 통제 정도, 연구 과정에 대한 학습자의 인식, 그리고 연구자의 주관성 개입 정도 등의 4가지 영역에 초점을 맞추어서 기술하고 하고자 한다. 이들 4가지 요인은 상호 관련성이 있어서 어느 한 요인의 정도가 높으면, 다른 요인은 그 정도가 낮게 나타나는 특징을 갖고 있다. 예를 들어, 연구의 초점에 대해서 높은 제한을 두게 되면, 변인의 통제는 높아지지만 데이터 해석에 대한 연구자의 주관성은 낮아진다.

2.2.1 연구의 범위 제한 정도

연구자는 본인이 수행하는 연구의 범위를 어느 정도 제한할 것인지를 결정해야 한다. 만약 연구자가 탐색적 연구를 수행할 경우, 연구자는 연구의 범위에 대한 제한을 낮게 설정하게 된다. 이 경우, 연구와 관련된 여러 요인들과 변인들을 통제하는데 어려움이 있다. 하지만 연구와 관련된 여러 정보들을 수집할 수 있고, 수집된 데이터 가운데 나타난 어떤 일관성과 패턴을 찾을 수 있는 이점을 제공한다. 반대로 연구의 범위에 대한 제한을 높게 설정하면, 변인의 통제가 용이해지며 또한 가설 검증의 방법이 보다 명확해 진다. 또한 연구 범위의 제한을 높게 설정한다는 것은 연구 조건을 조작할 필요성이 높아지는데, 이는 연구의 특정 측면에 초점을 맞추어 보다 심도 있는 연구를 수행할 수 있다는 것을 의미한다.

예를 들어,"성공적인 제2언어 학습자들이 보여주는 특징은 무엇인가?"에 대한 연구를 수행한다면, 연구자는 탐색적 연구 방법을 취하면서 연구의 범위를 가능한 제한하지 않은 상태에서 제2언어 학습자들의 학습 방법과 관련된 모든 데이터를 수집하고 기록하게 된다. 따라서 수집된 데이터를 근거로 성공적인 제2언어 학습자들이 보여주는 어떤 공통적인 특징을 찾게 된다. 하지만 연구자가 연역적 연구 방법을 취하게 되면, 연구자는 연구의 범위를 특정 변인(예: 독립 변인)이 다른 변인(예: 종속 변인)에 미치는 영향을 파악하는데 초점을 맞추게 된다. 예를 들어, "어떤 특정 유형의 교수(teaching methodology)가 학습자들의 관계절 습득에 더 효과적인가?"에 관한 연구를 수행한다면, 연구자는 연구의 범위를 관계절을 가르치기 위해서 교수자가 사용하는 특정의 교수 유형에 초점을 맞추게 되고, 수집되는 데이터 역시 관계절의 사용과 관련하여 학습자들이 보여준 점수 등으로 좁혀지게 된다.

2.2.2 변인의 통제 정도

연구 범위의 제한 정도를 높게 설정할 것인가, 아니면 낮게 설정할 것인가는 궁극적으로 변인(variable)의 통제 정도와 밀접한 관련성을 갖는다. 앞서 제시한 연구 맥락, 즉 "성공적인 제2언어 학습자들이 보여주는 특징은 무엇인가?"에 대한 탐색적 연구에서는 변인들을 거의 통제하지 않는다. 이 경우, 연구자는 변인에 대한 정확한 정의를 아직 내리지 않은 상태이며, 자연적인 상태에서 발생하는 모든 데이터를 가능한 많이 수집하려고 한다. 변인들이 아직 정확하게 정의되지 않았기 때문에 학습자들이 보여주는 다양한 유형의 행위들은 변인이 되며, 이들 행위들은 연구자의 어떤 선입관이나 편견 없이, 그리고 제한 없이 수집되고 기록된다. 이렇게 자연스럽게 수집된 데이터를 분석하다 보면, 성공적인 제2언어 학습자들이 공통적으로 보여주는 어떤 특징들 또는 패턴들, 예를 들어 수업시간 중에 질문을 많이 한다든지, 옆 동료 학습자와 적극적인 상호작용에 참여한다든지 등의 어떤 일관된 특징들을 찾게 된다.

하지만,"어떤 유형의 교수가 학습자들의 관계절 습득에 더 효과적인가?"와 관련된 연역적 연구 방식을 취하게 되면, 연구자는 특정 변인에 국한하여 초점을 맞추게 된다. 즉, 교수자가 수업 중에 사용하는 교수 유형, 그리고 학습자들의 실제 관계절 사용과 관련하여 보여준 점수 등의 특정 변인에 초점을 맞추게 된다. 만약 학습자들이 특정 교수법의 영향으로 인해서 관계절의 사용에서 보다 높은 점수를 보여 주었다면, 그 결과의 해석은 특정 요인(즉, 특정 교수 유형)에 의한 것으로 해석된다. 그리고 결과 해석에 혼란을 유발시킬 가능성이 있는 다른 변인들(예: 외재변인)은 철저하게 통제된다.

2.2.3 학습자들의 연구 과정에 대한 인식 정도

제2언어 습득에 관한 연구는 특성 상, 학습자들이 언어 그 자체, 즉 언어 형식(form)을 얼마나 잘 습득하고 있는지에 초점을 맞출 수 있고, 또는 학습자들이 의사소통의 수단으로서 언어의 기능적인 면, 즉 언어 의미(또는 내용)를 얼마나 잘 습득하고 있는지에 초점이 맞추어질 수 있다. 연구자는 학습자들이 자연적이고 전형적인 관계절의 사용에 대한 데이터를 수집하는데 높은 관심이 있으며, 인위적이고 비자연스러운 관계절의 사용에 관한 데이터는 수집하고 싶어 하지 않는다. 예를 들어, 연구자는 관계절(relative clause)과 같은 통사 구조에 관한 데이터 수집을 위해 관계절이라는 언어 형식을 사용하도록 특정 과업을 계획할 수 있다. 이 경우, 학습자들은 과업을 수행하기 위해서 관계절의 사용이 요구되고 있다는 점을 인식할 가능성은 높아진다. 학습자들이 이러한 사실에 대해 눈치를 채고 관계절 사용에 대한 인식도가 높아지게 되면, 연구자는 그만큼 학습자들의 관계절의 자연스러운 사용에 관한 데이터를 수집하는 것이 어려워질 수 있다.

연구 과정 중에서 수집된 언어 사용에 관한 데이터는 학습자의 일상적인 언어 사용을 대표할 수 있는가? 연구자는 이러한 학습자의 일상적인 언어 사용을 대표할 수 있는 데이터 수집에 관심이 많다. 하지만 연구의 목적에 따라 연구 범위가 넓게 또는 좁게 설정되는데, 이에 따라 수집되는 언어 데이터의 성격도 달라진다. 즉, 연구의 범위가 좁아질수록 학습자들은 특정 언어 형식에 주의를 기울일 가능성은 높아지고, 반대로 연구 범위가 넓어질수록 언어 형식보다는 언어의 기능적인 면에 주의를 기울일 가능성은 높아진다. 그럴 경우, 수집되는 데이터의 성격은 완전히 달라진다.

일반적으로 연구 범위를 좁히면 좁힐수록 연구와 관련된 제반 조건들은 통제되거나 조작되게 된다. 이럴 경우, 연구자가 원하는 특정 데이터를 수집하는데 유리하지만, 반대로 학습자들이 연구의 진행 과정을 눈치 챌 가능성은 높아진다. 학습자들 자신이 연구에 참여하고 있고, 연구 대상이 되고 있다는 것을 알게 되면, 그들은 평소와는 다른 방식으로 언어를 사용할 가능성은 더 높아진다. 즉, 학습자들의 일상적인 언어 사용을 대표할 수 있는 언어 데이터를 수집하기가 어렵다는 것을 의미한다. 이는 나중에 연구 결과를 일반화하는데 어려움이 될 수 있다. 반대로 학습자가 눈치 채지 않은 상태에서 연구를 진행하게 되면, 자연적인 언어 사용 맥락에서 학습자들의 전형적인 언어 사용 데이터를 수집할 수 있는 이점이 있다. 하지만 때로는 연구자가 원하는 특정 데이터를 수집하는데 어려움을 겪는 원인이 되기도 한다.

2.2.4 연구 결과 해석에 대한 연구자의 주관성 개입 정도

데이터를 수집하고, 이를 적절하게 해석하기 위해서는 연구자의 능력이 요구된다. 다만 연구의 범위를 좁게 또는 넓게 설정하느냐에 따라 데이터 해석에 대한 연구자의 주관성 개입 정도가 달라진다. 즉, 연구의 범위가 좁으면 좁을수록 연구자의 주관성 개입은 줄어들 것이고, 반대로 연구의 범위가 넓으면 넓을수록 연구자의 주관성 개입 정도는 높아진다.

예를 들어, 탐색적 성격의 연구에서는 연구의 범위가 통제되지 않는다. 따라서 연구자는 연구 범위가 통제되지 않는 자연적인 상황에서 가능한 많은 데이터를 수집하려고 한다. 물론, 연구자는 가능한 많은 데이터를 수집하려고 하지만, 연구자의 주관적인 판단에 따라 어떤 데이터를 기록하고 버려야할 지가 결정된다. 이 경우, 연구자 자신이 원하는 데이터가 무엇인가에 따라 수집되는 데이터의 유형이 달라질 수 있다는 것을 의미한다. 따라서 연구자는 자신만의 데이터 분류법을 만들게 되며, 이에 따라 데이터를 수집하고, 분류한다. 또한, 연구자는 데이터 분류법에 속하지 않는 특정 데이터는 버리게 되며, 데이터 분류법에 속한 데이터를 수집하고 분석하면서 어떤 패턴 또는 일관성을 찾으며, 그 결과를 해석하게 된다.

하지만 연구의 범위가 좁고 연구의 제반 조건이 통제되고 조작되는 연역적 성격의 연구에서는 연구 결과를 해석할 때 연구자의 주관적 견해는 가능한 억제된다. 물론, 연역적 연구에서도 연구자의 주관은 개입된다. 하지만 연구의 제반 성격과 진행 절차는 객관적이기 때문에 연구 결과의 해석을 위해서 보다 객관적인 판단을 하게 된다. 따라서 연구의 범위가 좁을수록 연구자는 특정 유형의 데이터를 수집하는데 관심이 많으며, 연구자는 특정 데이터를 수집하기 위한 데이터 수집 방법을 사용하게 된다. 연구의 결과 해석 또한 데이터의 분석에 근거해서 객관적 입장에서 어떤 인관관계가 설정될 수 있는지를 파악하게 된다.

2.3 데이터 수집 방법의 명확성 정도

연구자는 연구를 수행하면서 다양한 유형의 데이터를 수집하게 되는데, 이들 데이터들은 수집 방법에 따라 데이터의 유형도 달라진다.

예를 들어, 영어학습에 대한 학습자의 태도 및 학습동기, 그리고 학습자들의 영어 읽기 능력 등에 관한 데이터는 학습자 내부에 존재하기 때문에 직접적인 관찰은 불가능하다. 따라서 연구자는 이러한 능력을 측정할 수 있는 여러 유형의 평가 문항을 개발하여 시행하게 된다. 평가의 결과에 따라 학습자들은 관찰 가능한 수치를 나타내게 되는데, 이러한 평가 점수 등은 연구자가 수집하는 데이터의 한 유형이 된다. 데이터는 일종의 척도(scale)가 되며, 명목 척도(nominal scale), 서열 척도(ordinal scale), 간격 척도(interval scale), 그리고 비율 척도(ratio scale) 등의 4가지가 있다. 영어교육과 같은 행동과학(behavioral science)에서는 비율 척도를 제외한 나머지 3가지 척도를 사용한다. 그렇다면 제2언어 습득 연구에서 데이터가 될 수 있는 것에는 무엇이 있는가?

사실, 데이터의 유형은 매우 다양하다. 특히, 제2언어 습득과 관련된 연구에서는 학습자가 보여주는 모든 행동들, 연구자에 의한 통제된 자극에 대한 학습자의 반응들, 또는 외국어 학습에 대한 학습자들의 의견 등 모두가 데이터의 유형이 될 수 있다. 특히, 언어능력(competence)과 언어수행(performance)과 관련하여 데이터를 정의내릴 때 데이터의 정의는 더 복잡해진다. 그렇다면, 학습자의 관찰 가능한 언어수행은 학습자 내면의 언어능력을 진정으로 반영하고 있다고 볼 수 있는가? 언어수행이 언어능력을 제대로 반영할 수도 있지만, 만약 그렇지 않을 경우, 학습자 내면에 존재하는 관찰 가능하지 않은 능력들을 관찰 가능한 여러 행동으로 끌어낼 수 있는 데이터 수집 방법은 연구자의 주된 관심사가 될 수밖에 없다. 따라서 연구자의 주된 측정 대상이 되는 변인에 대한 조작적(operational) 정의는 매우 중요하다. 결국, 변인에 대한 조작적 정의에 따라 데이터의 수집 방법이 결정되며,

이는 데이터 분석 결과에 대한 해석에도 영향을 미친다.

그렇다면, 이러한 데이터는 어떻게 수집되는가? 데이터의 수집 방법은 연구자가 취하는 연구 방향에 따라 달라진다. 즉, 탐색적 연구 또는 연역적 성격의 연구에 따라 연구자가 취하는 데이터 수집 방법은 달라지는데, 데이터 수집 방법에서 명시성(explicitness)이 높게 나타날 수 있고, 또는 낮게 나타날 수 있다. 만약, 연구자가 특정 데이터 유형의 수집에 관심을 갖고 있다면, 해당 데이터 수집을 위한 방법은 명시성이 높을 수밖에 없다. 명시성이 높은 데이터 수집 방법은 학습자들이 눈치 챌 가능성이 높다. 연구자가 원하는 데이터를 수집하기 위해서 학습자들로 하여금 의도적으로 특정 데이터에 관심을 끌게 할 수 있는데, 이러한 높은 명시성은 데이터의 질(quality)에 영향을 미치게 된다. 예를 들어, 문법성 판단(grammaticality judgement)과 같은 과업은 학습자들로 하여금 언어 형식의 문법성을 의식적으로 판단하게 하는 메타 언어적(meta-linguistic) 능력을 요구하는 활동이기 때문에 명시성이 매우 높다. 반면에 의소통적 맥락에서의 언어 사용과 같은 과업은 학습자들의 의식적인 메타 언어적 능력의 사용을 요구하지는 않기 때문에 명시성이 낮다고 볼 수 있다.

다음 제시되는 연구 맥락을 통해서 데이터 수집 방법의 명시성 정도가 수집되는 데이터의 질에 어떤 영향을 미칠 수 있는지에 대한 이해를 높여 준다.

[연구 맥락]
연구자는 영어쓰기 과정 중에서 학습자들이 어떤 전략들을 사용하는지에 대해서 알고 싶어 한다. 학습자들이 사용한 전략을 파악하기 위해서 여러

> 방법이 있지만 학습자들이 실제 어떤 전략을 사용하였는지에 대해서 직접 학습자들의 설명을 들어보는 방법을 선택하였다. 이를 위해서 연구자는 쓰기 샘플을 학습자들에게 보여주고, 그 후 어떻게 해서 특정 표현을 사용할 수 있는지에 대해서, 즉 어떤 전략들을 사용하였는지에 대해서 구술로 설명하는 시간을 갖게 하였다. 따라서 연구자는 학습자들에게 자신이 그 글을 작성한 과정에 대해서 구술로 표현하게 하였다. 연구자는 학습자들이 표현한 구술 표현을 수집하여 학습자들이 어떤 유형의 전략들을 사용하는지를 파악하고자 하였다.

학습자들의 구술 데이터들은 일종의 데이터가 되는데, 이는 특정 언어 형식에 대한 학습자들의 명시적인 주의 집중의 산물이 될 수 있다. 하지만 이들 데이터의 해석에는 연구자의 주의가 요구된다. 학습자들의 명시적인 구술 데이터들이 학습자들이 글을 쓰는 과정 중에 실제로 그들이 행한 행동을 보여주는 실제 데이터가 될 수 있다. 하지만 학습자들은 자신들이 연구에 참여하고 있다는 점을 너무 명확하게 인식하고 있어서, 경우에 따라서는 연구자를 도와주고 싶은 생각에서 연구자가 원하는 대답이 무엇인지를 추측하고 이를 대답할 가능성 또한 배제할 수 없다.

앞서 언급한 바와 같이, 연구자는 학습자의 일상적인 언어 사용을 대표할 수 있는 데이터를 수집하는 것에 관심이 많다. 하지만 연구의 성격과 목적에 따라 학습자들이 특정 언어 형식에 주의를 기울이는 정도가 다르게 나타나는데, 이는 데이터 수집의 명시성 정도에 영향을 미치게 된다. 만약에 연구자가 관찰, 녹음, 비디오 촬영 등의 방법을 통해서 데이터를 수집하게 되면, 학습자들은 연구자가 수집하고자 하는 특정 데이터에 대한 인식이 낮아져서 일상적인 언어 사용을 대표할 수 있는 데이터를 수집할 수 있는 가능성은 높아진다. 하지만 특정 언어 형식에 대해서 학습자의 메타 언어적 능력을 요구하는 방법을 통해서 데이터를 수집하게 되면, 학습자는 이미 이를 인식하게 되어 일상적인 측면에서 벗어난 왜곡된 방식을 사용하여 데이터를 생성할 수 있는 가능성은 높아진다. 이는 결국 데이터의 신뢰성 및 타당도에 영향을 미치게 된다.

지금까지 본 장에서 논의한 연구 방법의 패러다임을 정리하여 제시하면 다음과 같다.

<표 2-2> 언어연구 방법의 패러다임

패러다임 1:	언어학습 현상에 대한 접근방법이 종합적인가, 아니면 분석적인가?
패러다임 2:	연구목적은 탐색적인가, 아니면 연역적인가?
패러다임 3:	연구 조건의 통제 및 조작 정도가 낮은가, 아니면 높은가?
패러다임 4:	데이터 수집 방법에 대한 학습자들의 인식 정도가 낮은가, 아니면 높은가?

3장

연구 맥락에서의 변인과 연구 가설

3.1 척도(Scale)의 정의 및 종류

연구자는 연구를 수행하면서 다양한 유형의 데이터를 수집하게 된다. 예를 들어, 멀티미디어 매체를 사용하였을 때 학습자들의 영어 읽기 능력 향상에 어떤 영향을 미치는지를 알아보기 위해서 연구를 수행한다고 가정해 보자. 학습자들의 영어 읽기 능력은 학습자 내부에 존재하기 때문에 직접적인 관찰은 불가능하다. 따라서 연구자는 학습자들의 읽기 능력을 측정할 수 있는 영어 읽기 평가 문항을 개발하여 시행하게 된다. 학습자들은 읽기 평가를 통해서 학습자들의 읽기 능력은 관찰 가능한 수치로 나타나게 된다. 이렇듯 영어 읽기 평가에서 나타난 시험 점수 등은 연구자가 수집하는 데이터의 한 유형이 된다.

연구자가 수집하는 데이터들은 데이터 수집 방법에 따라 데이터의 유형도 달라진다. 예를 들어, 학생들의 성별, 국적 등과 같이 각 범주에 몇 명의 학습자들이 있는가를 보여주는 정보는 빈도(frequency) 데이터가 되며, 학습자들의 영어 능숙도를 보여주는 시험 성적은 점수에 따라 학생들의 서열을 정할 수도 있지만, 또한 시험 성적에서 80점과 90점 사이의 10점 간격은 50점과 60점 사이에 존재하는 10점의 간격과 균등하다는 정보를 제공해 주기도 한다. 이렇듯 연구자가 관심을 가지고 있는 변인들에 대해서 숫자를 부여하여 관찰 가능한 수량화 작업을 거치게 되면 이들 데이터는 척도(scale)가 된다. 척도에는 4가지 유형이 있는데, 각각의 척도 유형은 데이터의 수집 과정을 이해하는데 매우 중요하다.

1) 명목 척도

명목 척도(nominal scale)는 성별, 국적, 모국어 등과 같이 서로 다른 범주를 구분하기 위해서 사용되는 데이터이다. 예를 들어, 성별의 경우 남학생은 1, 여학생은 2로 표기하며, 국적의 경우 한국은 1, 일본은 2, 미국은 3, 영국은 4 등으로 표기되는 데이터를 의미한다. 따라서 명목 척도는 각 범주에 부여된 숫자의 크기를 비교한다든지, 또는 평균을 계산하는 것은 무의미하다. 또한, 남학생은 1, 여학생은 2로 표기되었다고 해서 여학생이 남학생보다 더 우수하다는 의미는 없다.

2) 서열 척도

서열 척도(ordinal scale)는 학습자들을 어떤 기준에 따라 서열을 부여할 때 사용되는 데이터이다. 성적에 따라, 참여도의 정도에 따라, 학습 시간에 따라 학습자들의 서열을 정하게 되면, 이때 데이터들은 서열 척도가 된다. 중요한 점은 학습자들의 서열이 정해졌을 때 그때 각 서열 간의 간격은 일정하지 않다는 점이다. 예를 들어, 2등과 3등과의 점수 간격은 4등과 5등과의 점수 간격과 균등하지 않다. 즉, 등수 차이에 존재하는 점수 간격은 일정하지 않다는 것을 함축한다. 서열 척도에서 가장 중요한 점은 순서, 또는 서열이 개입되어 있다는 점이다.

3) 간격 척도

간격 척도(interval scale)로 사용되는 데이터에는 보통 학생들의 시험 성적이 있다. 시험 성적에서 보여주는 점수간의 간격은 일정하다는 정보를 제공한다. 예를 들어, 60점과 65점의 간격과 80점과 85점의 간격은 서로 균등하다. 간격 척도는 학습자의 언어능력을 보여주는 점수가 되고, 또한 점수에 의해서 서열을 매길 수 있어서 더 많은 정보를 제공하는 이점이 있다. 하지만 주의해야할 점은, 예를 들어 영어 읽기 시험에서 90점 받은 학생의 읽기 능력이 45점 받은 학생에 비해서 읽기 능력이 두 배가 되는 것은 아니라는 점이다. 통상적으로 영어 숙도도 시험, 읽기 시험, 듣기 시험, 어휘 시험, 말하기 시험 등의 결과로 얻어지는 데이터들은 간격 척도에 해당된다.

4) 비율 척도

비율 척도(ratio scale)로 사용될 수 있는 데이터는 시간, 전압, 무게 등이 있는데, 이러한 데이터 유형은 언어교육과 같은 행동과학 분야에서는 잘 사용되지 않는다. 비율 척도의 가장 큰 특징은 절대 영점이 존재 한다는 것이다. 언어교육 분야에서는 학습자들의 언어능력을 측정하는데 관심을 갖고 있는데, 학습자들의 언어능력에는 절대 영점이 존재하지 않는다. 예를 들어, 영어 말하기 시험에서 한 학습자가 0점을 받았다면, 그는 영어 말하기 능력이 아예 없다고 할 수 있는가? 말하기 시험이 너무 어려워서 0점을 받은 것이지, 영어 말하기 능력이 전혀 없어서 0점을 받은 것은 아닌 것으로 해석되어야 한다.

연구자가 수집하는 데이터의 유형이 어떤 척도인지를 아는 것은 매우 중요하다. 왜냐하면, 연구자가 수집한 척도의 유형에 따라 연구 가설의 기각 및 수용 여부를 결정하기 위한 통계분석 방법이 달라지기 때문이다. 특히, 척도 유형은 양적(quantitative) 연구에서 적절한 통계분석 방법을 결정하는데 매우 중요하기 때문에 연구자의 주의가 요구된다.

3.2 구인(Construct)의 이해

3.2.1 구인(Construct)의 정의

'구인(construct)'이란 측정의 대상이 되는 인간의 어떤 가정적 속성을 지칭한다. 하지만 구인은 아직 조작적(operational)으로 정확하게 정의되지 않았으며, 이론적으로 제대로 정립이 되지 않은 인간의 어떤 특성이나 속성을 의미한다. 따라서 인간 내부에 존재하는 어떤 능력, 즉 측정 목표가 되는 구인을 측정하고자 할 때는 그것을 과학적인 개념으로 분석하고 의미를 부여함으로써 이를 객관적으로 측정하는 과정이 필요하다.

예를 들어, 어떤 연구자가 "정의적 여과기가 낮은 학습자는 영어를 더 많이 말할 것이다."라는 개념에 대해서 객관적으로 검증하는데 관심이 있다고 가정해 본다. 그런데, '정의적 여과기가 낮은 학습자'라는 학습자의 속성은 학습자 내부에 존재하는 관찰이 어렵고, 아직 조작적으로 정의되지 않은 구인이 될 수 있다. 조작적으로 정의되지 않은 구인이라는 점은 이 구인을 측정하기 위한 측정 도구가 아직 개발되지 않았다는 것을 의미하기도 한다. 또한, 이전 연구에서 이 구인을 측정하기 위한 측정 도구가 설사 사용되었다고 하더라도 아직은 많은 연구자에 의해서 보편적 개념으로 받아들여지지 않고 있다는 점을 의미한다. 따라서 연구자가 "정의적 여과기" 개념을 자신의 연구에 사용하고자 할 때는 이 구인의 성질에 관한 이론과 법칙을 정립할 필요가 있다. 따라서 연구자는 보다 정확한 "정의적 여과기"라는 개념의 준거 확인을 위해서 이 구인을 객관적으로 측정할 수 있는 방식에 많은 관심을 보이게 된다. 아직 과학적으로, 그리고 경험적으로 정확하게 조작되지 않은 특정 구인을 측정하기 위해서 다음과 같이 평가 문항의 개발 과정을 거치게 된다(성태제, 1995, p. 37).

① 측정하고자 하고자 하는 언어능력을 구성하는 구인이 무엇인지를 이론적, 경험적(선험연구의 정의 포함) 배경에 의해서 명확한 조작적 정의를 내린다.
② 구인과 관련된 이론에 근거하여 구인을 측정할 수 있는 평가 문항을 제작한다.
③ 구인을 측정하는 문항들로 평가 도구를 개발한다.
④ 측정 대상에게 평가를 실시하여 응답 자료를 얻는다.
⑤ 응답 자료를 분석하여 평가 목적에 맞게 구인들이 정확하게 측정되었는지를 확인한다.
⑥ 언어능력을 규명하는 조작적 정의와 관련 없는 문항은 제거한다.

또 다른 예를 들어, 우리가 흔히 말하는 영어 능숙도(English proficiency)는 각 개인의 내부(두뇌)에 존재하는 것으로 단순히 관찰되지는 않는다. 따라서 교사는 측정의 목표가 되는 구인, 즉 학습자의 영어 능숙도를 측정하기 위해서 학습자의 영어 능숙도를 측정하는 것으로 여겨지는 평가 문항을 개발하고, 이를 학습자에게 시행하며, 이를 근거로 시험 점수를 산출하게 되는데, 그 시험 점수에 근거하여 학습자의 영어 능숙도를 가늠하게 된다. 여기서 다음 3 가지 사항을 고려할 필요가 있다.

첫째, 교사가 개발한 영어 능숙도 시험이 학습자의 영어 능숙도를 측정하기 위한 유일한 방법은 아니지만, 교사는 영어 능숙도에 대한 나름의 정의를 내리고, 이에 근거하여 학습자의 영어 능숙도를 측정하기 위한 평가 문항들을 개발하였다는 점이다.

둘째, 학습자의 영어 능숙도에 대한 교사 나름의 정확한 정의가 내려졌다면, 이를 측정하기 위한 구체적인 평가 문항이 개발되었다는 것을 의미한다. 평가의 결과에 따라 교사는 학습자의 영어 능숙도를 대변하는 어떤 점수를 산출할 수 있는데, 이 점수는 궁극적으로 학습자의 영어 능숙도라는 구인을 대표하게 된다. 하지만 중요한 점은 평가에 의해 산출된 점수는 단지 영어 숙달도라는 구인을 대표하는 것이지, 능력 그 자체를 의미하지는 않는다.

셋째, 측정하고자 하는 목표 구인에 대한 교사 나름의 정의가 내려지고, 목표 구인을 측정하기 위한 구체적인 평가 문항이 개발되었으며, 평가 결과에 따라 구인을 대표하는 어떤 점수가 얻어졌다면, 이 점수는 이제 변인(variable)이 된다.

3.2.2 구인의 조작화(Operationalization) 과정의 필요성

연구자가 학습자의 어떤 구인을 측정하는 것을 연구 목적으로 삼았다 할지라도 목표 구인을 직접적으로 관찰하는 것은 불가능하다. 따라서 연구자는 목표 구인을 관찰 가능하고, 객관적으로 측정할 수 있는 평가 문항을 개발하게 되며, 그리고 시험 결과에 따라 점수를 수량화할 수 있는 방법을 결정해야 한다. 이러한 과정을 조작화(operationalization)라고 하며, 측정하고자 하는 구인에 대한 조작화의 책임은 궁극적으로 연구자에게 있다. 하지만 이러한 조작화 과정은 다른 연구자들이 공감하고 이해할 만한 보편타당한 것이어야 하며, 또한 다른 구인의 조작적 정의와 중복되어서는 안 된다.

앞서 언급한 "영어 능숙도"의 조작화에 대해서 설명하면 다음과 같다. 영어 능숙도는 학습자 내부에 존재하는 추상적 개념이기 때문에 실제로 객관적인 관찰은 어렵다. 일반적으로 우리가 영어 능숙도에 대해서 갖는 이해는 영어에 대한 전반적인 영어능력 전체를 지칭하는 것으로 이해된다. 하지만 이러한 전체적이고 추상적인 정의는 연구자가 하고자 하는 연구의 진행에 큰 장애물이 될 수밖에 없다. 따라서 연구자는 본인의 연구에서 영어 능숙도가 구체적으로 무엇을 의미하는지를 분명하게 제시함으로써 측정하고자 하는 구인의 범위를 제한할 필요가 있다. 그럴 때 구인을 측정하고자 하는 평가 도구가 좀 더 객관적이고 구체적으로 개발될 수 있다.

예를 들어, 연구자가 "영어에 대한 전반적인 영어 능숙도"에 관심을 가지고 있고, 이를 위해 TOEFL 시험을 평가 도구로 사용한다고 가정해 보자. 이 경우, 연구자는 관찰 가능하고 수량화가 가능한 TOEFL

성적에 근거해서 학습자의 전반적인 영어 능숙도라는 구인을 측정하고자 한다는 것을 알 수 있다. 그렇다면, TOEFL이라는 측정 도구가 영어 능숙도라는 구인을 측정할 수 있는 적절한 방법인가? 이 질문은 연구자뿐만 아니라 연구 결과를 접하는 독자들도 하게 되는 질문이므로, 연구에서 측정하고자 하는 구인에 대한 정확한 조작화는 신중한 접근이 필요하다.

따라서 연구자 및 독자는 다음과 같은 질문을 해야 한다. 측정 도구가 목표로 하는 구인을 정확하게 측정할 수 있는지, 측정 도구가 오히려 다른 구인을 측정하고 있는 것은 아닌지, 또는 측정 도구가 목표로 하는 구인을 측정하는데 적합한지 등에 대해서 세심히 살펴 볼 필요가 있다. 구인에 대한 조작화는 결국 연구자가 수집하고자 하는 데이터가 무엇이며, 이 데이터를 어떻게 수집할 것인가에 대한 데이터 수집 방법을 결정짓기 때문에 조작화 과정을 결코 소홀히 다룰 수 없다.

3.3 변인(Variables)의 이해

3.3.1 변인의 정의

언어교육 분야에서 수행되는 대부분의 연구는 언어학습에 영향을 미치는 것으로 여겨지는 여러 요인들(예를 들어, 교수법, 매체, 적성, 동기, 태도, 교재, 문화적 이해 등)이 언어학습에 어떤 결과를 초래하였는지를 알아보는데 있다. 이를 위해 연구자는 언어학습에 영향을 주는 요인들과 언어학습에 미친 결과를 객관적으로 측정하여 수량화할 수 있는 측정 도구를 개발하게 된다. 즉, 연구자는 이들 측정 도구들을 사용하여 학습자 개개인의 목표 구인들이 어느 정도 나타났는지, 또는 변화되었는지를 파악하여 수량화하게 된다.

예를 들어, 학습자들에게 서로 다른 교수법을 적용하였을 때 그들의 영어 쓰기 능력에서 서로 다른 결과를 가져올 것이라고 가정해 보자. 다른 모든 조건(예를 들어, 제반 수업 환경)을 똑같이 하고, 다만 단 한 가지 요인, 즉 교수법 요인만을 달리하였을 때, 이로 인해서 학습자의 영어 쓰기 능력에서 차이를 가져왔다면, 연구자는 그 차이가 교수법에 의해서 나타났다고 주장하게 될 것이다. 이 경우, 학습자들에게 제공된 교수법은 '처치(treatment)'가 될 것이며, 학습자들은 교수법의 차이로 인해서 영어 쓰기 시험에서 수량화된 시험 성적을 받게 된다. 시험 성적의 경우, 학습자들은 모두 동일한 점수를 받을 가능성은 적고, 각각 서로 다른 점수를 받을 가능성이 많기 때문에 학습자 개개인이 받는 점수는 개인마다 차이가 있기 마련이다. 시험의 결과로 인해 학습자들이 받는 점수는 항상 고정된 수치가 아니라 학습자 개개인마다 다르기 때문에 '변수 또는 변인(variables)'이라 불린다. 변인에는 여러 유형이 있는데, 이어지는 장에서 각 변인들의 유형에 대해서 자세하게 언급하고자 한다.

3.3.2 변인의 종류

3.3.2.1 독립 변인과 종속 변인

'독립 변인(independent variable)'은 다른 변인(일반적으로 종속 변인)

에 대해 차이 또는 변화가 나타나도록 영향을 미치는 변인이다. 일반적으로 교수법, 학습 매체 등과 같은 처치(treatments) 등이 독립 변인에 속한다. 예를 들어, 서로 다른 교수법의 사용에 따라 학습자들의 영어 쓰기 능력에 어떤 영향을 미치는지를 알아보는 연구를 수행한다고 가정해 보자. 이 경우, 학습자에게 제공된 서로 다른 교수법이 독립 변인에 속한다. 왜냐하면, 학습자에게 제공된 교수법이 학습자의 영어 쓰기 능력에서 차이가 나타나도록 영향을 미치는 변인이라고 생각되기 때문이다.

반면에 종속 변인(dependent variable)은 독립 변인에 의해서 영향을 받아서 변화 또는 차이를 보여주는 변인이다. 교수법의 유형에 따라 학습자들의 영어 쓰기 능력에 미치는 영향을 알아보는 연구에서, 어떤 교수법을 사용하느냐에 따라 학습자의 영어 쓰기 능력에서 변화 또는 차이가 있을 것이라고 믿기 때문에 학습자들이 보여준 영어 쓰기 능력에서의 변화 또는 차이는 종속 변인에 속한다. 따라서 독립 변인이 원인(cause)에 해당된다면 종속 변인은 결과(effect)에 해당된다.

연구를 수행하면서, 독립 변인과 종속 변인은 서로 분리해서 이야기할 수 없다. 연구의 기본 맥락은 교수법과 같은 실험 처치라 할 수 있는 독립 변인이 종속 변인에 어떤 영향을 미쳤는지를 밝히는데 있다. 일반적으로 독립 변인이 종속 변인에 미친 영향 또는 변화는 수치에 의해서 파악되기 때문에, 연구자는 종속 변인의 수량화를 위해서 종속 변인에 대한 조작화 과정에 대해서 매우 신중하게 접근해야 한다. 종속 변인에 대한 조작화가 구체화 되면, 이를 측정하기 위한 측정 도구가 개발된다. 이 측정 도구를 사용하여, 예를 들어 언어 숙달도, 쓰기 능력, 어휘 습득, 태도, 동기 등에 대해서 수량화된 점수를 얻게 되어,

독립 변인의 영향으로 인해 종속 변인에 나타난 변화 또는 차이 등을 검증하게 된다. 이때 종속 변인의 변화 또는 차이 등을 보여주는 수량화된 수치가 바로 데이터가 된다. 즉, 종속 변인에 대한 조작화에 따라 수집되는 데이터의 유형이 달라진다고 볼 수 있다. 다음은 언어학습과 관련된 연구 질문, 그리고 이에 내포된 독립 변인과 종속 변인 간의 관계를 보여주는 표이다(Mackey & Gass, 2008, p. 102).

<표 3-1> 독립 변인과 종속 변인

연구 질문의 예	독립 변인	종속 변인
1. Does feedback type affect subsequent performance?	feedback type	performance measure
2. Can element of child-directed speech aid in learning morphology?	child-directed speech	measure of morphological acquisition
3. Does length of residence affect identification of word-final consonant?	length of residence	measure of success in identifying word-final consonant
4. In there a relationship between learners' noticing of recasts and L2 development?	noticing of recast	measure of L2 development

위 표에서 제시한 바와 같이, 독립 변인은 일반적으로 종속 변인의 변화 또는 차이를 이끌어내기 위해서 주어지는 처치(treatment)에 해당되며, 반면에 종속 변인은 주어진 처치의 영향으로 인해서 나타나는 변화 또는 차이의 정도를 수량화된 데이터를 통해서 보여준다. 따라서

종속 변인에서 나타나는 변화의 정도를 수량화시키기 위해서는 종속 변인 측정을 위한 조작화가 보다 구체적으로 이루어져야 한다.

예를 들어, <표 3-1>의 두 번째 연구 질문은 "child-directed speech" 유형이 형태소(morphology) 습득에 어떤 영향을 미치는가를 파악하는 연구이다. 그렇다면 형태소의 습득 여부를 어떻게 측정할 것인가 하는 방법론적인 문제가 제기된다. 동시에, 본 연구에서 의미하는 형태소 습득은 구체적으로 무엇을 의미하는지 분명해야 한다. 모든 형태소를 의미하는가? 아니면 제한적인 수의 형태소를 의미하는가? 실제 언어사용에서 형태소의 정확한 사용을 습득으로 볼 것인가 아니면 시험지 형식의 시험에서 일정 점수 이상을 형태소 습득으로 볼 것인가? 연구를 시작하기 전에 연구자는 이러한 문제들에 대한 정확한 조작화가 필요하다. 조작화가 성공적으로 이루어진다면 이를 위한 측정 도구 역시 개발이 가능할 것이다.

또 다른 예를 든다면, <표 3-1>의 네 번째 연구 질문은 학습자들이 "recast"를 인식하는 것과 실제 이러한 인식이 학습자들의 "L2 development"와 어떤 관련성이 있는가를 검증하는 연구이다. 아마도 *recast*에 대한 학습자의 인식이 높을수록 학습자의 L2 발전에 긍정적인 영향을 미칠 것이라는 가정을 가지고 연구를 수행할 가능성은 많다. 그렇다면, 이 연구에서 제시된 종속 변인, 즉 "L2 development"는 무엇을 의미하는가? 실제적 언어사용을 의미하는가? 아니면 시험지 형식에서의 일정 점수 이상을 의미하는가? 따라서 연구자는 본인이 수행하고자 하는 연구에서 "L2 development"가 의미하는 바가 무엇인지에 대한 정확한 조작화가 이루어져야 제2언어 발달과 관련된 데이터를 수집하기 위한 적절한 측정 도구를 개발할 수 있다.

3.3.2.2 조정 변인

조정 변인(moderator variable)은 연구의 주된 처치, 즉 주 독립 변인은 아니지만 종속 변인에 영향을 미칠 수 있는 다른 유형의 독립 변인을 지칭한다. 대부분의 연구에서 연구자는 주로 독립 변인이 종속 변인에 어떤 영향을 미치는지를 파악하는 연구를 수행하지만, 간혹 연구자는 독립 변인과 종속 변인 사이에서 조정 변인이 종속 변인에 대해 어떤 영향을 미치고 있는지를 알아보기 위한 연구를 수행하기도 한다.

예를 들어, 교수법의 유형에 따라 학습자들의 영어 쓰기 능력에 어떤 영향을 미치는지를 알아보는 연구를 수행한다고 가정해 보자. 이 경우, 교수법의 유형은 본 연구의 주된 독립 변인이 되고, 영어 쓰기 능력은 종속 변인이 되는 것은 분명하다. 하지만 본 실험에 참여하는 학습자의 구성 성분에 따라 학습자의 영어 쓰기 능력이라는 종속 변인에서 차이가 나타날 수 있다는 것은 예측 가능하다. 즉, 학습자들의 쓰기 숙달도 정도에 따라, 또는 학습자들의 성별에 따라 종속 변인인 영어 쓰기 능력에서 차이가 나타날 수 있다는 것이다. 이 경우, 학습자들의 숙달도, 성별은 분명 본 연구의 주된 독립 변인은 아니지만 종속 변인에 영향을 미치는 또 다른 독립 변인이 될 수 있다는 것을 의미한다.

대표적인 조정 변인에는 성별, 나이, 숙달도, 모국어, 경제적 상태, 교육 수준 등이 있다. 일반적으로 조정 변인은 연구자가 연구를 수행하면서 조작하는 것이 아니라, 연구에 참여하는 학습자들이 이미 가지고 있는 속성이 될 수 있으며, 다만 이러한 속성들이 연구의 주된 독립 변인과 종속 변인 간의 관계에서 영향을 미칠 수 있다는 점에서 차이가 있다.

3.3.2.3 외재 변인과 통제 변인

외재 변인(extraneous variable)과 통제 변인(control variable)은 같은 맥락에서 기술될 필요가 있다. 실험 연구의 일반적인 틀은 다른 모든 요인들은 동일하게 만든 상태에서 독립 변인이 종속 변인에 어떤 영향을 미쳤는지를 파악하는데 있다. 실험이 종료된 후, 종속 변인에서 차이가 있었다면 이는 전적으로 독립 변인 때문에 기인된 것으로 생각되어야 한다. 만약 독립 변인 이외에 다른 변인이 개입되어서 종속 변인에 영향을 준 것으로 해석될 여지가 있다면, 이미 진행된 연구의 기본 틀을 무너뜨릴 수 있는 심각한 위험을 초래할 수 있다.

따라서 실험이 진행되는 동안 연구자는 독립 변인 이외의 다른 변인들이 종속 변인에 영향을 미치는 것을 철저하게 통제할 필요가 있다. 이처럼 독립 변인 이외에 종속 변인에 영향을 미칠 수 있는 변인들이 실제로 존재하는데, 이러한 변인들은 '외재 변인'이라 불린다. 외재 변인 중, 특히 실험의 결과에 중대한 영향을 미칠 가능성이 높아서 실험의 타당성 및 신뢰성을 담보하기 위해서 통제되는 변인들을 '통제 변인'이라 한다. 예를 들어, 두 개의 집단 간 비교를 하는 연구를 진행한다고 가정할 경우, 무엇보다도 종속 변인 측면에서 실험을 시작하기 전에 두 집단 간에 차이가 없도록 동일하게 만드는 것은 중요하다. 왜냐하면, 서로 비슷한 상태에서 연구를 시작하고, 독립 변인에 의해서 종속 변인의 차이를 검증하는 것이 공정하다고 생각되기 때문이다. 따라서 두 집단을 동일하게 만드는 변수를 통제 변인이라고 한다.

예를 들어, 서로 다른 영어 읽기 교수법을 사용한 두 집단 간에 학습자의 읽기 능력에서 어떤 차이를 가져오는지를 검증하는 연구를 수행한다고 가정해 보자. 두 집단은 실험이 시작되기 전에 서로 비슷한 읽기 능력 등을 포함하여 서로 비슷한 상태에서 연구가 시작되어야 한다. 그런데, 어느 한 집단에 속한 학습자들이 다른 집단에 속한 학습자들에 비해서 사교육을 받는 경우가 많다고 한다면, 또는 해당 외국어 국가에 장기간 체류한 적이 많다고 한다면, 이들 요인들은 실험 결과에 영향을 미칠 것으로 생각되어 공정한 비교가 될 수 없다. 실험 후, 두 집단 간에 읽기 능력에서 차이가 있는 것으로 나타났다고 가정할 때, 독립 변인인 교수법에 의해서 차이가 나타난 것으로 생각될 수 있고, 또는 사교육의 영향으로 인해서 읽기 능력에서 차이가 나타난 것으로도 해석될 수 있다. 실험 초부터 서로 비슷한 가정환경, 학습배경 등을 가진 학습자들을 대상으로 집단을 구성(통제)한다면 이러한 문제들은 해결될 것이다.

3.4 연구 가설의 종류

연구를 시작하면서 연구자에게 가장 중요한 일은 연구 목적을 명확하게 기술하는 것인데, 연구 목적을 명확히 하는 방법 중의 하나가 바로 연구 가설(research hypothesis)을 설정하는 것이다. 연구 가설은 연구가 실제로 수행되었을 때 예상되는 결과를 진술하는 것이다. 앞서 언급한 독립 변인의 영향으로 인해서 종속 변인에서 어떤 결과가 나올 것인지를 기술하는 것이라 할 수 있다.

3.4.1 연구 가설의 성격에 따른 유형

연구 가설은 그 성격에 따라 영가설(Ho: null hypothesis)과 대체가설(Ha: alternative hypothesis)로 구분된다. 영가설은 독립 변인과 종속 변인 간에 아무런 영향이 없는 것으로 또는 효과가 없는 것으로 가설을 설정하는 것이다. 반면에 대체가설은 독립 변인과 종속 변인 간에 유의미한 효과가 존재하는 것으로 가설을 설정하는 것을 의미한다. 연구 결과에 따라 영가설 또는 대체가설 중의 하나를 기각(reject) 또는 수용(accept)을 하게 되는데, 이 두 가설은 상호 배타적이어서 상호 중복되는 경우는 없다. 따라서 영가설을 기각하게 되면, 자동적으로 대체가설을 수용하게 되며, 영가설을 수용하게 되면, 자동적으로 대체가설을 기각하게 된다.

예를 들어, 다음과 같은 연구 맥락을 설정하고 연구를 진행한다고 가정해 보자.

> 각 기업체에서 적절한 품질 향상 노력을 한다면 각 기업은 불량품 발생률을 현재보다 8% 정도 감소시킬 수 있겠는가? 품질 향상 노력을 기울이고 있는 기업 30개를 선정하여 조사하였다.

위 연구 맥락에서 독립 변인은 불량품을 줄이기 위한 노력으로 각 기업에서 기울이고 있는 품질 향상 프로그램을 의미하며, 종속 변인은 제품을 생산하면서 나타나는 실제 불량품 발생률이 된다. 이를 근거로 연구 가설을 설정하면 다음과 같다.

- Ho : 각 기업의 품질 향상 프로그램은 8% 정도의 불량률 감소에 아무런 효과가 없다.
- Ha : 각 기업의 품질 향상 프로그램은 8% 정도의 불량률 감소에 효과가 있다.

언어학습과 관련된 연구 맥락을 다음과 같이 설정하고 연구를 진행한다고 가정해 보자.

멀티미디어 매체를 학습자들의 읽기수업에 활용한다면 학습자들의 영어 읽기 능력 향상에 도움이 될 것인가? 학습자들의 읽기 수업에 멀티미디어 매체를 활용한 30명의 학습자들을 대상으로 연구가 이루어졌다.

위 연구 맥락에서 독립 변인은 멀티미디어 매체의 활용 여부이며, 종속 변인은 학습자들의 영어 읽기 시험점수가 될 것이다. 이를 근거로 가설을 설정하면 다음과 같다.

- Ho : 멀티미디어 매체의 활용은 학습자들의 영어 읽기 능력 향상에 아무런 효과가 없다.
- Ha : 멀티미디어 매체의 활용은 학습자들의 영어 읽기 능력 향상에 효과가 있다.

연구자는 연구 보고서를 작성하면서 연구 가설을 명확히 기술할 수도 있고, 아니면 독자들로 하여금 연구 가설이 무엇인지를 추측하도록 맡겨둘 수 있다. 분명한 것은 연구 가설은 연구의 목적을 이해하는데 중심적 역할을 하기 때문에, 최소한 연구자는 자신이 수행하고자 하는 연구에서 연구 가설이 오류 없이 설정되었는지를 살펴볼 필요가 있다.

3.4.2 독립 변인 효과의 검증 방향에 따른 연구 가설 유형

연구 가설의 검증 방향이 양(+)의 방향으로 향하고 있는지, 아니면 음(-)의 방향으로 향하고 있는지, 그렇지 않다면 양과 음 양방향으로 검증하고 있는지에 따라서 연구 가설은 방향성(directional) 가설과 비방향성(nondirectional) 가설로 구분된다. 방향성 가설은 한 가지 방향, 즉 양의 방향으로 검증하든, 또는 음의 방향으로 검증하기 때문에 단방향 검증(one-tail test)이라 한다. 반면에 비방향성 가설은 양방향, 즉 양과 음의 방향으로 동시에 검증하기 때문에 양방향 검증(two-tail test)이라 한다. 그리고 방향성 가설은 검증하는 방향이 양의 방향일 경우에는 *upper-tail hypothesis*라 하고, 검증하는 방향이 음의 방향일 경우에는 *lower-tail hypothesis*로 구분된다.

3.4.2.1 방향성(Directional) 가설

방향성(directional) 가설은 양의 방향으로 검증할 것인지, 아니면 음의 방향으로 검증할 것인지에 따라 *upper-tail* 가설과 *lower-tail* 가설로 구분된다.

먼저, *upper-tail* 가설은 독립 변인의 효과로 인해서 종속 변인에서 그 수치가 양(+)의 방향으로 나올 것으로 기대하는 것이다. 예를 들어, 다음 연구 맥락에서 연구를 수행한다고 가정해 보자.

외국 대학에 유학하고자 하는 학생들은 TOEFL 성적을 해당 대학에 제시해야 한다. 하지만 단 한 번의 시험으로 인해 좋은 성적을 제출하기 어려워

2-3번 정도 시험을 치루는 경우가 많아지고 있다. 이전에 TOEFL 시험을 본 적이 있는 학생들은 TOEFL 시험을 다시 본다면 대략 평균 20점 정도 향상될 것인가? 이전에 TOEFL 시험에 응시한 적이 있는 50명의 학생들을 대상으로 그들의 TOEFL 재시험 성적을 조사해 보았다.

- Ho : 평균 20점 이상 향상도를 보이지 않을 것이다.
- Ha : 평균 20점 이상 향상도를 보일 것이다.

위 연구 맥락에서 독립 변인은 TOEFL 시험의 재 응시 여부가 될 것이며, 종속 변인은 학생들의 TOEFL 재시험 점수가 될 것이다. 만약 TOEFL 시험의 재 응시 결과 학생들의 점수가 평균 20 이상, 또는 그보다 더 높게 나오면 나올수록(양의 방향), TOEFL 시험의 재 응시 여부인 독립 변인의 효과가 있다고 결론을 내릴 수 있다. 또 다른 예를 들어, '멀티미디어 매체(독립 변인)의 사용으로 인해서 학습자들의 영어 읽기 능력 향상에 도움이 될 것이다' 라는 가설을 설정한다고 가정해 보자. 연구 결과에 의해서, 종속 변인인 학습자의 영어 읽기 점수가 높게 나오면 나올수록 연구자는 멀티미디어 매체의 영향력, 즉 독립 변인의 효과가 있는 것으로 결론을 내리게 된다.

한편, *lower-tail* 가설은 독립 변인의 효과로 인해서 종속 변인에서 그 수치가 음(-)의 방향으로 나올 것으로 기대하는 것이다. 예를 들어, 다음 연구 맥락에서 연구를 수행한다고 가정해 보자.

도미노 핏자는 최근 핏자 제조 신기술을 도입하여 고객의 주문을 받은 지 30분 이내에 배달이 가능하다고 대대적인 광고를 하고 있다. 정말로 도미노 핏자는 고객의 주문 전화를 받은 후 30분 이내에 피자 배달을 하고 있는가? 전국의 20개 도미노 핏자 체인점을 대상으로 그들의 핏자 배달 시간을 조사해 보았다.

- Ho : 핏자 배달 시간이 30분 미만으로 이루어지지 않을 것이다.
- Ha : 핏자 배달 시간이 30분 미만으로 이루어질 것이다.

위 연구 맥락에서 독립 변인은 핏자의 배달 시간을 단축하기 위해서 도입한 핏자 제조 신기술이 될 것이며, 종속 변인은 주문 후 실제로 이루어지는 핏자의 배달 시간이 될 것이다. 만약 도미노 핏자 가게의 핏자 배달 시간이 30분보다 적게 나오면 나올수록(음의 방향), 우리는 도미노 핏자점의 배달 시간을 단축시키는데 핏자 제조 신기술의 효과가 있다고 결론을 내릴 수 있다.

3.4.2.2 비방향성(Nondirectional) 가설

앞서 살펴본 바와 같이, 방향성 가설은 독립 변인의 효과로 인해서 종속 변인에서 양의 방향으로 나타날 것인지, 아니면 음의 방향으로 나타날 것인지, 이중 어느 하나의 방향으로 연구 가설을 설정하는 것이다. 하지만 비방향성 가설은 양의 방향과 음의 방향 모두를 동시에 검증하는 방식으로 연구 가설을 설정하는 것이다. 연구 맥락을 제시하면 다음과 같다.

새로 개발된 통계학 교재를 이용할 경우 학생들의 통계학 시험 평균은 그들이 기존의 통계학 교재를 사용하였을 때 받은 평균 80점과는 의미 있게 다른지를 조사해 보았다. 기존의 통계학 교재를 사용한 적이 있고, 현재 새로운 통계학 교재를 사용하고 있는 50명의 학생들을 대상으로 연구를 수행하였다.

- Ho : 기존의 평균점수 80점과 같을 것이다.
- Ha : 기존의 평균점수 80점과 다를 것이다.

위 연구 맥락에서 독립 변인은 새로 개발된 통계학 교재의 사용 여부이고, 종속 변인은 새로운 통계학 교재를 사용한 후 그들이 받은 통계학 시험 점수가 된다. 그리고 통계학 점수는 기존 통계학 교재를 사용하였을 때 학생들의 평균 점수인 80점과 비교하여 의미 있게 차이가 있는지를 조사하게 된다. 이 경우, 새로운 통계학 교재를 사용한 후 그들이 받은 평균 점수가 기존의 통계학 교재를 사용하였을 때 받은 평균 점수 80점과 의미 있게 다르다는 점에 초점을 두어야 한다. 새로운 교재를 사용하였기 때문에 기존의 통계학 교재를 사용할 때보다 점수가 더 높게 나올 것이라는 예측은 당연해 보이지만, 때에 따라서는 점수가 더 낮게 나올 수 있는 가능성도 배제할 수 없다. 따라서 새로운 교재의 사용으로 인해서 기존의 평균 점수 80점과 다르다는 의미는 점수가 훨씬 더 높게 나와서(양의 방향) 다를 수 있으며, 또는 점수가 훨씬 더 낮게 나와서(음의 방향) 다를 수 있는 두 가지 상황을 동시에 생각해 보아야 한다. 양과 음의 방향, 이 두 가지 방향을 동시에 검증하는 것으로 연구 가설을 설정하는 것을 비방향성 가설, 또는 *two-tail hypothesis*라 한다.

3.4.3 연구 가설의 기술 방식

앞서 언급한 방향성 가설이든 비방향성 가설이든 연구자는 연구를 시작하면서 본인의 연구 목적에 맞게 연구 가설을 분명하게 설정하고 기술해야 한다. 연구 가설은 연구자가 수행하고자 하는 연구 조사가 어떤 방향으로 진행될 것인지를 보여주는 것이기 때문에 어떤 형식이든 연구자의 의지에 따라 선택하여 사용하면 된다. 연구 가설이 기술되는 방식은 크게 3가지 방식이 있다.

1) 질문 형식의 연구 가설

연구 가설을 다음 예와 같이 질문 형식으로 기술하는 경우이다.

- Are there differences in effectiveness of different types of word lists in terms of word selection, example sentence, and task types in the retention of new words between groups?
- 영어-타 교과의 화제중심 통합교육이 학습자들의 듣기, 말하기 능력 향상에 어떤 영향을 미치는가?
- 영어-타 교과의 화제중심 통합교육이 학습자들의 영어 교과에 대한 흥미, 태도, 참여도에 어떤 영향을 미치는가?

2) 문장 형식의 연구 가설

연구 가설을 다음 예와 같이 질문 형식이 아닌 문장 형식으로 기술하는 경우이다. 다음 예에서 제시한 바와 같이, 문장 형식으로 연구 가설을 기술하되, 긍정 또는 부정으로 기술할 수 있다. 하지만 연구 보고서에서는 긍정(대체가설)과 부정(영가설) 형식의 연구 가설을 모두 제시할 필요는 없다. 긍정과 부정 형식의 연구 가설은 상호 배타적이기 때문에 긍정이든 부정이든 어느 한 형식만을 취하여 연구 가설을 기술하면 된다.

- Ha: There will be differences in effectiveness of different types of word lists in terms of word selection, example sentence, and task types in the retention of new words between groups. (긍정으로 기술)
- Ho: There will be no differences in effectiveness of different types of word lists in terms of word selection, example sentence, and task types in the retention of new words between groups. (부정으로 기술)

- Ha : 학습자의 외향적 성향과 영어 말하기 간에는 긍정적인 상관관계가 있을 것이다.
- Ho : 학습자의 외향적 성향과 영어 말하기 간에는 긍정적인 상관관계가 없을 것이다.

3) 통계적 연구 가설

통계적 연구 가설은 수학적 기호를 사용하여 연구 가설을 설정하는 경우이다. 통계적 연구 가설은 질문 형식과 문장 형식의 연구 가설 방식에 비해서 간단하지만 연구 가설의 검증 방향을 이해하는데 매우 명확하다.

예를 들어, 새로 개발된 통계학 교재를 이용할 경우 학생들의 통계학 시험 평균은 그들이 기존의 통계학 교재를 사용하였을 때 받은 평균 80점과는 의미 있게 다른지를 알아보기 위한 연구를 수행한다고 가정할 때, 통계적 연구 가설의 예를 제시하면 다음과 같다.

- Ha : $\mu \neq 80$
- Ho : $\mu = 80$

앞에서 제시된 연구 가설은 비방향성 가설, 즉 *two-tail hypothesis*이다. 80점과 의미 있게 다를 수 있는 가능성은 80점보다 점수가 훨씬 높게 나온 경우, 또는 80점보다 훨씬 점수가 낮게 나온 두 가지 상황을 동시에 검증하는 경우이다.

예를 들어, 도미노 핏자점은 핏자 제조에 대한 신기술을 도입하여 고객 주문 후 30분 이내에 핏자를 배달할 수 있다고 광고하고 있다. 실제로 도미노 핏자는 고객의 주문 전화를 받은 후 30분 미만에 핏자 배달을 하고 있는지를 알아보기 위한 연구를 수행한다고 가정할 때 통계적 가설은 다음과 같이 설정될 수 있다.

- Ha : $\mu < 30$
- Ho : $\mu \geq 30$

실제 핏자 배달 시간이 30분 보다 *적게* 나타나면 나타날수록 우리는 핏자를 제조하는 신기술이 배달 시간 단축에 효과가 있다고 결론 내릴 수 있다. 따라서 이때 설정되는 가설은 방향성 가설로서 음(-)의 방향을 검증하기 때문에 *lower-tail hypothesis*라 할 수 있다.

한편, 이전에 TOEFL 시험을 본적이 있는 학생들은 TOEFL 시험을 다시 본다면 대략 평균 20점 정도 향상될 것인가? 이러한 연구 질문을 가지고 연구를 수행한다면 다음과 같이 통계적 가설을 설정할 수 있다.

- Ha : $\mu > 20$
- Ho : $\mu \leq 20$

실제 TOEFL의 재 응시 시험점수가 20점보다 *높게* 나타나면 나타날수록 우리는 TOEFL 재 응시의 효과가 시험점수 향상에 효과가 있다고 결론내릴 수 있다. 따라서 이때 설정되는 가설은 방향성 가설로서 양(+)의 방향을 검증하기 때문에 *upper-tail hypothesis*이라 할 수 있다.

지금까지 논의된 연구 가설의 검증방향에 따른 가설의 유형을 표로 정리하여 제시하면 다음과 같다.

<표 3-2> 검증방향에 따른 가설의 유형

검증 방향성	Tail 유형	가설의 유형	의미
방향성 Directional	one-tail	upper-tail hypothesis	양(+)방향 검증
		lower-tail hypothesis	음(-)방향 검증
비방향성 Nondirectional	two-tail	two-tail hypothesis	양과 음 양방향 검증

4장
실험 연구의 이해와 설계

4.1 실험 연구의 정의

양적(quantitative) 연구에서 행할 수 있는 연구 방법에는 크게 실험(experimental) 연구와 준 실험(quasi-experimental) 연구가 있다. 일반적으로 실험 연구의 목적은 특정 집단의 학습자들을 대상으로 일정 기간 동안 처치(또는 독립 변인)를 제공한 후, 측정 목표가 되는 학습자들의 능력(또는 종속 변인)에서 어떤 변화가 있었는지를 알아보는 데 있다. 물론, 실험이 진행되는 동안에 처치 이외에 실험 결과에 영향을 미칠 수 있는 다른 요인들(또는 외재변인들)은 철저하게 통제되는 것을 원칙으로 한다.

예를 들어, 서로 다른 말하기 교수법을 두 집단의 학습자들에게 달리 사용하였을 때 학습자들의 말하기 능력에서 차이가 있는지를 알아보는 연구를 수행한다고 가정해 보자. 기본적인 실험 방법은 다른 모든 조건이 동일한 상태에서 처치(즉, 말하기 교수법)만을 달리하였을 때, 측정 대상이 되는 학습자들의 말하기 능력(종속 변인)에서 차이가 나타났는지를 조사하게 된다. 하지만, 실험이 진행되는 동안 연구 대상이 되는 모든 학습자들(모집단: population)을 대상으로 연구를 진행하는 것은 현실적적으로 어렵다는 문제에 직면하게 된다. 이를 위해 연구자는 모집단을 대표할 수 있는 표본(sample)을 추출해서 연구를 진행하게 된다. 문제는 모집단에서 누가 표본으로 선정될 수 있는가이다. 실험 연구에서 가장 일반적으로 사용하는 표본 추출 방식은 무선표집(random sampling) 방식을 사용한다.

그렇다면 연구자는 어떤 목적으로 실험 연구를 설계하고 시행하는가? 한국심리학회(1988)에 의하면, 실험 연구는 주로 2가지 목적을 위해서 시행된다.

첫째, 실험의 주된 두 변인들(예를 들어, 독립 변인과 종속 변인) 간의 인과관계를 설정하기 위해서 실시한다. 즉, 독립 변인이 학습자들에게 주어졌을 때 학습자들의 종속 변인에 어떤 영향을 미치는지를 조사하는 것이다. 만약, 종속 변인에서 어떤 변화 또는 차이가 나타났다면, 그 원인은 독립 변인이 시행되었기 때문이라고 해석한다.

둘째, 수업 현장에서 교사는 검증해보고자 하는 여러 현상들을 발견하게 된다. 예를 들어, 수업 시간 중 학습자와 학습자 간에 활발한 상호작용이 학습자들의 말하기 능력 향상에 도움이 된다는 현상을 발견하였다고 가정해 보자. 연구자는 다른 조건들을 통제한 가운데, 실제 학습자들 간에 이루어진 상호작용이 학습자들의 말하기 능력 향상에 긍정적인 효과가 있는지를 알아보기 위해서 실험 연구를 수행하게 된다.

4.2 실험 연구의 구성 요인

4.2.1 무선 추출과 무선 할당

실험 연구를 진행하기 위해 가장 먼저 고려되어야 할 사항은 실험에 참여하는 대상을 선정하는 일이다. 이론적으로 모든 학습자를 대상으로 실험을 진행하는 것이 맞지만, 현실적으로 이는 불가능하기 때문에 모든 학습자를 대표할 수 있는 표본을 표집하게 된다. 문제는 관찰하고자 하는 모든 학습자, 즉 모집단으로부터 어떻게 표본을 추출하는가이다. 성태제(1999)는 실험 연구를 진행하기 위한 표본 추출 방법으로 '무선 표집(random selection)' 방법을 제안하였다. 무선 표집은 모집단에 속한 모든 학습자들이 동등한 확률로 표본에 추출될 수 있다는 점에 근거한다. 또한, 무선 표집은 모집단의 한 구성원이 표본에 추출되는 것은 다른 구성원의 표본 추출에 영향을 미치지 않는 독립적인 방식으로 이루어진다.

다음 2가지 예시를 비교해 보면 무선 추출 방식이 무엇인지에 대해서 잘 이해할 수 있다(이종성, 남궁지영, 2008, p. 83)[1].

[예시 1]
어느 도의 교육청에서 중학교 영어과 교사를 위한 교사 지도서를 만들었다. 연구자는 새로 제작된 교사 지도서에 대한 영어교사들의 인식을 알아보고자 하였다. 그 도에는 총 925명의 영어교사들이 있었다. 연구자는 교사들의 명단을 입수하여 교사들의 이름에 따라 가나다 순으로 정리하고, 명단에 1번부터 925번까지 번호를 붙였다. 난수표 방식 또는 통계 프로그램을 이용하여 본 연구에 참여할 100명의 영어교사를 무작위로 추출하였다.

1) 영어교육 연구 맥락에 맞게 필자가 지역 및 교과목을 수정하였음.

[예시 2]
대학교 식당에서 식당을 운영하는 주인은 자신이 운영하는 식당의 서비스에 대한 학생들의 인식을 조사하고자 하였다. 2주 동안 점심시간을 이용하여 그 식당에 점심을 먹고자 들어온 학생들을 대상으로 설문지를 배부하고, 작성된 설문지는 설문지함에 넣도록 하였다. 2주가 지났을 때 총 325장의 설문지가 회수되었다.

앞에서 제시된 [예시 1]은 무선 표집의 방식을 사용하고 있지만, [예시 2]는 무선 표집 방식을 사용하지 않고 있다. 왜냐하면, [예시 2]의 경우는 모든 학생들이 설문조사에 참여할 수 있는 동등한 기회를 가진 것이 아니고, 대신에 그 식당을 이용한 학생들만을 대상으로 설문조사가 이루어졌기 때문이다.

하지만, 중학교 2학년 학생을 대상으로 하는 실험 연구를 진행한다고 가정해 보자. 이 경우, 모집단은 전국의 중학교 2학년 학생들이 될 것이고, 앞서 [예시 1]에서 제시한 무선 추출 방식으로 표본을 만든다는 것은 현실적으로 불가능하다. 따라서 이러한 현실적인 문제를 해결하기 위해서 모집단의 범위를 제한하고, 제한된 범위의 모집단에서 연구대상을 추출하여 연구 집단에 할당하게 되는데, 이 방법을 '무선 할당(random assignment)' 방식이라 한다. 무선 할당은 실험을 위해서 제한된 모집단에서 추출된 학습자들이 동등한 확률로 실험 집단과 통제 집단에 배정되는 것을 의미한다. 따라서 제한된 모집단에서 추출된 학습자 모두에서 앞서 [예시 1]의 경우처럼 번호를 부여하고, 난수표 방식 또는 컴퓨터 프로그램을 이용하여 실험 집단과 통제 집단에 연구대상을 배정하는 방식을 사용할 수 있다.

4.2.2 통제 집단과 실험 집단의 이해

일반적인 실험 연구의 목적은 독립 변인과 종속 변인 간의 직접적인 인과관계를 확인하는데 있다. 따라서 실험 연구의 목적을 달성하기 위해서 일반적으로 실험 집단(experimental group)과 통제 집단(control group)을 대상으로 연구가 이루어진다. 단적으로 구분한다면, 실험 집단은 교육적 효과 여부를 검증하고 싶은 독립 변인(처치)을 받은 집단을 의미한다면, 통제 집단은 아무런 독립 변인을 받지 않은 집단을 의미한다. 예를 들어, 스마트 폰의 어휘학습 앱을 이용할 경우 학습자들의 어휘 능력 신장에 어떤 영향을 미치는지를 알아보기 위해서 통제 집단과 실험 집단에 속한 학습자들을 대상으로 연구가 진행되었다고 가정해 보자.

실험 집단에 속한 학습자들이 스마트 폰의 어휘학습 앱을 이용한 학습법으로 어휘를 학습한다면, 통제 집단에 속한 학습자들은 기존에 사용해온 학습법 - 예들 들어, 이중 언어 단어목록을 작성해서 어휘를 기계적으로 암기하는 학습법 등 - 을 사용하는 경우이다. 이 연구에서 연구자는 스마트 폰의 어휘학습 앱이 실제로 어휘학습에 어떤 교육적 효과가 있는지를 검증하는데 관심이 있다. 따라서 스마트 폰의 어휘학습 앱은 본 연구에서 일종의 처치(독립 변인)가 되며, 학습자들이 보여줄 어휘학습의 신장 여부는 종속 변인이 된다.

하지만 주의할 점은 실험 집단의 학습자가 사용한 스마트 폰의 어휘학습 앱과 통제 집단의 학습자들이 사용한 전통적인 어휘학습법은 하나의 독립 변인이 개입된 것이지, 2개의 서로 다른 독립 변인이 개입된 것은 아니다. 왜냐하면, 교수법이라는 하나의 독립 변인이 그 유형에서 단지 스마트 폰 앱 교수법과 전통적 교수법으로 나뉘어서 다르게 사용된 것뿐이다. 만약 이들 교수법 유형 이외에 학습자들의 성별에 따라 어휘학습 면에서 서로 다른 차이가 있는가를 검증한다면, 이 경우는 2개의 독립 변인이 개입되었다고 볼 수 있다. 즉, 첫 번째 독립 변인인 교수법의 유형에서 스마트 폰 앱 교수법과 전통적 교수법으로 나타나고, 그리고 두 번째 독립 변인인 학습자의 성별에서 남학생과 여학생으로 나뉘어서 나타난 것이다.

4.2.3 실험 환경의 조작(Manipulation) 문제

실험 연구의 목적은 독립 변인과 종속 변인 간의 인과관계를 명확하게 밝히는데 있다. 실험 연구를 진행하기 위해서 연구자는 독립 변인과 종속 변인 모두에 대한 조작(operationalization)을 하게 된다(이달엽, 2012). 예를 들어, 서로 다른 교수법(예를 들어, 전통적인 교수법과 멀티미디어 매체를 사용한 교수법)의 사용으로 인해서 학습자들의 읽기 능력에서 어떤 차이가 있는지를 검증하는 연구를 진행한다고 가정해 보자. 연구자에 의한 독립 변인의 조작은 일정 기간 동안 두 집단의 학습자들에게 서로 다른 교수법을 사용하여 읽기 수업을 하는 것을 의미한다. 물론, 전통적인 읽기 수업 방식 또는 멀티미디어 매체를 이용하는 읽기 수업 방식은 교수자에 의해서 다양한 방식으로 나타날 수 있지만, 실험 연구에서는 연구자에 의해서 조작된 수업 방식을 사용하여 서로 다른 집단의 학습자들에게 일정 기간 동안 이들 교수법이 사용된다는 것을 의미한다.

앞서 제시한 연구는 서로 다른 두 교수법의 사용이 학습자들의 읽기 능력에 어떤 영향을 미치는지를 알아보는 연구이기 때문에, 연구자는 교수법이외의 다른 요인들이 학습자들의 읽기 능력에 영향을 미치지 않도록 실험이 진행되는 주변 환경을 엄격히 통제하게 된다. 예를 들어, 실험 집단에 속한 학습자 중 사교육을 받고 있는 비중이 통제집단에 비해서 너무 높다든지, 외국에 체류한 기간 등이 너무 과도하게 길다든지 등의 요인들은 교수법 변인과 학습자들의 읽기 능력 간의 인과관계를 검증하고 해석하는데 영향을 미치게 된다. 따라서 실험이 진행되는 기간, 순수하게 교수법 변인 만이 학습자들의 읽기 능력에 미치는 영향을 검증하기 위해서 실험이 진행되는 환경적인 측면에서 다른 변인들(예를 들어, 외재변인)의 개입을 엄격하게 통제할 필요가 있다. 이를 연구자가 취하는 조작적(manipulation) 행위라 할 수 있다.

4.2.4 일반화(Generalization) 문제

실험 연구에서 가장 중요한 요인은 연구 대상이 누구인지를 확정하는 일이다. 이론적으로 모든 학습자들(모집단: population)을 대상으로 실험 연구를 진행하는 것이 가장 이상적이다. 왜냐하면, 모든 학습자들을 대상으로 데이터를 수집하고 분석하게 되면 그 결과에 있어서 오류(error)가 거의 없기 때문이다. 하지만 현실적으로 모든 학습자들을 대상으로 연구를 진행하는 것은 불가능하다. 예를 들어, 중학교 2학년 학생들을 대상으로 연구를 진행한다면, 전국의 모든 중학교 2학년 학생들, 또는 특정 지역의 모든 중학교 2학년 학생들이 모집단이 될 수 있다. 하지만 이들 모두를 대상으로 연구를 진행하는 것은 현실적으로 불가능하다. 따라서 이들 모집단을 대표할 수 있는 표본을 추출하여 연구를 수행한다. 앞서 언급했듯이, 모집단을 대표할 수 있는 표본을 만들기 위한 가장 효과적인 방법은 무선 표집(random selection) 방식이 된다.

표본을 대상으로 연구를 수행한다는 것은 모집단을 대상으로 연구를 수행할 수 없는 현실적인 문제를 해결하기 위한 대안이 되는 것은 사실이다. 하지만 표본을 대상으로 연구를 할 때 항상 오류가 내재되어 있다는 점을 간과해서는 안 된다. 왜냐하면, 모든 학습자들을 대상으로 데이터를 수집하지 않고, 단지 모집단을 대표하는 표본을 대상으로 데이터를 수집했기 때문에, 그리고 수집된 데이터 안에는 어느 정도의 오류가 내재되어있기 때문이다. 따라서 연구자는 이러한 오류를 최소화할 수 있도록 적극적인 통제를 해야 한다. 오류를 최소화하면서 연구자는 표본을 대상으로 수집된 데이터를 분석하여 얻은 결과를 토대로 모집단의 성격이 어떠할 것인지에 대해서 추정하게 된다. 즉, 표본의 특성을 근거로 해서 모집단의 특성을 추정하는 것이 실험 연구의 핵심이라 할 수 있다.

모집단의 특성을 나타내는 여러 수학적 수치들, 예를 들어 평균, 표준편차 등의 수치들을 *parameter*라 한다. 연구 대상이 되는 모든 학습자들을 대상으로 데이터를 수집하지 않았기 때문에 실제적으로는 *parameters*가 어떠할 지에 대해서는 아무도 알 수 없다. 그리고 모집단을 대표할 수 있는 표본을 대상으로 수집된 데이터를 분석하여 나온 여러 수학적 수치들을 *statistic*이라 한다. *Statistic*에 해당되는 수치들은 실제 표본에 속한 모든 학습자들을 대상으로 수집되고 분석되기 때문에 연구자는 이들 수치들을 알 수 있다. 따라서 실험 연구는 표본에 근거한 *statistic*을 근거로 모집단의 특성인 *parameter*를 추정하는 작업이라 할 수 있다.

앞서 언급한 바와 같이, 실험 연구는 연구 가설을 설정하고, 설정된 가설의 진위 여부를 판단하는 과정이다. 이때 연구 가설은 결국 모집단의 특성에 대해서 가설을 세우게 되는 것이라 할 수 있다. 연구 가설의 진위 여부를 결정하기 위해서 연구자는 표본을 추출하고, 표본을 대상으로 수집된 데이터를 분석하여 모집단의 특성에 대해서 설정된 가설의 진위 여부를 결정하게 된다. 즉, 모집단의 특성에 대한 가설의 진위 여부는 결국 표본의 특성에 근거한다.

실험 연구는 표본에 근거한 *statistic*을 근거로 모집단의 특성인 *parameter*를 추정하는 작업이며, 이 과정은 일반화(generalization)라 불린다. 예를 들어, 멀티미디어 매체가 중학교 2학년 영어 학습자의 읽기 능력 향상에 어떤 효과가 있는지를 검증하는 연구를 수행한다고 가정해 보자. 이 연구에서 모집단은 넓게 보면 전국의 중학교 2학년 영어 학습자가 될 것이고, 표본은 이 연구에 참여한 80명의 학습자가 된다. 결국 80명의 학습자를 대상으로 일정 기간 동안 멀티미디어 매체를 활용하는 영어 읽기수업을 진행하고, 그 후 학습자들의 읽기 능력 향상에 어떤 변화가 있었는지를 확인하기 위해서 읽기 시험 등을 통해서 데이터를 수집하고 분석하게 된다. 데이터 분석 결과에 따라, 만약 멀티미디어 매체를 활용한 영어 읽기수업이 학습자들의 영어 읽기 능력 향상에 효과적인 것으로 나타났다면, 연구자는 이 교수법을 전국의 모든 중학교 2학년 영어 학습자에게 적용할 경우, 그들의 읽기 능력 향상에 효과적일 것이라는 확대 해석을 할 수 있다. 이 과정을 일반화 과정이라 할 수 있다.

그러나 연구자가 연구 결과를 일반화를 하기 위해서는 유의해야 할 점이 있다. 즉, 멀티미디어 매체를 활용한 영어 읽기 교수법이 모든 모집단의 학습자들에게 그들의 영어 읽기 능력 향상에 도움이 될 것이라는 연구 가설이 확실하게 참(true)일 것이라고 의사결정을 하는 것은 불가능하다. 왜냐하면, 서로 다른 대상, 다른 지역 및 환경에서 영어를 학습하고 있는 중학교 2학년 학습자들을 대상으로 연구를 한다고 할 때 이전의 연구 결과와 다른 결과가 나올 수 있는 가능성은 항상 있기 때문이다. 달리 표현하면, 실험 연구를 통해서 연구의 결과를 일반화할 때 실험 연구는 모집단에서 추출된 표본을 대상으로 연구가 수행되기 때문에 항상 오류가 있다는 것을 가정해야 한다. 지금까지 살펴본 실험 연구의 장점과 단점을 표로 정리하여 제시하면 다음과 같다.

<표 4-1> 실험 연구의 장점과 단점 비교

실험 연구의 장점	실험 연구의 단점
1. 변인들 간의 인과관계의 방향을 명확히 살펴볼 수 있다.	1. 실험 연구의 상황과 실제 교육 현장의 상황과 다르다.
2. 연구의 관심 대상이 되는 변인들을 연구자가 조작할 수 있다.	2. 연구 결과를 일반화하는데 문제가 있다.
3. 같은 실험을 조건이 다른 상황에서도 반복 시행할 수 있다.	3. 연구에 참여하는 표본의 대표성을 확보하기 어려울 수 있다.
	4. 실험 처치가 가능한 변인의 경우에만 실험이 가능하다.

4.3 실험 연구의 설계

4.3.1 단일 집단 설계

무선 표집이나 무선 할당이 불가능한 상황에서 연구자가 확보 가능한 하나의 집단에 속한 학습자들을 대상으로 연구를 수행하는 설계이다. 대부분의 경우, 단일 집단 설계는 파일럿 연구(pilot study) 형태로 많이 진행된다. 일반적으로 외재 변인의 통제가 쉽지 않아서 연구 결과에 대한 인과관계를 해석하는데 어려움이 있다.

1) 파일럿 연구 설계

파일럿 연구 설계는 가장 기초적인 연구 설계로서 단일 집단의 학습자들에게 단일 처치(treatment)를 제공하고, 그 후 관찰 또는 평가를 통해서 처치의 효과를 검증하는 형태이다. 이해를 돕기 위해서 파일럿 연구의 한 예를 제시하면 다음과 같다(이종성, 남궁지영, 2008).

[연구 맥락]

X : 처치(새로운 영어교과서) O : 관찰(태도에 대한 설문지 조사 결과)

새로운 교육과정에 따라 개발된 영어 교과서가 학생들의 영어에 대한 태도를 변화시키는데 효과적인지를 알아보는 연구를 진행하였다. 한 학기동안 새로운 영어 교과서(X: 독립 변인)를 사용한 후, 학생들의 태도 변화를 측정하기 위한 설문지를 개발하여 학생들의 태도 변화에 대한 데이터(O: 종속 변인)를 수집하였다.

많은 연구자들은 이러한 실험 설계 방식은 다음과 같은 문제점들이 있다고 생각한다. 첫째, 실험 전 그리고 처치가 제공되기 전의 연구 대상이 되는 학습자 성격 및 특성을 명확하게 알 수 없다. 즉, 학습자들이 갖고 있는 다양한 조건을 모르는 상태에서 연구가 진행될 수 있다. 둘째, 사전 검사를 실시하지 않았기 때문에 새로운 영어 교과서를 사용하기 전과 새로운 교과서를 사용한 후에 나타난 학습자들의 태도 변화를 비교할 수 없다. 셋째, 학습자들이 보여준 영어에 대한 태도 변화는 다른 교과서를 사용한 집단의 태도 점수와 비교할 수 없다. 예를 들어, 구 교과서를 사용하여 같은 내용을 학습한 집단, 즉 비교해 볼 만한 비교 집단이 없어서 학습자들이 보여준 태도가 새로운 영어 교과서 때문인지는 확신할 수 없다. 이러한 문제점들 때문에 "학생들의 영어에 대한 태도 점수는 새로운 영어 교과서 때문인가?" 라는 인과관계 설정 및 해석에 명확하게 대답할 수 없다.

2) 단일 집단 사전–사후 검사 설계

처치가 제공되기 전과 처치가 제공된 후에 종속 변인에 대해서 2번 측정이 이루어진다. 이러한 점 때문에 반복측정 설계(repeated measure design)라고도 한다. 이 설계는 같은 집단을 대상으로 사전 검사와 사후 검사 간의 변화 여부에 관심이 있기 때문에 또 다른 집단과의 비교가 필요 없다. 단일 집단 사전-사후 검사 설계를 응용한 연구 맥락을 제시하면 다음과 같다(김지영, 2005, p. 156).

[연구 맥락]

O1	X	O2
(사전검사)	(처치)	(사후검사)

> 연구자는 연구 대상의 학습자들이 수업 전에는 수업에서 가르칠 문법적 항목에 대한 지식이 없다는 것을 확인하고 싶어 한다. 하지만 수업 후에는 학습자들이 수업시간에서 가르쳐진 문법적 항목에 대한 지식이 있다는 것을 확인하고 싶어 한다. 따라서 연구자는 수업시간에서 가르칠 문법적 항목을 대상으로 2개의 평가지를 개발하였다. 하나는 사전 검사지이고, 다른 하나는 사후 검사지이다.

이 설계는 처치를 통해 처치 전과 후의 변화를 검증한다는 점에서 앞서 제시한 파일럿 연구의 설계보다는 좀 더 개선된 방식이라 할 수 있다. 하지만 이 설계 방식 역시 사전 검사와 사후 검사 간에 나타난 변화가 과연 처치에 의해서 기인된 것이라고 확신하기 어렵다. 예를 들어, 문법적 항목에 대한 사전-사후 검사에서 의미 있는 차이가 발견되었다고 해서 그 이유가 수업시간에 그러한 문법적 항목을 가르쳤기 때문이라고 할 수 있는가? 학습자가 교실 밖에서 우연히 경험을 통해서 해당 문법적 항목을 배울 가능성, 예를 들어 정규 수업 외에 학습자들이 참여하는 과외 교습활동을 통해서 배울 가능성을 배제할 수 없다. 또한, 외국어는 학습자들이 교실 밖에서도 접할 수 있는 기회가 있어서 우연히 이러한 문법적 항목을 배웠을 가능성도 배제할 수 없다.

3) 시계열적 표본 추출 설계(Time-sampled Design)

이 설계는 학습자들의 성취도를 보여주는 표본들이 일정 시간동안 채집되고 관찰되기 때문에 '연속적 설계(time series design)'라고도 한다. 이 연구는 일반적 의미의 종단적 연구(longitudinal study)와는 비교 된다. 왜냐하면, 많은 관찰과 측정 후에 처치가 제공되며, 그 후 다시 많은 관찰과 측정이 이루어지기 때문이다. 따라서 처치가 제공되기 전의 관찰과 처치가 제공된 후의 관찰 간에 어떤 변화가 있었는지를 검증하는 연구 방식이다. 처치가 제공되기 전과 후에 여러 번의 관찰과 측정을 통해서 보여 지는 변화를 검증하기 때문에 변화의 원인을 처치 때문인 것으로 해석할 수 있다. 연구 맥락을 제시하면 다음과 같다(김지영, 2005, p. 157).

[연구 맥락]

O1, O2, O3, On ...	X ..	On+1, On+2 ..
(처치 전)	(처치)	(처치 후)

학습자에게 영어의 관계사절(relative clause)의 용법을 가르치는 교수법의 효용성을 검증하는 연구를 진행하고자 한다. 이를 위해, 말하기 및 쓰기에서의 관계절 연습과 함께 영어 관계절 사용에 대한 구조적 특징을 가르치는 수업을 실험 처리로 하였다. 연구자는 수업에서 직접 관계절을 가르치기 전에 수 주일동안 간격을 두고 학습자들에게 관계절에 관한 몇 개의 쓰기 과제(O1, O2, O3 + On)를 부과하였다. 그 후 수업 시간에 관계절의 용법 및 사용법에 대한 교수가 이루어졌다. 관계절에 대한 수업 후, 다시 몇 개의 관계절에 관한 쓰기 과제가 부과되었다(On+1, On+2). 연구자는 관계절 수업 전과 후에 학습자들이 제출한 쓰기 과제를 조사하여 관계절의 사용 빈도 및 오류 정도 등을 분류하여 상호 비교해 보았다.

만약 처치가 제공되기 전의 관찰(On)과 처치가 제공된 후의 관찰(On+1)간에 관계절의 사용에서 분명한 변화가 보인다면, 연구자는 이러한 변화의 원인은 처치 때문인 것으로 해석할 수 있다. 이 연구는 이미 만들어진 집단을 대상으로 연구를 수행하기 때문에 때로는 '준 실험 연구(quasi-experimental research)'로 분류되기도 한다. 하지만 이 연구의 설계 역시 시간의 경과에 따른 학습자들의 자연스러운 발달 과정이 연구 결과에 영향을 미칠 가능성을 배제할 수 없다.

4.3.2 통제 집단을 사용하는 설계

1) 사후 검사 사용 통제 집단 설계

이 설계 방식의 특징은 실험 집단과 통제 집단 간의 동질성 여부를 확인하기 위해서 사전 검사를 실시하지 않고, 단지 사후 검사를 실시하여 두 집단 간에 의미 있는 차이가 있는지를 알아보는 연구이다. 다만, 무선 할당 방식으로 학습자들을 통제 집단과 실험 집단에 배정하기 때문에 두 집단 간에 동질성이 확보될 수 있다는 기본 전제에서 출발한다. 연구 맥락을 제시하면 다음과 같다(임병빈 외, 2014, p. 111, 재인용).

[연구 맥락]

R	실험 집단	X (처치)	O1 (사후검사)
R	통제 집단		O1 (사후검사)

감수성 훈련이 포함된 워크샵(workshop)이 영어교사들의 교직 만족도에 어떤 영향을 미치는지를 연구하고자 한다. D시에 근무하는 영어교사들 중 100명을 임의 추출한 다음, 이들을 무선 할당 방식을 사용하여 통제 집단 50명, 실험 집단 50명으로 배정하였다. 실험 집단은 감수성이 포함된 워크샵을 진행하고, 통제 집단은 감수성이 포함되지 않은 워크샵을 진행하였다. 워크샵이 끝난 후, 각 집단에 대해 교직 만족도 조사를 실시하였다.

위 연구 설계는 무선 할당 방식을 사용하여 교사를 각 집단에 배정하였기 때문에 집단의 동질성을 담보할 수 있다고 생각되어서 사전 검사를 실시하지 않았다. 따라서 사전 검사를 실시하지 않기 때문에 시간을 절약할 수 있고, 사전 검사와 사후 검사를 사용하는 실험 설계에 비하면 다소 단순하다고 볼 수 있다. 하지만 문선 할당 방식으로 학습자들을 두 집단에 배정했다 할지라도 때에 따라서는 두 집단의 동질성이 확보되지 않을 가능성이 있으며, 또한 사전 검사의 측정치가 없기 때문에 실험 중 제공된 처치의 영향이 어느 정도 반영되어 사후 검사에서 차이로 나타났는지 등은 알 수 없는 단점이 있다.

2) 사전-사후 검사 사용 통제 집단 설계

학습자들은 무선 할당 방식에 의해서 실험 집단과 통제 집단으로 배정된다. 실험 전에 무선 할당되기 때문에 실험의 내적 타당도(internal validity)에 영향을 미치는 여러 요인들, 즉 성숙, 역사, 도구, 선발 요인 등을 통제할 수 있는 이점이 있다. 연구 맥락을 제시하면 다음과 같다.

[연구 맥락]

R	O1 (사전검사)	X (처치)	O2 (사후검사)
R	O1 (사전검사)		O2 (사후검사)

컴퓨터를 활용한 언어학습이 학습자들의 영어 읽기 능력에 어떤 영향을 미치는지를 알아보는 연구를 수행하고자 한다. 무선 할당의 방식으로 통제 집단에 36명, 실험 집단에 36명의 학습자를 배정하고, 영어 읽기 능력에 대한 사전 검사를 실시하였다. 그 후 10주 동안 실험 집단은 컴퓨터를 활용한 영어 읽기수업이 진행되었고, 통제 집단은 기존의 전통적인 영어 읽기방식의 수업이 진행되었다. 10주 동안의 수업이 진행된 후, 두 집단에 대해서 사후

검사가 실시되었다. 사후 검사 결과를 가지고, 두 집단 간에 의미 있는 차이가 있는지를 알아보았다.

위 실험 설계의 장점은 독립 변인의 영향을 검증하는데 매우 효과적이라는 점이다. 다만, 연구를 진행하면서 연구자가 통제 집단이나 실험 집단에 대해서 공정하게 대우를 하고 있는지 점검할 필요가 있다.

3) 이질 통제 집단 사전-사후 검사 설계

실험을 진행하기 위해 학습자들을 무선 할당 방식으로 통제 집단과 실험 집단에 배정할 수 없는 상황에서 사용할 수 있는 설계 방식이다. 실제 교육현장에서 기존의 학급을 그대로 유지한 채 실험을 하는 경우인데, 이 경우 사전 검사를 실시했더니 통제 집단과 실험 집단이 서로 이질(heterogeneous) 집단으로 나타난 경우이다. 따라서 연구자는 학급을 그대로 유지하면서 실험 집단에게 처치를 제공한 후, 그 효과를 검증하는 연구 방식이다. 연구 맥락을 제시하면 다음과 같다(임병빈 외, 2014, p. 106, 재인용).

[연구 맥락]

O1 (사전검사)	X (처치)	O2 (사후검사)
O1 (사전검사)		O2 (사후검사)

영어전용 교실에서 영어 수업이 진행될 경우, 이는 학습자들의 영어 말하기 능력 향상에 어떤 영향을 미치는지를 검증해 보고자 한다. 이를 위해서 실험 집단은 1년 동안 영어 수업을 영어전용 교실에서 하였고, 통제 집단은 일

반 교실에서 영어 수업을 진행하였다. 실험을 시작하기 전에 두 집단 모두 영어 말하기 사전 검사를 실시하였는데, 그들의 말하기 능력에서 차이가 있다는 것을 발견하였다. 영어 말하기 수업이 1년 동안 진행되었으며, 그 후 영어 말하기 사후 검사를 실시하였다.

이 설계 방식은 기존의 학급을 그대로 통제 및 실험 집단으로 사용한다는 점에서 이점이 있지만, 때에 따라서는 두 집단의 동질성을 담보할 수 없는 단점이 있다. 동질성을 담보할 수 없는 경우, 종속 변인과 독립 변인 간의 인과관계 설정 및 결과 해석이 어려워진다. 이를 해결하기 위해서 두 집단 간에 존재하는 차이를 공분산(covariance)으로 지정하여 통계처리를 하는 방식을 사용할 수 있다.

4.3.3 다원배치 설계(Factorial Design)

앞서 언급한 실험 설계 방식에서는 주로 1개의 독립 변인이 종속 변인에 미치는 효과를 검증하는 연구 방식이었다. 하지만 다원배치 설계는 앞서 대부분의 실험 설계 방식과 비슷하지만, 2가지 이상의 독립 변인 효과를 동시에 검증한다는 점에서 차이가 있다. 연구 맥락을 제시하면 다음과 같다.

[연구 맥락]
학습 맥락에 따라 발음 연습의 효과에 차이가 있는지, 그리고 이러한 발음 연습의 효과는 학습자들의 영어 숙달도에 따라 다르게 나타나는지에 대해서 검증하는 연구를 진행하고자 한다. 본 연구를 위해서 무선 할당으로 추출된 100명의 학습자들을 대상으로 먼저 그들의 언어 숙달도에 따라 숙달도가 높은 집단과 낮은 집단으로 구분하였다. 그런 후, 각 숙달도에 속한 학습자를 대상으로 무선 할당 방식에 따라 언어 실습실에서 발음 연습을 하는

집단과 의사소통 상황 속에서 발음 연습을 하는 집단으로 학습자들을 배정하였다. 8주 동안 발음 연습을 실시한 후, 집단 간에 의미 있는 차이가 있는지를 알아보았다. 본 연구의 맥락을 표로 제시해 보면 다음과 같다.

		독립 변인 1: 언어능력 숙달도	
		상위	하위
독립 변인 2: 학습맥락	언어 실습실	집단 1 (상위 + 실습실)	집단 2 (하위 + 실습실)
	의사소통 맥락	집단 3 (상위 + 의사소통)	집단 4 (하위 + 의사소통)

위 연구 맥락에 의하면, 첫 번째 독립 변인(언어숙달도)에 의해서 상위 집단과 하위 집단으로 구분되어 발음 연습의 효과가 어느 집단에서 더 많이 나타났는가를 검증하게 된다. 그리고 두 번째 독립 변인(학습맥락)에 의해서 언어 실습실에서 발음 연습을 한 집단과 의사소통 상황에서 발음 연습을 한 집단으로 구분되어 어느 맥락에서의 발음 연습이 더 효과적인지를 검증하게 된다. 하지만 2개의 독립 변인이 갖는 효과를 동시에 검증하는 연구 맥락이기 때문에 위 표에서 보듯이 4개의 집단이 만들어지며, 각 집단은 2개의 독립 변인 영향을 동시에 받는다. 2개의 독립 변인에 의해서 4개의 집단을 다음과 같이 설정할 수 있다.

- 집단 1 : 상위 집단이면서 발음 연습을 언어 실습실에서 수행한 학습자들
- 집단 2 : 하위 집단이면서 발음 연습을 언어 실습실에서 수행한 학습자들

- 집단 3 : 상위 집단이면서 발음 연습을 의사소통 맥락에서 수행한 학습자들
- 집단 4 : 하위 집단이면서 발음 연습을 의사소통 맥락에서 수행한 학습자들

모든 집단은 사전 검사와 사후 검사를 치루게 된다. 사전 검사의 결과는 학습자들을 언어 숙달도가 높은 집단과 낮은 집단으로 구분하는 자료로 활용될 수 있다. 실험이 진행되는 동안 학습자들이 갖은 연습시간, 그리고 발음을 정확하게 연습하고자 하는 동기 등의 요인들이 연구 결과에 영향을 미칠 수 있다는 점도 유의할 필요가 있다.

4.3.4 준 실험 설계

준 실험 설계(quasi-experimental design) 연구는 무선 표집 방식으로 표본을 추출하기가 어려울 경우 가장 많이 사용되는 방법이다. 무선 표집의 기본 취지는 모집단에 속한 모든 학습자들이 동일한 확률을 가지고 표본으로 추출될 수 있도록 하는데 있다. 하지만 현실적인 문제 때문에 무선 표집이 어려운 경우가 있는데, 이 경우 정적 집단(static group)을 활용하는 준 실험 설계 방식이 이용된다. 정적 집단이란 무선 추출 등의 방법으로 집단을 구성하는 것이 아니라, 연구 대상이 되는 집단이 이미 구성되어 있는 경우를 의미한다. 이 설계는 이미 구성되어 있는 서로 다른 집단에 대해서 서로 다른 처치를 제공하여 두 집단 간에 의미 있는 차이가 있는지를 비교하는 방식이다. 예를 들어, 중학교 1학년에 8개 학급이 있고, 측정 대상이 되는 학습자들의 어떤 능력에서 이들 학급 간의 차이가 없다고 가정할 때, 연구에 필요한 2개 또

는 3개 집단을 만들기 위해서 이미 편성된 반을 그대로 사용하는 방식이라 할 수 있다. 물론 8개 반에서 2개 또는 3개 반을 추출하는 방식은 무선(random)으로 추출할 수 있다.

이 설계는 앞서 제시한 파일럿 연구 설계를 변형한 방식이라 할 수 있다. 연구 맥락을 제시한 다음과 같다(이종성, 남궁지영, 2008).

[연구 맥락]

X1 (새로운 교과서)	O1 (흥미도 관찰)
X2 (구 교과서)	O1 (흥미도 관찰)

새로운 교육과정에 따라 개발된 영어 교과서가 학습자들의 영어에 대한 태도 변화에 어떤 영향을 미치는지를 조사하였다. 이를 위해 이미 구성된 두 개의 학급을 대상으로 한 학급은 새로운 영어 교과서로, 그리고 다른 학급은 구 영어 교과서를 가지고서 한 학기동안 영어 수업을 진행하였다. 한 학기 수업이 끝난 후, 학습자들의 영어에 대한 흥미도가 두 집단 간에 의미 있는 차이가 있는지를 비교하였다.

처치의 효과에 대해서 두 집단을 서로 비교한다는 점에서는 앞서 제시한 파일럿 연구 방식보다는 개선된 연구 설계이지만, 여전히 문제는 있다. 가장 큰 문제는 연구 대상이 된 두 집단의 성격을 알 수 없다는 것이다. 왜냐하면, 이미 구성된 두 집단을 선정하였는데, 예를 들어 실험 초부터 두 집단에 속한 학습자들의 영어에 대한 흥미도가 서로 차이가 있었는지, 아니면 처음부터 차이가 없었는지를 알 수 없기 때문이다. 이러한 점 때문에 실험 초부터 두 집단의 능력, 특히 종속 변인 측면에서 동질 집단을 만든 후 연구를 시작하든지, 아니면 동질 집단인지 그 여부를 미리 검증할 필요가 있다.

4.3.5 다변량 분석 설계

앞서 살펴본 실험 연구에서는 한정된 수의 독립 변인과 종속 변인 간의 관계를 검증한다. 하지만 언어 학습 및 습득 과정, 그리고 학습자라는 복잡한 유기체를 대상으로 이루어지는 연구에서는 다양한 변인들이 존재하게 되며, 이들 변인들 간의 관계를 검증할 필요성은 높아진다. 그리고 실험 연구에서는 변인들을 실험 조건에 따라 조작하고 통제하게 되지만, 실제 학습 맥락에서는 자연적이고 조작되지 않은 상태에서 많은 수의 변인들 간의 상관관계(correlation relationship)를 검증할 필요성이 대두된다. 이 경우 연구자는 다변량 분석 연구(multivariate research)를 수행할 수 있다. 다변량 분석은 조작 가능한 변인부터 조작 불가능한 많은 수의 변인들에 이르기까지 이들 변인들 간의 상관관계를 동시에 검증할 수 있는 장점이 있다. 예를 들어, 발음에 영향을 미치는 것으로 보여지는 12개의 변인 중 어느 요인이 발음의 정확성에 강력한 영향을 미치는지를 조사하는 연구를 수행한다고 가정해 보자. 이를 위한 연구 맥락을 제시하면 다음과 같다(Seliger & Shohamy, 1989, p. 131).

[연구 맥락]
원어민과 같은 정확성으로 영어를 발음하는 능력과 학습자의 IQ, 태도, 동기, 성별, 사회적 지위, 직업, 교육에 대한 열의, 민족주의 성향, 학교교육, 영어체험 경험, 영미 문화권 체류 년 수, 교수법, 발음지도 형태, 결혼 여부, 가정에서 사용하는 언어, 직장에서 사용하는 언어, 영어 사용의 기회, 방송 매체를 접하는 횟수, 듣기 평가 점수 등의 변인들 간에 어떤 관계가 있는지를 조사한다고 가정해 보자. 이들 다양한 변인들은 독립 변인이 되며, 영어 발음의 정확성 정도는 종속 변인이 된다. 본 연구의 맥락을 도식으로 제시하면 다음과 같다.

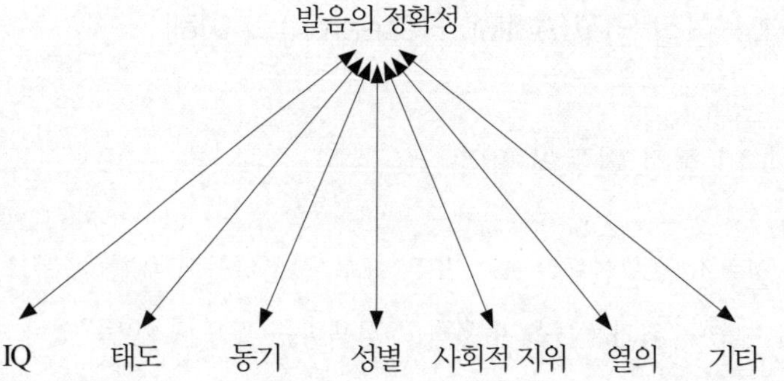

만약 실험 연구를 진행한다면, 영어 학습에 대한 학습자의 태도(독립 변인)가 발음의 정확성이라는 종속 변인에 미치는 영향을 검증하는 것이라 할 수 있다. 하지만 다변량 연구에서는 영어의 발음 습득에 영향을 미칠 수 있는 모든 변인들을 망라해서 실제 이들 변인들과 실제 발음의 정확성 간에 어떤 관계를 갖고 있는지를 동시에 검증하는 방식이라 할 수 있다. 또한, 다변량 분석 연구가 갖는 장점은 여러 다양한 변인 중 어떤 특정 변인이 더 강력하게 종속 변인(즉, 발음의 정확성)에 영향을 미치는지를 파악할 수 있다는데 있다. 이는 본 교재의 후반부에서 언급하게 되는 다중 회귀(multiple regression) 분석의 방법이 되기도 한다. 즉, 몇 개의 변인들을 서로 통합함으로써 변인의 수를 줄일 때, 어떤 유형의 변인 통합이 종속 변인과의 상관관계를 더 높게 나타내는지를 검증하는 방식이다. 하지만, 다변량 연구를 수행하는데 유의해야 할 점은 상관관계가 높게 나왔다고 할지라도 인과관계가 성립되는 것으로 해석될 수 없다는 것이다.

4.4 현장 연구(Action Research)의 이해

4.4.1 현장 연구의 정의

일반적으로 연구는 교수 또는 교육 전문가들이 수행하고, 교사는 단지 연구 결과물들을 수용하고 적용하는 것으로 이해되었다. 하지만 현장의 교사들이 자신들의 수업에서 직면하는 여러 문제들과 현상들에 대한 해결책을 찾기 위해서 직접 연구를 수행할 수 있다. 현장 연구(action research)는 전문가가 아닌 교육 현장의 교사들이 직접 연구를 수행하는 것을 의미한다. 교육 현장의 문제점들을 가장 잘 알고 있는 교사들이 연구를 수행하기 때문에, 연구의 결과물 또한 현장에 곧바로 적용될 수 있는 이점이 있다. 따라서 Miller와 Pine(1999)은 현장 연구는 교사가 직접 연구를 수행함으로써 새로운 지식을 창출해 내는 연구의 주체가 된다는 점을 강조하였다. Kemmis와 McTaggart(1998)는 현장 연구의 특징으로 다음 4가지를 언급하였다.

첫째, 현장 연구가 수업 현장의 교사에 의해서 행해지는 연구가 맞지만, 현장 연구 역시 체계적으로 진행되어야 한다. 데이터의 분석 역시 객관적이고 명확하게 이루어져야 하며, 또한 데이터 분석 결과에 따라 연구 결과에 대한 해석이 이루어져야 한다. 따라서 교사가 수행하는 현장 연구와 전문가가 수행하는 실험 연구 사이에 연구의 질 측면에서 차이가 있는 것은 절대 아니다.

둘째, 현장 연구를 수행하는 주체는 교사이지만 교사 단독으로 연구를 수행하는 경우는 드물다. 오히려 현장에서 수업을 담당하고 있고, 수업을 개선하는데 공동의 관심을 가지고 있는 여러 교사와 함께 연구를 수행할 때, 그 연구가 갖는 영향력은 더 증대된다고 볼 수 있다. 따라서 연구를 수행하는 교사는 수업 현장에서 변화를 만들어가는 주체가 된다.

셋째, 현장 연구의 목적은 당연히 수업 현장의 문제를 해결하는데 있다. 그렇다고 해서 현장 연구가 수업 현장의 문제 해결이라는 소극적 의미의 연구를 의미하지는 않는다. 즉, 현장 연구는 수업 현장의 문제 해결이외에 더 나은 수업을 위한 해결책을 제공하려는 노력의 일환으로 이해되어야 한다.

넷째, 현장 연구는 실험 연구와 같이 연구 가설을 먼저 설정하고 연구를 하지는 않는다. 현장 연구는 기본적으로 교사가 수업 현장의 문제점을 발견하고, 이들 문제점에 대해서 어떤 조치를 하고, 데이터를 수집하고, 수집된 데이터를 분석하고 해석하게 된다. 하지만 현장 연구는 여기서 그치지 않고 교사는 연구의 결과물을 활용하여 자신이 담당하는 수업 현장을 더 나은 방향으로 개선하는 자료로 활용하게 된다는 점에서 실험 연구와는 근본적인 차이가 있다.

한편, 현장 연구의 수행 절차에 대해서 Cohen과 Manion(1985)은 9단계 절차를 제시하였다.

- 단계 1 : 문제 확인
- 단계 2 : 잠정적인 문제해결 방안 모색
- 단계 3 : 선행연구 탐색
- 단계 4 : 연구 문제 및 가설 설정
- 단계 5 : 연구 설계 및 자료수집 방법 결정
- 단계 6 : 자료 분석 및 평가 방법 결정
- 단계 7 : 자료 수집 및 분석을 통한 피드백

- 단계 8 : 자료 해석 및 논의
- 단계 9 : 새로운 문제 해결 방안 모색

하지만 이러한 과정은 하나의 사이클(cycle)로 완성되는 것이 아니라 계속적으로 또 다른 사이클이 진행되는 연속적인 과정으로 이해되어야 한다. 앞서 제시한 단계에서 보듯이, 단계 8의 자료 해석 및 논의에서 끝나는 것이 아니고 단계 9의 새로운 문제 해결 방안 모색의 단계로 전이되는 것으로 보아 연구의 종료가 연구의 한 사이클이 종료되는 것이 아니라는 점을 의미한다. 즉, 연구의 결과는 단계 9에서처럼 새로운 연구 질문 및 과제를 불러오기 때문에 현장 연구의 사이클은 계속되는 것이다. 한편, 현장 연구에서 사용되는 데이터의 수집 방법을 정리해서 제시하면 다음과 같다.

<표 4-2> 현장 연구에서 사용되는 데이터 수집 기법들

방법(Method)	묘사(Description)
일지/일기 (journals/diaries)	교수/학습 계획에 대해 날짜별로 학습 활동과 교실에서 일어난 일들, 개인적인 철학, 느낌, 반응, 반성적 사고, 관찰, 설명 등을 포함하여 규칙적으로 기술 함.
교수일지 (teaching logs)	교수 사건에 대한 보다 객관적인 메모, 교수 사건들의 객관성, 참여자들, 사용된 자료, 절차, 예측 또는 예측 불가능한 결과 등을 기술 함.
문서 수집 (document collection)	연구 맥락과 관련된 일련의 서류들. 예를 들어, 교과의 개괄적인 소개, 수업 계획들, 학생들의 작문들, 교실 자료들/교과서들, 평가 과제들/교과서, 학생들의 프로필, 학생들의 기록 등을 수집하고 분석 함.

관찰 (observation)	교실에서 참여자로서(참여자 관찰) 또는 다른 교사의 교실에 대한 관찰자로서(비참여자 관찰) 교실의 사건들, 일어난 일, 상호작용에 대한 근접 관찰 및 메모. 관찰은 현장 메모, 녹음, 교수일지, 또는 일지 등과 같이 결합하여 사용될 수 있음.
현장 메모 (field memos)	비언어적 정보, 물리적 환경, 집단 구조들, 참여자들 간의 상호작용을 포함하여 관찰된 사건에 대한 기술과 설명. 메모는 시간에 기초를 둘 수 있거나(매 5분마다) 또는 연구 목적에 따라 비 구조화될 수 있음.
녹음 (recording)	일어난 사건에 대한 비디오와 오디오를 이용한 객관적인 녹음, 이는 나중에 재검증이 가능함. 사진과 슬라이드 등이 사용될 수 있음.
옮겨 쓰기 (transcription)	화자들을 확인하는데 사용되는 관계, 그리고 휴지(pause), 주저(hesitation), 중복 또는 필요한 비언어적 정보를 지적하기 위해 언어적으로 녹음되는 것에 대한 문어적 표현을 포함 함.
설문조사 (survey/ questionnaire)	폐쇄적인 또는 등급화된 질문/선택사항에 대해 답변을 추구하거나, 개방적인 개인의 의견을 묻는, 그리고 판단 또는 신념 등의 특정 주제 또는 분야에 초점을 둔 일련의 서면화된 질문들.
면담/토론	계획된, 계획되지 않은 또는 구조화된 상호작용으로서 연구자에 의해 수행되는 면대면 언어적 과업, 연구자는 이전에 계획된 질문, 구조화된 면담 일정을 사용할 수 있고, 또한 면담이 즉흥적으로 일어나도록 할 수 있음.
자극적인 회상 (stimulated recalls)	참여자들로부터 행위들, 느낌들, 생각들, 태도, 신념들, 후속 사건들 또는 연구되고 있는 활동에 대해 반응을 유도해 내기 위해 이전에 기록된 또는 필사된 데이터를 사용할 수 있음.

4.4.2 현장 연구의 사례 제시

앞서 언급한 바와 같이, 현장 연구는 수업 현장의 교사가 자신이 실제 담당하는 수업 상황의 어떤 문제점을 인식하고 이를 해결하기 위한 노력에서 수행된다. 따라서 현장 연구는 수업에 참여한 학습자를 대상으로 데이터를 수집하고, 데이터를 분석하여, 그 결과를 성찰하고, 이를 근거로 자신의 수업이 갖고 있었던 문제점을 해결하고, 또한 이를 토대로 수업 현장을 직접적으로 개선시킬 수 있는 방안 제시에 초점을 맞춘다. 그렇다면 현장 연구는 어떻게 수행되는가? 현장 연구의 한 사례를 좀 더 구체적으로 제시하면 다음과 같다(Freeman, 1988, pp. 245-246).

[배경 설명] : 보다 긍정적인 교실 환경을 위해서[2]

Athena Frangos는 Smithfield Plains 초등학교에서 4학년을 가르치고 있는 교사이다. 그녀는 이전에 R-7학년의 제 2언어 학습자들에게 그리스어를 6년간 가르쳤다. Athena는 수업에서 학생들이 그리스어와 그리스 문화에 대해서 좀 더 많이 노출이 될 수 있는 기회를 제공해 주고 싶어 한다. 이번 수업에서 그녀는 칭찬을 많이 사용함으로써 보다 더 긍정적인 학습 환경을 어떻게 만들 수 있는지에 대해서 언급하고 있다.

• 학교 배경

학교 구성원들은 기본적으로 영어를 모국어로 사용하는 배경을 가지고 있으며 단지 10여명 정도가 소수 인종의 배경을 갖고 있는 학생들이다. 이 학교에는 사회적으로 그리고 경제적으로 소외된 계층의 어린이들이 많이 있다. 올해 이 학교는 처음으로 몇 개의 수업을 대상으로 독일어와 그리스어를 가르치는 언어 프로그램을 도입하였다. 대부분의 어린이들에게 있어서 이는 영어 이외에 다른 언어에 노출되는 경험은 처음이다.

• 프로젝트 시행의 배경

나의 교직 경력은 대부분 LOTE 지역에서 보냈기 때문에 내가 처음 담임교사가 되었을 때 나의 교실에 영어 이외의 다른 언어를 소개하는 것은 당연

2) 영어교육 상황에 맞게 필자가 수업 상황 맥락을 수정 함.

해 보였다. 나는 그리스어를 가르치기로 결심하였지만, 이는 학교에서 가르치지 않는 언어였다. 나는 보다 즐겁고 긍정적인 학습 경험이 되기를 원했다. 그렇게 함으로써 학생들이 다음 학기에도 계속하여 그리스어 학습을 원하길 소망하였다. 다행스럽게도 그리스어에 대한 학생들의 열의는 독일어와 함께 학기 내내 수업이 진행될 수 있도록 만들었다.

• 프로젝트 계획

나는 학생들이 수업 그 자체를 즐길 뿐만 아니라 그리스어와 문화를 같이 배울 수 있기를 원했다. 하지만 그리스어 수업은 학교 공식적인 교과과정의 한 부분이 아니기 때문에 내가 이 수업에 투자할 수 있는 시간에 대해서는 제약을 받을 수밖에 없었다.

이 프로젝트는 기본적으로 다음 두 가지 질문에 근거를 두고 있다.

• 나의 교수 유형은 긍정적이고 학생들을 격려해 주는가?
• 그리스에 대해서 학생들은 어떤 지식들을 이미 알고 있는가?

• 계획의 시행

1) 관찰

첫 번째 질문에 답하기 위해 나는 수업을 녹음하고 이를 분석하였다. 녹음테이프의 마지막 즈음에서 분명한 점은 내가 부정적인 비평을 하는 경향이 있다는 것이다. 40분 수업에서 나는 거의 20가지의 부정적인 표현을 사용하였다. 이는 비번으로 인한 우연한 결과가 아니라는 것을 분명히 하기 위해 다른 교사로 하여금 내 수업을 관찰하도록 하였다. 그녀는 내가 하였던 모든 긍정적인 그리고 부정적인 표현들을 메모하였다. 그 결과는 유사하였다. 나는 긍정적인 것보다 부정적인 표현을 더 많이 사용하고 있었다.

2) 설문조사

두 번째 질문에 답하기 위해 나는 그리스에 대한 일반적이고도 다양한 영역의 지식을 묻는 설문지를 학생들에게 배부하였다. 그 결과, 학생들은 그리스인들이 피부가 검고, 검은 머리를 하며, 긴 의상을 걸치고, 애굽어를 말하며, 그리고 규칙적으로 뱀 요리를 먹는다고 생각하고 있었다. 분명히 학생들이 그리스에 대해서 알고 있는 지식은 매우 적어 보였다.

3) 실행

10주에 걸쳐서 일련의 발표 수업을 진행하였다. 주 초점은 그리스어 소개와 함께 주로 문화에 맞추어졌다. 40분 수업으로 일주일에 2번 이루어졌다. 인사법, 숫자, 방향지시, 색깔 등을 가르치기 위한 학습활동을 계획하였고, 그리스 음식, 생활양식, 그리고 신학 등을 다루기 위해 소그룹을 조직하였다. 나의 목표는 각 수업이 끝날 즈음까지 학생들을 최소한 2번 이상 칭찬을 하는 것이었고 그렇게 함으로써 보다 긍정적인 학습 분위기를 만드는 것이었다.

• 결과

첫 주에 학생들이 보여준 반응은 매우 놀라웠다. 그들은 다음 그리스어 수업을 몹시 기다렸으며 열정적으로 수업에 참여하였다. 10주 프로그램의 마지막 즈음에 나는 다시 수업을 녹음하였다. 나는 가능한 자연스럽게 행동하려고 하였으며 녹음 자체가 내 행위에 영향을 미치지 않도록 노력하였다. 나중에 녹음 테이프를 들으면서, 나는 학생들의 행위에 대한 부정적인 비평을 들을 수 있었는데, 하지만 이는 긍정적인 비평보다는 훨씬 그 빈도가 적었다. 흥미로운 사실은 다른 학생들의 행위에 대해 학생들이 칭찬하고 격려하는 것을 들을 수 있었다는 것이다.

프로그램의 마지막 즈음에 나는 다시 설문지를 학생들에게 배부하였다. 학생들은 여전히 그리스인들을 검은 머리에 검은 피부를 갖고 있는 사람으로 묘사하고 있었지만, 최소한 그리스인들이 그리스어를 말하고 *souvlakia* 요리를 먹는다는 것을 알게 되었다. 단지 25명의 학생들 중 단 한명만이 독일어 수업을 선호하였는데, 이는 대부분 학생들이 그리스어를 배우는 수업을 즐기고 있고 그리스어와 문화에 대해서 긍정적인 태도를 갖고 있다는 것을 보여준다.

• 결론

어린이들의 동기부여를 어떻게 할 것인가에 관한 문제를 해결하기 위해 계획을 세우는 것은 매우 유익하다. 계획을 실행으로 옮기고 그 결과를 지켜

보는 것은 나에게 어떤 성취감을 안겨 주었다. 학생들을 칭찬하는 것은 보다 긍정적인 학습 분위기를 만드는데 도움이 되었으며, 새로운 언어를 학습하고자 하는 학생들의 욕구를 증대시켰다. 그러나 수업시간 내내 항상 긍정적인 비평을 한다는 것은 나에게 있어서 매우 어려웠으며, 오히려 부정적인 표현을 하는 것으로 되돌아가는 것이 쉬웠다. 이와 같이 교실을 대상으로 이루어진 연구의 유익성은 다른 교수 영역으로 적용될 수 있을 것이다. 나는 내 자신이 다른 교과과정에서 보다 긍정적인 반응들을 사용하고 있다는 것을 발견할 수 있었다. 학생들이 보여주는 노력에 대해서 칭찬을 하는 것은 나에게 보다 자연스러운 것으로 다가왔으며 학생들 역시 이를 당연한 것을 받아들였다. 그렇다고 해서 전혀 문제가 없다는 것을 의미하지는 않는다. 여전히 훈육을 필요로 하는 학생들이 많이 있으며, 다른 학생들처럼 새로운 언어를 학습하는데 관심이 없는 학생들도 있었다. 그러나 이러한 학생들도 점차 변화되었다. 많은 어린이들의 무관심적인 태도가 당연한 것으로 여겨지는 이 학교 공동체 사회에서 학생들이 다른 언어를 학습하는데 이와 같은 관심을 보여준 것은 극히 이례적이고 놀랄만한 일이다.

지금까지 실험 연구와 현장 연구의 특징을 살펴보았지만, 두 연구가 상호 보완적으로 시행된다면 언어교육과 관련된 연구와의 간격을 좁힐 수 있을 것으로 생각된다. 연구 방법, 데이터 분석 및 해석 등의 전문지식을 갖고 있는 전문가, 그리고 현장의 실제적 언어교수를 담당하고 있는 현장 교사들이 상호 협력할 수 있는 방안을 모색할 수 있다면, 보다 체계적인 연구를 수행함과 동시에 그 결과물들을 다른 수업현장에도 보다 효율적으로 확산시킬 수 있을 것이다. 실험 연구와 현장 연구 간의 차이점을 정리하여 제시하면 다음과 같다.

<표 4-3> 전통적인 실험 연구와 현장 연구 간의 차이 비교(Mills, 2000, p. 5)

비교 항목	전통적인 실험 연구	현장 연구
1. 연구 주체	- 통제 집단과 실험 집단을 만들어서 대학교수 등의 학자들이 연구를 수행함.	- 교사, 또는 학교 관리자가 해당 학교의 학생들을 대상으로 연구를 수행함.
2. 연구 장소	- 변인들을 조작, 통제하여 실행할 수 있는 장소(학교의 교실 수업현장을 포함함).	- 일상적인 교실, 학교.
3. 연구 방법	- 주로 양적 연구 방법을 사용하여 통계적 유의수준에 따라 연구 가설의 진위 여부를 파악함.	- 주로 질적 연구 방법을 사용하며, 연구 대상이 되는 교육적 현상에 대한 기술, 그리고 특정 처치에 대한 효과를 이해하려고 함.
4. 연구 목적	- 표본을 대상으로 추출된 결론을 모집단에 대해 일반화시킴.	- 학교 현장에서 연구를 수행하여 얻은 결과를 가지고 의미 있는 학교교육의 변화를 가져오려고 함.

5장
통계 분석의 논리

5.1 추론 통계의 원리

추론 통계학(inferential statistics)은 모집단을 대표할 수 있는 표본(sample)을 대상으로 데이터를 수집하고 분석하여, 그 결과를 표본에 국한하여 해석하지 않고 모집단의 특성을 추론하기 위해 사용하는 통계 방식이라 할 수 있다. 모집단에 속한 학습자의 숫자는 너무 많아서 현실적으로 모집단을 대상으로 하는 데이터 수집은 불가능하다. 따라서 연구 수행의 현실적 상황을 감안하여 모집단을 대표할 수 있는 표본을 대상으로 데이터를 수집하고, 그 결과를 모집단에 적용하는 것이라 할 수 있다. 추론 통계학에서 표본의 특성을 보여주는 수학적 수치를 *statistic*이라 하며, 모집단의 특성을 보여주는 수학적 수치를 *parameter*라 한다. 일반적으로 모집단의 *parameter*는 알 수 없기 때문에 연구의 현실성을 반영하여 표본을 대상으로 *statistic*이 무엇인지를 찾아내는 노력을 한다. 따라서 추론 통계는 *statistic*을 근거로 해서 *parameter*의 특성을 추정하는 방식이라 할 수 있다. 추론 통계의 타당성을 갖기 위해서 가장 중요한 점은 표본이 모집단을 대표할 수 있어야 한다.

추론 통계에는 크게 2가지 유형이 있는데, 간격구간 추정(interval estimation)과 단일치 추정(point estimation) 방식이 있다. 일반적으로 영어교육 분야에서는 단일치 추정 방식을 사용하여 가설 검증 과정을 거친다.

5.1.1 간격구간 추정

간격구간 추정(interval estimation)은 표본을 대상으로 수집된 데이터를 근거로 해서 분석 목표가 되는 모집단의 특성이 어떤 간격 또는 구간(interval)에 위치하는지를 추정할 때 사용된다. 또한, 간격구간 추정은 신뢰구간(confidence interval) 추정이라고도 한다. 간격구간 추정은 주로 설문조사에서 많이 사용된다. 예를 들어, 다음과 같은 연구 맥락에서 설문조사를 한다고 가정해 보자.

[연구 맥락]
20**년 6월**일에는 국회의원 보궐 선거가 있다. 보궐 선거가 이루어지는 각 지역에서는 각 정당에서 추천된 후보들이 다양한 선거 전략들을 사용하여 치열한 경쟁을 벌이고 있다. 특히, 서울 지역은 선거의 방향을 가늠할 수 있는 핵심 지역이어서 다른 지역보다 후보들 간에 경쟁이 치열한 곳이다. 따라서 여러 여론조사 기관에서는 수시로 각 후보들의 지지도를 조사하고 시민들에게 발표하고 있다. 그렇다면 각 정당의 후보들에 대한 서울 시민들의 지지도는 어떻게 나타나고 있는가? 이를 위해서 서울지역의 유권자 중 무작위로 추출된 1,000명에게 전화를 걸어서 각 후보에 대한 지지도를 조사하였다. 각 정당 후보들의 지지도는 다음과 같이 나타났으며, 신뢰구간은 95%, 그리고 오차 한계(margin of error)는 +/-3.5%로 나타났다.

· A 후보 : 32% +/-3.5%
· B 후보 : 20% +/-3.5%
· C 후보 : 14% +/-3.5%

위 맥락에서 본다면, 본 연구에서의 모집단은 서울지역에 거주하면서 선거권을 가진 전체 유권자가 된다. 하지만 서울지역의 전체 유권자를 대상으로 하는 설문조사는 현실적으로 불가능하기 때문에 무작위로 추출된 1,000명의 유권자를 대상으로 설문조사가 이루어졌다. 즉, 1,000명의 유권자가 표본(sample)이 되는데, 이에 근거한 각 후보들의 지지도에 오차 한계를 적용하여 다음과 같은 지지도 구간을 설정할 수 있다. 그리고 서울지역 전체 유권자의 지지도가 이러한 경향으로 나타날 것이라고 추정하게 된다.

· A 후보 : 28.5% - 35.5%

· B 후보 : 16.5% - 23.5%

· C 후보 : 10.5% - 17.5%

위 설문조사 결과를 해석하게 되면, A후보와 다른 B 및 C 두 후보 간의 지지도 간격은 서로 겹치는 구간이 없기 때문에 지지도에서 의미 있는 차이가 있다고 주장할 수 있다. 하지만 B후보와 C 후보 간에는 지지도 구간이 서로 겹치고 있어서 지지도에서 의미 있는 차이가 있다고는 주장하기 어려우며, 오차 범위 내에서 치열한 접전을 벌이고 있는 것으로 해석하기도 한다.

한편, 95%의 신뢰구간을 설정했다는 것은 어떤 의미인가? 모집단, 즉 서울지역 전체 유권자들을 대상으로 각 후보자들의 지지도를 조사했다면 설문조사 결과에 대해서는 오차(error)가 없을 것이다. 하지만 현실적으로 모집단에 속한 전체 유권자들을 대상으로 설문조사를 수행한다는 것은 어렵기 때문에 표본을 대상으로 연구를 수행하게 된다.

표본을 대상으로 후보들의 지지도를 조사하는 것은 연구의 효율성 측면에서 바람직하지만, 한 가지 문제가 되는 것은 전체 유권자를 대상으로 조사하지 않고, 표본을 대상으로 조사한 것이기 때문에 오차가 있을 수밖에 없다는 것이다. 하지만, 표본 조사에서 나타날 수밖에 없는 오차의 허용치를 엄격하게 통제할 필요가 있다. 따라서 신뢰구간을 95%로 설정했다는 것은 5% 이내에서 오차를 허용하고 통제하겠다는 의미이다. 이를 다르게 표현하면, 이런 설문조사를 100번 반복해서 수행한다고 가정한다면(물론, 100개의 표본을 무작위로 다시 추출하는 것을 의미함), 100번 중 최소 95번 이상은 위 설문조사 결과와 비슷하게 나오고, 5번미만은 위 설문조사 결과와 다른 지지도가 나온다는 것을 의미한다. 또한, 95%의 신뢰도라는 것은 위 설문조사 결과에 대해서 최소 95% 이상은 신뢰할 수 있다는 것을 의미하며, 동시에 5% 미만은 위 설문조사 결과와 다르게 오차가 나올 수 있다는 것을 의미한다.

5.1.2 단일치 추정

단일치 추정(point estimation)은 표본의 특성에 근거하여 모집단의 특성에 대해 설정된 연구 가설의 진위 여부를 결정할 때 사용하는 추론 통계 방식이다. 이 경우, 연구 가설은 독립 변인과 종속 변인 간의 인과관계를 설정하며, 이를 위해 특정 수치를 사용하거나, 집단 간 비교를 할 경우에는 평균(mean)이라는 수치를 사용하여 가설을 설정하게 된다. 예를 들어, 다음과 같은 연구 맥락에서 연구를 수행한다고 가정해 보자.

[연구 맥락]
외국 대학에 유학하고자 하는 학생들은 TOEFL 성적을 해당 대학에 제시해야 한다. 하지만 단 한 번의 시험으로 인해 좋은 성적을 제출하기 어려워 2-3번 정도 시험을 치루는 경우가 많아지고 있다. 이전에 TOEFL 시험을 본 적이 있는 학생들은 TOEFL 시험을 다시 본다면 대략 평균 20점 이상 향상 될 것인가? 이전에 TOEFL 시험에 응시한 적이 있는 100명의 학생들을 대상으로 그들의 TOEFL 재시험 성적을 조사해 보았다.

위 연구 맥락에서 모집단은 이전에 TOEFL 시험에 응시한 적이 있으면서, 최근에 다시 TOEFL 시험에 응시한 적이 있는 수험생 모두를 지칭한다. 그리고 표본은 본 연구에 참여한 100명의 수험생이 된다. 이들 100명의 최근 TOEFL 시험 성적을 조사하여, 이전 시험 성적과 비교하여 전체적으로 평균 20점 이상 향상 되었는지를 조사한다. 이에 대한 통계 가설은 다음과 같이 설정될 수 있다.

- Ho : 평균 20점 이상 향상도를 보이지 않을 것이다. ($\mu \leq 20$)
- Ha : 평균 20점 이상 향상도를 보일 것이다. ($\mu > 20$)

통계 가설을 설정하면서 표본의 평균인 $\overline{X}$ 를 사용하지 않고 모집단의 평균을 의미하는 μ를 사용하였다. 연구를 수행하기 위해서 표본을 대상으로 데이터가 수집되었으나, 결국 표본의 특성을 근거로 해서 모집단의 성격이 어떠할 것인지를 추정하기 때문에 통계 가설을 설정할 때에도 모집단의 평균인 μ를 사용한 것이다. 따라서 단일치 추정은 가설 검증 과정을 위해서 사용되는 통계 방식이라 할 수 있다.

5.2 표본의 추출

5.2.1 표본의 추출 방식

표본(sample)은 무엇보다도 모집단(population)을 대표할 수 있을 때, 표본에서 얻은 결과를 모집단에 일반화시킬 수 있다. 모집단을 대상으로 연구를 수행할 수 없는 현실적인 이유 때문에 연구자는 자신의 연구를 수행하기 위해서 표본을 추출해야 하는데, 모집단을 대표할 수 있는 표본의 추출 방식은 매우 중요하다. 표본 추출의 기본 원리는 모집단의 모든 구성원이 표본에 추출될 수 있는 동일한 기회를 갖는 것이다. 본 장에서는 표집(sampling)의 몇 가지 방법을 논의해 보고자 한다.

1) 단순 무선 표집(Simple random sampling)

모집단의 구성원 전체를 대상으로 연구를 수행하는 것은 현실적으로 어렵기 때문에 모집단을 대표할 수 있는 무선 표집 방식이 선호된다. 그리고 표집되는 학습자들은 무선적으로 실험 조건에 배정되는 것이 권장된다. 따라서 단순 무선 표집 방식은 모집단의 구성원 중, 일종의 제비뽑기 형식으로 표본을 추출하는 방식을 의미한다. 한번 뽑힌 사람은 다시 표집 대상에 넣지 않고 나머지 사람 중에서 계속 표집을 해 나가는 방식이다. 이러한 방식은 비대체 표집(sampling without replacement)이라고도 불린다. 단순 무선 표집 방식은 표집 방식이 단순하여 많은 지식이 필요하지 않으며, 또한 수집된 데이터의 분석도 쉽다는 장점이 있다.

2) 계통 표집(Systematic sampling)

계통 표집은 앞서 제시한 단순 무선 표집을 응용한 것이다. 예를 들어, 모집단의 구성원에게 번호를 할당하고, 이를 그 순서대로 놓은 다음, 처음 학습자를 표집한 후에 일정한 간격을 두고 해당 번호대로 학습자를 표집하는 방식이다. 여기서 중요한 점은 표집되는 첫 번째를 어떻게 정할 것인가 인데, 가능한 무선 표집 방식을 따르도록 권장된다. 하지만 배열된 학습자들 사이에 규칙성이 발견된다면 이 방식은 권장되지 않는다.

3) 계층 표집(Stratified sampling)

일반적으로 계층 표집에서는 비율 계층 표집(proportional stratified sampling) 방식이 사용된다. 먼저 모집단에서 계층 변인의 비율을 조사하고, 이 비율에 맞추어 표집이 이루어진다는 것을 의미한다. 예를 들어, 계층 변인이 학년이고, 모집단의 비율에서 대체적으로 2:3:5로 나온다면, 이 비율에 맞추어 무선 표집을 하는 것을 의미한다. 만약에 단순히 무선 표집을 하게 되면 모집단의 비율처럼 표집이 어려울 수 있다. 계층 표집은 모집단의 주요 특징을 사전에 고려하여 표집하기 때문에 모집단을 대표할 수 있는 표집이 될 가능성이 높으며, 이러한 특성에 근거하여 표집을 하기 때문에 단순 무선 표집의 경우보다 표집 오차가 적다는 장점이 있다.

4) 군집 표집(Cluster sampling)

군집 표집은 단순 무선 표집의 한 방법이지만, 이미 자연적으로 형성된 집단 또는 군집의 모집단에서 표본을 추출하여, 추출된 군집에 속한 모든 학습자들을 조사하는 것을 의미한다. 표집 대상이 어떤 군집(cluster), 즉 학교, 학급, 지역 등으로 이루어져 있을 때 효과적으로 사용될 수 있는 표본 추출 방식이다. 먼저, 군집을 표집한 후, 그 군집에 속한 구성원 전체를 대상으로 정보를 수집하고 분석하는 방식이다. 예를 들어, 여러 학교에서 학생들을 무선으로 표집하는 것이 아니라, 몇몇 학교에서 몇 개의 학급을 무선으로 표집한다. 그리고 그 학급에 속한 학급 학생 모두로부터 정보를 수집한다.

5.2.2 표본의 크기와 수

앞서 언급한 바와 같이, 표본은 모집단을 대표할 수 있어야 한다. 그렇다면 표본에 들어갈 사례 수는 얼마나 되어야 하는가? 모집단의 크기에 비추어 표본의 크기는 크면 클수록 좋기 때문에 충분한 수의 사례 수를 확보하는 것이 좋다. 통계적으로 모집단의 크기에 따른 표본의 크기를 제시하면 다음과 같다(김정렬, 윤지여, 2004, p. 81). 중요한 점은 이 수치들이 절대적이지 않다는 것이며, 각 연구자가 자신의 연구를 수행하기 위한 표본의 크기를 결정할 때 사용할 수 있는 지침으로 이해하면 된다.

<표 5-1> 모집단의 크기에 따른 표본의 크기[3]

모집단	표본수	모집단	표본수	모집단	표본수
35	30	140	103	700	248
45	40	160	113	1,000	278
55	48	180	123	1,300	297

3) 아래 표는 원 출처 그대로 제시하지 않고, 편의상 수치를 축약하여 제시함.

60	52	200	132	1,600	310
70	59	220	140	2,000	322
80	66	250	152	3,000	341
90	73	270	159	5,000	357
100	80	300	169	10,000	370
120	92	500	217	30,000	379
130	97	600	234	100,000	384

5.3 통계 결정(Statistical Decision) 과정의 이해

5.3.1 통계 가설의 설정

연구를 수행하기 전에 연구자는 연구 가설을 설정한다. 연구 가설에는 영가설(Ho: null hypothesis)과 대체가설(Ha: alternative hypothesis)이 있는데, 영가설은 검증하고자 하는 처치(treatment)의 효과가 없다는 것을 의미하며, 대체가설은 효과가 있다는 것을 의미한다. 연구 가설을 표현하는 방식에는 여러 가지가 있지만, 통계적 가설은 수학적 기호를 사용하여 연구 가설을 설정하는 방식으로, 영가설은 'Ho'으로 표기하고, 대체가설은 'Ha'로 표기한다. 또한, 통계적 가설은 연구 가설의 검증 방향을 이해하는데 매우 명확하다. 가설의 검증 방향은 크게 단방향(directional, one-tail) 검증과 양방향(nondirectional, two-tail) 검증이 있다. 그리고 단방향 검증에는 *upper-tail* 검증(양(+)의 효과 검증)과 *lower-tail* 검증(음(-)의 효과 검증)이 있다. 먼저, 양방향 검증의 통계적 가설의 예를 제시하면 다음과 같다.

- Ha : $C\mu \neq E\mu$
- Ho : $C\mu = E\mu$

위의 통계적 가설의 영가설은 처치의 효과로 인해 통제 집단과 실험 집단 간에 의미 있는 차이가 없다고 가설을 설정한 것이며, 대체가설은 두 집단 간에 의미 있는 차이가 있다고 가설을 설정한 것이다. 두 집단 간에 의미 있는 차이가 있다는 것은 실험 집단의 평균이 통제 집단의 평균에 비해서 매우 높게 나와서 다를 수 있지만, 반대로 너무 낮게 나와 다를 수 있다는 2가지 상황을 전제로 한 것이다. 즉, 양방향 검증이기 때문에 양(+)의 방향과 음(-)의 방향 모두를 검증한 경우라 할 수 있다.

한편, 단방향 검증에는 검증 방향에 따라 *upper-tail* 검증과 *lower-tail* 검증이 있다. *Upper-tail* 검증은 양의 방향을 검증하는 가설로서 그 예를 제시하면 다음과 같다.

- Ha : $\mu > 20$
- Ho : $\mu \leq 20$

위 통계 가설에 의하면, 대체가설이 수용되기 위해서는 처치의 효과로 인해서 양의 방향으로 최소 21점 이상 향상도를 보여야 하지만, 20점을 포함하여 그 이하의 향상도를 보이면, 이는 처치의 효과가 없는 것으로 해석되어 영가설이 수용된다.

한편, *lower-tail* 검증은 음의 방향으로 검증하는 것으로서 그 예를 제시하면 다음과 같다.

- Ha: $\mu < 30$
- Ho: $\mu \geq 30$

Lower-tail 검증은 음의 방향으로 처치의 효과를 검증하기 때문에 처치의 효과로 인해서 그룹의 평균이 적게 나오면 나올수록 좋은 것으로 해석된다. 위에서 제시한 통계 가설에 의하면, 처치의 효과로 인해서 30미만으로 나오면 대체가설이 수용되지만, 30을 포함하여 그 이상이 나오면 처치의 효과가 없는 것으로 해석되어 영가설이 수용된다.

통계 가설을 설정할 때 유의해야 할 점은 영가설과 대체가설이 상호 배타적이어서 서로 중복되는 경우가 없다는 것이다. 즉, 영가설이 기각되면 대체가설이 자동으로 수용되며, 영가설이 수용되면, 자동으로 대체가설은 기각되는 것을 의미한다. 이들 두 가설이 조건부로 동시에 기각 또는 수용되는 경우는 없다.

일반적으로 연구를 수행하면서 연구자는 대체가설보다는 영가설의 기각 또는 수용 여부에 초점을 맞춘다. 즉, 연구자는 영가설이 사실이 아니라고 기각하면서 대체가설이 사실이라는 점을 증명하는 방식으로 연구를 진행한다. 왜냐하면, 실험을 시작하기 전에 변인 사이의 관계를 추정할 만한 근거가 없기 때문이다. 예를 들어, 전통적 교수법과 멀티미디어 매체를 활용한 교수법의 효과를 검증한다고 할 때, 물론 연구자의 마음속에는 멀티미디어 매체를 활용한 교수법이 더 효과적일 것이라는 생각을 가지고 그 증거를 찾으려고 한다. 하지만 멀티미디어 매체를 활용한 교수법이 꼭 효과적일 것이라는 근거는 없다. 따라서 연구자는 연구를 시작하면서 두 교수법 간에는 차이가 없다고 가정하고 출발하게 된다. 이러한 맥락에서 연구자는 영가설의 기각 또는 수용에 초점을 맞춘다.

5.3.2 유의 수준(Alpha-level)의 결정

일반적으로 연구는 표본을 대상으로 연구가 이루어지기 때문에 오류가 필연적으로 나타날 수밖에 없다. 하지만 연구자는 연구를 시작하기 전에 이러한 오류를 어느 정도로 허용할 것인지를 결정하게 되는데, 오류의 허용 한계를 '유의 수준(*α*-level)'이라 한다. 보통 'alpha level = .05', 또는 'alpha level = .01' 등으로 표기된다. 예를 들어, 유의 수준 .05는 100번 중 최소 95번 이상은 올바르게 영가설을 기각하지만, 영가설을 잘못 기각하는 오류는 5번 미만으로 오류의 정도를 통제한다는 것을 의미한다. 수집된 데이터를 대상으로 통계 분석을 수행한 결과, 연구 초기에 설정한 오류의 허용치가 5% 이내에서 잘 통제되었는지에 대한 결과는 유의 확률(p-value), 즉 $p < .05$ 또는 $p > .05$로 표시된다.

한편, 유의 수준은 알파 수준(alpha-level)이라고도 하는데, 이는 영가설(Ho)을 기각하기 위한 기준점으로도 사용된다. 하지만 이 기준점은 단방향 검증(one-tail test) 또는 양방향 검증(two-tail test)에 따라 달라진다. 예를 들어, 유의 수준을 .05로 설정하였다고 가정해 보자. 양방향 검증의 경우에는 <그림 5-1>의 그래프와 같이 유의 수준을 반으로 나누어서, 즉 .025를 아래쪽과 위쪽에 할애한다. 하지만 단방향 검증의 경우에는 <그림 5-2>와 같이 *upper-tail* 검증의 경우에는 위쪽에, 그리고 *lower-tail* 검증의 경우에는 아래쪽에 .05 모두를 할애한다. 따라서 <그림 5-1>과 <그림 5-2>의 그래프에서 보듯이, 양방향의 영역은 단방향의 영역과 비교해 볼 때 그 범위가 더 작다. Ho 가설을 기각하기 위한 영역의 크기 측면에서 본다면, 양방향 검정의 영역은 단방향 영역에 비해서 더 작기 때문에 영가설을 기각하기가 더 어렵다는 것을 의미한다.

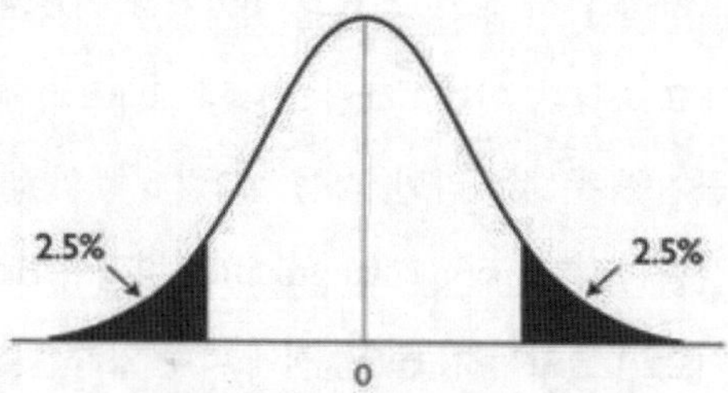

<그림 5-1> 양방향 검증의 Ho 기각 영역

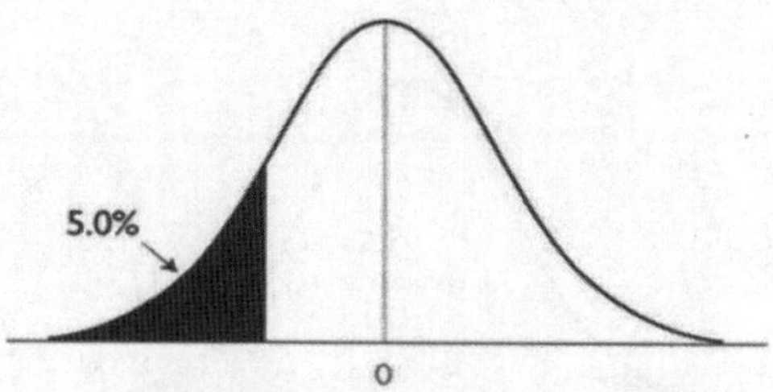

<그림 5-2> 단방향 검증의 Ho 기각 영역

위의 그림에서 보듯이, 양방향 검증과 단방향 검증의 유의 수준에 따라 Ho을 기각하기 위해 설정된 범위의 크기가 서로 다르다는 것을 알 수 있다. 즉, 단방향 검증의 영역이 양방향 검증의 영역보다 더 넓기 때문에 그만큼 영가설을 기각할 수 있는 확률은 양방향 검증에 비해서 더 높다고 볼 수 있다. 통계적 용어를 빌려 다시 표현하면, 양방향 검증이 단방향 검증에 비해서 영역이 작아서 그만큼 영가설을 기각할 수 있는 확률은 적어서 통계 분석에서 더 엄격하다고 할 수 있다. 더

엄격한 통계 분석 환경에서도(예를 들어, 단방향 검정보다 양방향 검정을 통해서) 영가설을 기각했다면, 그 분석 결과에 대해서 더 높은 신뢰를 둘 수 있다.

앞서 언급한 바와 같이, 유의 수준은 영가설을 기각하기 위한 기준점 역할을 한다고 하였다. 아래 <그림 5-3>의 그래프가 통제 집단(control group)에 근거를 둔 것이라면, 다음 <그림 5-4>와 같이 통제 집단과 비교되는 실험 집단(experimental group)의 평균이 Ho 기각 기준점을 넘었는지, 아니면 넘어서지 못했는지에 따라 영가설을 기각할 수도 있고 아니면 수용할 수 있게 된다. 즉, 유의 수준이 영가설을 기각하기 위한 기준점이 된다.

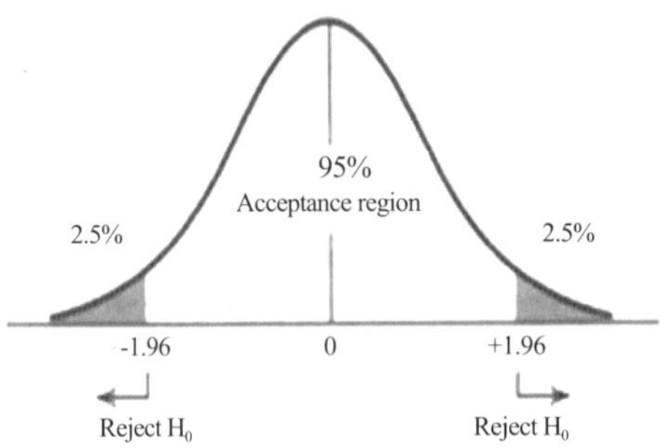

<그림 5-3> 양방향 검증의 영가설 기각 기준점

위의 <그림 5-3>은 양방향 검증에서 설정된 영가설 기각 기준점을 보여준다. 모집단에 속한 모든 학습자들이 보여준 데이터를 근거로 분포도를 만들어 보면 정상 분포도(normal distribution)가 만들어진다. 정상 분포도의 경우, 양방향 검증에서 영가설을 기각하기 위한 기준점은 양(+)의 방향으로는 +1.96, 음(-)의 방향으로는 -1.96이 된다. 즉, 비교

되는 실험 집단의 평균이 이들 기각 기준점을 넘어 위치한다고 가정할 때 두 집단 간에 의미 있는 차이가 있다고 주장할 수 있다. 하지만 실험 집단의 평균점이 이 기각점을 넘지 못할 경우에는 두 집단 간에 의미 있는 차이가 있다고 주장할 수 없다. 예를 들어, 아래 <그림 5-4>에서 보듯이, 통제 집단의 평균이 100이고, 실험 집단의 평균이 104 또는 105라 할 때, 그리고 양방향 검증을 한다고 할 때 이들 두 집단 간에는 의미 있는 차이가 있는가?

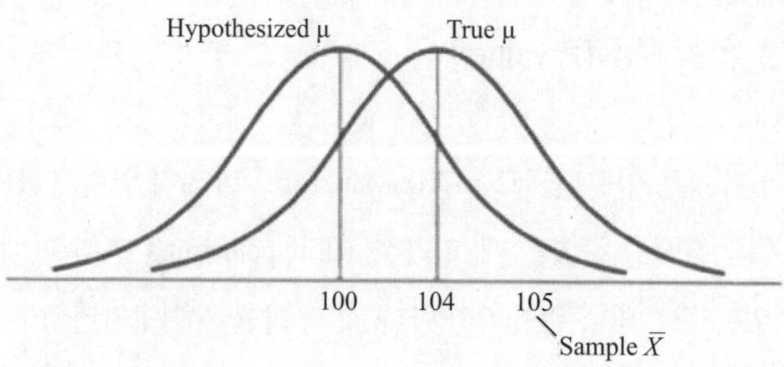

<그림 5-4> 통제집단과 실험집단 간의 평균 비교

양방향 검증을 할 경우, 음(-)의 방향과 양(+)의 방향 모두를 검증하기 때문에 통제 집단과 실험 집단 간의 의미 있는 차이는 2가지 가능성에서 검토될 수 있다. 즉, 실험 집단의 평균이 통제 집단의 평균과 비교하여 너무 낮게 나와 차이가 있을 수 있고(예를 들어, -1.96 기각점을 넘어 감), 또는 너무 높게 나와 차이가 있을 수 있다(예를 들어, +1.96 기각점을 넘어 감). 따라서 위 <그림 5-4>에서 보듯이, 통제 집단과 실험 집단의 데이터가 정상 분포도로 나타난다고 가정할 때 실험 집단의 평균인 105점이 영가설의 기각 기준점인 +/- 1.96을 넘어서 나타나는

지, 아니면 넘지 못하는지에 따라 두 집단의 의미 있는 차이 여부가 결정된다. 한편, 단방향 검증의 경우, *upper-tail* 검증의 경우에 영가설 기각 기준점은 +1.645, *lower-tail* 검증의 경우에 영가설의 기각 기준점은 -1.645가 된다. 따라서 이들 기준점들을 살펴보더라도, 양방향 검증이 단방향 검증에 비해서 영가설을 기각하기가 더 어렵다는 것을 알 수 있다. 따라서 양방향 검증이 단방향 검증보다 더 엄격하기 때문에, 일반적으로 연구자는 통계 분석을 위해서 양방향 검증을 택한다.

5.3.3 유의 확률(P-value)

유의 확률은 일반적으로 p-값(p-value)으로 알려져 있다. 이는 연구자가 통계 분석을 하였을 때, 영가설(null hypothesis)을 기각할 때 발생할 수 있는 오류의 수준을 의미한다. 유의 확률은 연구자가 연구 초에 설정한 유의 수준(alpha-level)에 따라 결정된다. 만약에 연구자가 오류의 통제 범위를 5% 이내에서 통제하고자 하는 의도에서 유의 수준을 .05로 설정했다면, 통계 분석의 결과에 따라 실제 오류가 5% 이내에서 통제되었는지에 대한 그 결과를 유의 확률로 보여준다. 따라서 유의 확률은 유의 수준과 비교하여 영가설의 채택과 기각 여부에 대한 결정을 내리게 되는 중요한 수치가 된다.

만약, 유의 확률이 유의 수준보다 크게 나왔다면, 이는 영가설을 기각할 오류가 허용 범위(즉, 유의 수준)를 넘어서기 때문에 영가설을 기각할 수 없다. 예를 들어, 연구자가 유의 수준을 .05로 설정했는데, 통계 분석의 결과에 따라 유의 확률이 'p = .062'로 나왔다고 가정해 보자. 이는 100번 중 6.2번 정도 오류가 나타난 것으로 연구 초에 설정한

5% 이내의 오류 수준을 넘어서는 것이어서 영가설을 기각할 수 없는 통계적 결정을 하게 된다.

유의 확률과 영가설의 기각 여부를 정리하여 제시하면 다음과 같다.

- 영가설 기각 : $p < .05$, $p < .001$ ....
- 영가설의 기각 실패 : $p > .05$, $p > .001$ ....

5.3.4 자유도(Degree of Freedom)

표본을 대상으로 수집된 데이터를 대상으로 통계 분석을 할 경우, 연구에 참여한 학습자의 수를 기준으로 자유도(degree of freedom)를 계산하게 된다. 학습자들이 받은 원점수(raw score)와 평균 간의 차이를 편차(deviation)라 하는데, 이들 편차의 합은 0이 된다. 그런데, 자유도는 편차의 합인 0을 만족시키면서 자유롭게 어떤 값을 취할 수 있는 학습자가 받은 원점수의 수, 즉 사례 수를 의미한다. 따라서 자유도를 계산하기 위한 공식은 "사례 수 - 1"이 된다.

예를 들어, 2, 3, 4, 5, 6, 7, 8 과 같이 7개의 원점수가 있다고 가정할 때 평균은 5가 된다. 각 원점수와 평균 5간의 차이를 편차라 하며, 이들 편차의 합은 0이 되며, 자유도는 "7-1 = 6"이 된다. 즉, 편차 합인 0을 위해서 7개의 사례 수에서 6개는 어떤 점수라도 취할 수 있는 자유가 있지만, 나머지 1개의 점수는 편차의 합 0을 만들기 위해서는 자유롭지 않고, 6개의 점수에 따라 자신이 취할 수 있는 점수가 결정된다. 요즘 통계 분석을 위해 많이 사용하는 SPSS와 같은 통계 프로그램은 자동으로 자유도를 계산해 준다. 연구자는 자유도를 검증함으로써 통계 분석이 올바르게 수행되었는지를 다시 확인할 수 있는 방법이 되기도 한다.

5.3.5 결정값과 관찰값

통계 분석을 하는 과정 중에서 연구자가 인지해야 할 수치에는 결정값(critical value)과 관찰값(observed value)이 있다. 앞서 유의 수준은 영가설을 기각하기 위한 기준점을 설정한다고 하였다. 물론, 이 수치는 통계 분석의 유형에 따라, 그리고 실험에 참여한 학습자들의 수, 즉 자유도에 따라 달라진다. 앞서 5.3.1에서 보듯이, 모집단을 대상으로 하는 정상 분포도에서 양방향 검증을 할 경우, +/-1.96이 영가설을 기각할 수 있는 기준점이 되는데, 이 수치들을 '결정값'이라고 한다. 즉, 영가설을 기각하기 위해서는 실험 집단의 평균이 양(+) 방향이든 음(-) 방향이든 간에 이 결정값보다 더 크게 나와야 한다.

결정값은 각 통계 분석에서 제공하는 일종의 표(table)에서 유의 수준 및 자유도를 고려하며 찾을 수 있다. 설사 같은 통계 분석을 사용하더라도 실험에 참여하는 학습자의 수에 따라 자유도가 달라지면서 결정값도 달라진다. 한편, 연구자는 실험집단의 실제 데이터를 근거로 관찰값을 계산하게 된다. 앞서 제시한 <그림 5-4>에서 보듯이, 실험 집단의 평균 105점이 결정값을 초과하는지 그 여부에 따라 실험 집단과 통제 집단 간에 의미 있는 차이가 있는지 그 여부를 결정하게 된다. 이 경우 실험 집단의 평균 105점에 해당되는 관찰값을 계산하고, 이 수치가 결정값(예를 들면, +/-1.96)보다 큰지, 아니면 작은지를 비교하게 된다. 일반적으로 관찰값은 통계 프로그램이 자동으로 계산해 주기 때문에 연구자가 공식을 이용하여 따로 이를 계산할 필요는 없다. 예를 들어, 통계분석 유형에 따라 실제 데이터를 근거로 해서 *t*-값, *F*-값, 또는 *r*-값 등을 계산해 주는데, 이들 수치들은 관찰값으로 불린다.

한편, 영가설의 기각 여부는 관찰값과 결정값을 비교함으로써 다음과 같은 통계적 결정을 할 수 있다.

- 영가설 기각
  결정값 < 관찰값 ; p < .05, p < .001 ....
- 영가설의 기각 실패
  결정값 > 관찰값 ; p > .05, p > .001

5.4 통계 가설의 수용과 기각

연구를 수행하면서 연구자는 모집단(population)의 특성을 추론하기 위한 방편으로 표본(sample)을 추출한다. 따라서 연구 가설은 표본의 특성에 관한 것이 아니고, 모집단의 특성에 대해 가설을 설정하는 것이기 때문에 통계적 가설은 모집단의 평균 의미를 나타내는 'μ'를 사용한다. 연구자는 모집단을 대표할 수 있는 표본을 추출하여 연구를 수행하지만, 항상 오류가 존재할 수 있다는 것을 인정해야 한다. 다만, 연구를 시작하기 전에 연구자는 오차의 허용 범위를 설정하게 된다. 이를 유의 수준(a-level)이라 하며, 이 범위 내에서 오차를 엄격하게 통제하게 된다. 이러한 점 때문에 모집단 특성에 대해 설정된 가설이 확실하게(100%) 맞다 또는 맞지 않다 등의 의사 결정은 할 수 없다. 대신, 연구자는 통계 분석의 결과에 따라 가설의 수용 및 기각을 위해서 확률을 사용한다. 즉, 이 가설의 수용 및 기각에 대한 결정이 올바르게 내려진 확률이 어느 정도인지를 유의 확률(p-value)을 사용하여 제시한다. 예를 들어, $p < .05$로 나타났다면, 오류가 유의 수준 5% 내에서 잘 통제되었다는 것을 의미한다. 이는 최소한 통계 가설의 수용 및 기각에 대한 결정이 95% 이상 신뢰할 수 있다는 것을 의미한다.

통계 분석의 결과, 통계 가설의 수용 및 기각은 영가설을 기준으로 하여 이를 기각(reject) 할 것인지, 아니면 수용(accept)할 것인지에 대한 의사결정을 하게 된다. 앞서 언급한 바와 같이, 영가설과 대체가설은 상호 배타적이기 때문에, 영가설이 기각되면 대체가설은 수용되어 처치의 효과가 있다는 것을 의미한다. 한편, 영가설이 수용되면, 자동적으로 대체가설은 기각되어 처치의 효과가 없다는 것을 의미한다. 그렇다면 영가설은 어느 상황에서 기각되는가?

앞서 유의 수준은 영가설을 기각하기 위한 기준점으로 사용된다고 하였다. 따라서 <그림 5-4>에서 보는 바와 같이, 양의 방향이든, 아니면 음의 방향이든 기각 기준점을 넘어서야 영가설을 기각할 수 있기 때문에 분포도 상으로 보면 매우 낮은 확률로 나타난다. 즉, 영가설의 기각 기준점을 초월하는 상황은 확률적으로 매우 낮아서 드물게 나타나는 상황이다. 그럼에도 불구하고, 기각 기준점을 넘어서는 상황이 나타난 것은 우연의 일치라기보다는 처치의 효과로 인해서 나타난 것으로 인식되어 영가설을 기각할 수 있다.

한 예를 들어, 다음과 같은 연구를 수행한다고 가정하고, 통계 가설을 수용하고 기각하는 과정을 제시해 보면 다음과 같다.

[연구 맥락]
컴퓨터를 활용한 언어학습이 학습자들의 영어 읽기 능력에 어떤 영향을 미치는지를 알아보는 연구를 수행하고자 한다. 무선 할당의 방식으로 통제 집단에 36명, 실험 집단에 36명의 학습자를 배정하고, 영어 읽기 능력에 대한 사전 검사를 실시하였다. 그 후 10주 동안 실험 집단은 컴퓨터를 활용한 영어 읽기수업이 진행되었고, 통제 집단은 기존의 전통적인 영어 읽기방식의 수업이 진행되었다. 10주 동안의 수업이 진행된 후, 두 집단에 대해서 사후 검사가 실시되었다. 사후 검사 결과를 가지고, 두 집단 간에 의미 있는 차이가 있는지를 알아보았다.

위 연구 맥락에 근거해서 연구자는 먼저, 통계 가설을 설정하고, 유의수준을 정하고, 통계분석 후 결정값과 관측값을 찾아 서로 비교하는 절차를 밟는다. 이 과정을 표로 정리해서 제시하면 다음과 같다.

<표 5-2> 통계 가설 검증을 위한 단계 설명

필요 정보	단계 설명
1. 연구 문제	컴퓨터 활용 영어 읽기수업은 학습자들의 영어 읽기 능력에 어떤 영향을 미치는가?
2. 통계 가설 설정	• Ha : $C\mu \neq E\mu$ • Ho : $C\mu = E\mu$
3. 검증 방향	• 양방향 검증(two-tail test) • 실험 집단의 평균이 통제 집단에 비해서 너무 높아서, 또는 너무 낮아서 서로 차이가 있는 것으로서 양의 방향과 음의 방향 모두를 검증함.
4. 유의 수준 결정	• $a = .05$ • 5% 이내에서 오차를 허용하고 통제함. • 통계적 결정은 최소 95% 이상 신뢰할 수 있어야 한다는 것을 의미함.
5. 학습자 수(N)	통제 집단 36명 + 실험 집단 36명 = 72명

6. 자유도(*df*)	• (36-1) + (36-1) = 70 • 실험 집단과 통제 집단은 서로 독립적인 집단이기 때문에 각 집단의 학생수에서 -1 한 후 합 함.
7. 통계 분석 유형	독립 t -검정
8. 결정값	t_{crit} = 1.990
9. 관찰값	t_{obs} = 3.452
10. Ho 기각 여부	• 관찰값 > 결정값; $p < .05$ • Ho 기각; Ha 수용 • 우연적으로 실험 집단이 통제 집단에 비해서 효과가 더 높게 나올 수 있는 확률은 5% 미만이기 때문에 Ho 가설을 기각하는데 결정에 대해서 최소 95% 이상의 신뢰도가 있음.

위 표의 결과와 같이, 영가설을 기각할 경우 연구자는 다음 사항에 대해 주의할 필요가 있다. 수집된 데이터를 대상으로 통계 분석을 하게 되면, 통계 가설, 즉 영가설과 대체가설의 수용 또는 기각 여부를 결정하게 된다. 통계 분석의 결과는 통계 가설의 기각 또는 수용 여부에 대한 통계적 결정에 대한 정보만을 알려줄 뿐이다. 만약 집단 간에 의미 있는 차이가 발견되어 영가설이 기각되었다면, 물론 이 결과는 독립 변인의 영향에 의해서 의미 있는 차이가 나타난 것으로 해석될 수 있다. 하지만 독립 변인이 아닌 다른 요인이 영향을 미쳤을 가능성을 전혀 배제할 수는 없다. 반대로 두 집단 간에 의미 있는 차이가 발견되지 않아서 영가설이 채택되었다고 해서 독립 변인의 효과가 전혀 없었던 것으로 생각할 수 없다.

한편, 통계 분석의 결과를 해석할 때, 연구자는 '유의성(significance)'과 '유의미성(meaningfulness)'을 구분할 필요가 있다. 예를 들어, 위 연구 맥락에서 $t_{obs} = 3.452 > t_{crit} = 1.990$, $p < .05$로 나타나서 영가설을 기각하였다. 이 결과는 독립 변인과 종속 변인 간의 관계가 우연의 일치로 발생한 것이 아니라 독립 변인의 효과로 인해서 나타났다는 것을 연구자가 최소 95% 이상 확신하는 것인데, 이를 통계적으로 유의성(significance) 있는 차이가 있다고 해석한다.

그런데, 이러한 유의성이 항상 유의미성을 의미하지는 않는다. 유의미성의 예는 주로 상관관계 분석(correlation analysis)의 결과를 해석할 때 분명해 진다. 예를 들어, $r_{obs} = .30$, $p < .05$ 로서 유의한 상관관계가 나타났다고 가정해 보자. 이 경우, 두 변인의 서로 공유하는 공분산은 r^2 이므로, $(.30)^2 = .09$, 즉 9%가 된다. 두 변인 간의 유의한(significant) 상관관계가 우연하게 일어나지 않은 확률이 최소 95% 이상인 것은 확실하지만, 두 변인이 공유하는 공분산은 겨우 9%에 불과하다. 이는 두 변인 사이의 91% 이상이 서로 공유하지 않기 때문에, 이 경우 *유의한* 상관관계가 있지만 *유의미*한 상관관계가 있다고는 주장하기 어렵다.

유의성과 유의미성은 서로 분리된 개념이다. 통계 분석에서는 먼저 유의성이 있는지를 확인해야 한다. 그래야 영가설의 기각이 우연하게 일어나지 않았다는 것을 먼저 주장할 수 있기 때문이다. 하지만 앞서 언급한 바와 같이, 유의한 통계 결과가 항상 유의미성을 갖는 것은 아니다. 즉, 연구자 또는 독자는 통계적으로 유의하게 나온 연구 결과를 너무 과도하게 유의미성이 있는 것으로 해석하지 않도록 조심해야 한다.

2부

통계 분석의 실제

6장
데이터 분포도와 표준 점수

6.1 인간 행동의 특성과 데이터 분포도

외국어 교육 분야에서의 연구는 학습자의 행동이나 특성이 어떻게 나타나는가를 조사하고, 그 결과를 보여주는 것이라 할 수 있다. 이때 연구자는 학습자 개개인의 행동이나 특성이 어떻게 나타나는가에 초점을 맞추어 이들 특성들을 보여줄 수 있지만, 대부분의 경우에는 일련의 학습자들이 보여주는 공통적인 행동의 패턴 또는 특성이 어떻게 나타나는가에 초점을 맞춘다. 연구자는 학습자의 행동이나 특성을 보여주기 위해서 그래프 등을 이용하여 시각적으로 정보를 제시할 수 있지만, 또 다른 방법은 통계 수치 등을 이용하여 정보를 제시하는 방법이 있다.

6.1.1 빈도와 빈도 표

빈도(frequency)는 특정 행위나 특성이 얼마나 빈번하게 발생하였는가를 보여준다. 예를 들어, 기말 시험에서 90점 이상 점수를 획득한 학생들은 몇 명인가? 또는 설문 조사에서 영어학습에 대한 태도가 "매우 긍정적이다"라고 답한 학생들은 몇 명인가? 등과 같은 질문은 빈도를 통해서 그 결과를 제시할 수 있다. 다음 <표 6-1>은 16명의 학습자들이 기말고사를 치룬 후, 그들의 점수에 따라 빈도 표(frequency table)를 작성한 예를 보여준다(Brown, 2005, p. 90).

<표 6-1> 학생 점수에 대한 빈도 조사 결과표 예시

학습자 이름	점수	탤리(Tally)	빈도
Shenan	77	/	1
Robert	75	/	1
Randy	72	//	2
Mitsuko	72		
Millie	70	//	2
Kimi	70		
Kazumoto	69	////	4
Kako	69		
Jolly	69		
Jeanne	69		
Issaku	68	//	2
Iliana	68		
Dean	67	/	1
Corky	64	//	2
Bill	64		
Archie	61	/	1

위 <표 6-1>의 결과에 근거하여, 빈도 표를 다시 작성해 보면 다음 <표 6-2>와 같다. <표 6-2>에서는 실제 학생들이 획득한 각 점수에 대한 빈도와 함께 누적 빈도 및 누적 확률에 대한 정보가 추가되어 표가 작성되었다.

<표 6-2> 빈도 분포도 예시

학생 점수	빈도	누적 빈도	누적 비율
77	1	16	100%
75	1	15	94%
72	2	14	88%
70	2	12	75%
69	4	10	63%
68	2	6	38%
67	1	4	25%
64	2	3	19%
61	1	1	6%

한편, 다음 <표 6-3>은 앞서 제시한 <표 6-1>과 <표 6-2>를 단순화시켜서 빈도 표를 작성한 예이다. 즉, 학습자들이 받은 각각의 점수에 근거하여 표를 만들기보다는 점수 간격(interval)을 만들어, 그 간격 안에 몇 명의 학습자들이 있는지를 좀 더 단순한 형식으로 표를 만들 수 있다. 한 예를 제시하면 다음과 같다.

<표 6-3> 집단 빈도 분포도 예시

점수 간격	빈도	누적 빈도	누적 비율
76-80	1	16	100%
71-75	3	15	94%
66-70	9	12	75%
61-65	3	3	19%

이러한 빈도 표는 특정 정보를 매우 단순하고 분명하게 제시하는 이점이 있기 때문에, 실제 연구에서 설문 조사 또는 실험 결과를 제시할 때 매우 유익하게 잘 사용된다. 또한, 정보를 보다 시각적으로 보여주기 위해서 빈도 표 이외에 그래프 또는 챠트 등의 형식으로 제시되기도 한다. 그래프나 챠트 등의 방법은 자료 분포의 특성을 시각적으로 파악하는데 도움이 된다. 시각적으로 자료의 정보를 제시하는 방법에는 *histogram, bar graph, frequency polygon* 등이 있다. 이들의 예를 제시하면 다음과 같다(Brown, 2005, pp. 92-93).

a. Histogram

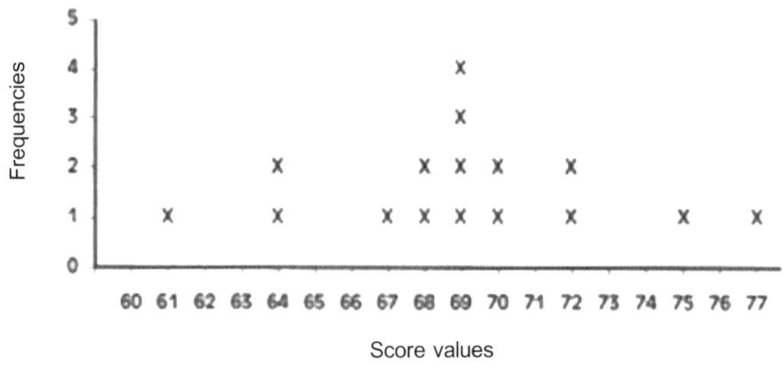

<그림 6-1> Histogram에 의한 데이터 분포도

b. Bar graph

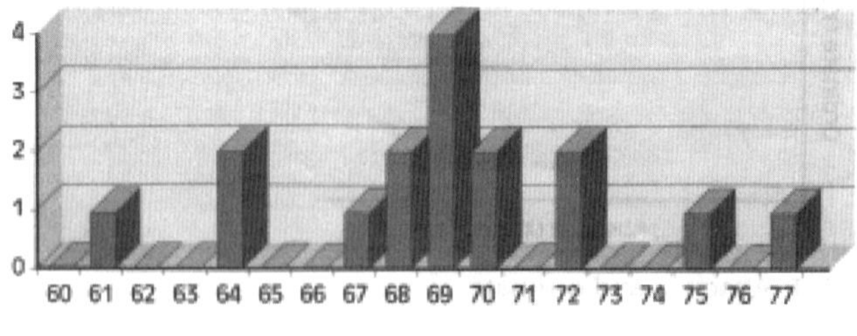

<그림 6-2> Bar graph에 의한 데이터 분포도

c. Frequency polygon

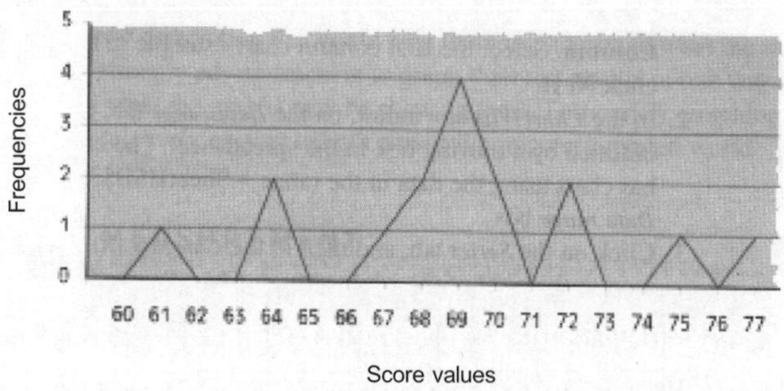

<그림 6-3> Frequency polygon에 의한 데이터 분포도

6.1.2 집중 경향성(Central Tendency)

앞서 제시한 그래프 등은 시각적으로 데이터의 분포도를 확인하는데 효과적이다. 하지만 학습자들의 시험 성적 등과 같은 간격 척도(interval scale) 유형의 데이터는 수치를 이용하여 기술 통계값을 제시하면 데이터의 특성과 분포 정도를 보다 명확하게 파악할 수 있다. 본 장에서는 집중 경향성(central tendency)에서 가장 중요하게 다뤄지는 평균(mean)과 표준편차(standard deviation)를 중심으로 논의해 보고자 한다.

1) 평균

평균(mean)은 집중 경향성의 가장 대표적인 예이다. 예를 들어, 100명의 학생이 시험을 보았다면, 평균값을 중심으로 가장 많은 학생들의 점수가 몰려 있다는 것을 알려준다. 평균을 구하는 공식은 아래 공식에서 본 바와 같이, 수집된 학습자들의 모든 점수를 더한 후, 학습자들의 수로 나누면 된다.

$$\overline{X} = \frac{\Sigma X}{N}$$

2) 표준편차(standard deviation)

각각의 학습자 점수가 평균으로부터 얼마나 떨어져 있는가를 보여주는 것을 편차(deviation)라 한다. <표 6-4>에서 보는 바와 같이, X-$\overline{X}$에 의해서 얻어진 각각의 값을 편차라 할 수 있다. 이 값은 또한 각각의 점수가 얼마나 다양하게 분포되어 나타나는가를 보여주기도 한다. 하지만 표준편차는 모든 데이터가 평균으로부터 얼마나 많이 떨어져 있는가를 보여주는 단일 수치이면서 표준화된 수치로 이해된다. 표준편차를 계산하는 절차와 공식은 다음 아래와 같다.

<표 6-4> 표준편차를 계산하는 절차

학습자 이름	점수(X)	평균($\overline{X}$)	X-$\overline{X}$	$(X-\overline{X})^2$
Shenan	77	69	8	64
Robert	75	69	6	36
Randy	72	69	3	9
Mitsuko	72	69	3	9
Millie	70	69	1	1
Kimi	70	69	1	1
Kazumoto	69	69	0	0
Kako	69	69	0	0
Jolly	69	69	0	0
Jeanne	69	69	0	0
Issaku	68	69	-1	1

Iliana	68	69	-1	1
Dean	67	69	-2	4
Corky	64	69	-5	25
Bill	64	69	-5	25
Archie	61	69	-8	64
			$\Sigma(X-\bar{X})=0$	$\Sigma(X-\bar{X})^2=240$

$$s = \sqrt{\frac{\sum(X-\overline{X})^2}{N}} = \sqrt{\frac{240}{16}} = \sqrt{15} = 3.87$$

표준편차는 각각의 데이터가 평균으로부터 멀어져 있는가를 보여주는 모든 편차 값을 더한 후 평균을 계산한 표준화된 값이기 때문에 한 두 개 정도의 극단적인 값(예를 들어, outlier) 등에 의해서 영향을 적게 받는 다소 안정된 수치라 할 수 있다. 일반적으로 데이터 분석 후, 기술 통계 값을 제시할 때 평균과 함께 표준편차를 같이 제시하는 경우가 많다. 그리고 정상 분포도(normal distribution)를 가정할 때, 표준편차는 전체적으로는 6개 구간으로 나타나는데, 평균을 중심으로 위 3구간, 그리고 평균 아래로 3구간으로 나타난다. 하지만, 분포도에서 평균이 같다 할지라도 표준편차의 크기에 따라 데이터의 분포는 다소 다르게 나타날 수 있는데, 그 예를 제시하면 다음 <그림 6-4>와 같다.

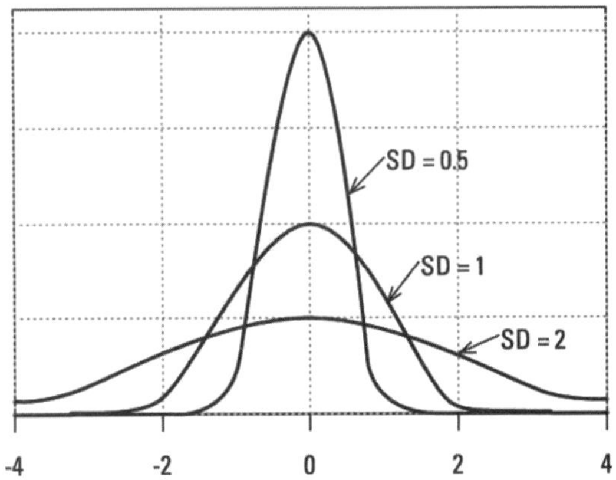

<그림 6-4> 데이터 분포도에서 표준편차의 의미

위 <그림 6-4>에서 3개의 데이터 분포도를 보여주는데, 평균이 같은 상태에서 표준편차가 크면 클수록 데이터의 분포가 매우 넓게 나타나는 것을 알 수 있고, 표준편차가 적으면 적을수록 데이터의 분포가 매우 좁게 분포되는 것을 알 수 있다. 따라서 일종의 데이터 질(quality) 측면에서 본다면 데이터가 평균을 중심으로 집중적으로 나타나는, 즉 표준편차가 적어서 데이터의 전체적인 분포가 좁게 나타나는 것이 좋다고 볼 수 있다.

6.2 정상 분포도

정상 분포도(normal distribution)는 많은 양의 양적 통계 기법을 사용할 때, 인간 행동의 패턴 또는 데이터가 보여주는 어떤 양상이 어떻게 나타나는가를 그래프로 보여주는 가장 일반적인 방법이다. 수집된 데이터의 기본 패턴이 정상 분포도로 나타날 때, 그리고 특정 사건 또는 인간의 행동을 보여주는 특정 데이터가 어떤 비율로 나타날 것인지를 보여주기 위해 확률(probability)의 개념이 사용된다.

6.2.1 정상 분포도의 특징

실제 데이터를 수집하였을 때 그 데이터들이 완벽한 정상(또는 정규) 분포도를 이루는 경우는 드물 것이다. 하지만 많은 양의 데이터들이 수집되었을 때 일반적으로 정상 분포도에 가까운 패턴을 보이게 된다. 정상 분포도에서 가장 중요한 수치는 앞서 언급한 바와 같이 평균과 표준편차이다. 정상 분포도의 가장 중심에 위치한 수치는 평균이 되며, 평균을 중심으로 위로 3개의 표준편차, 그리고 평균 아래로 3개의 표준편차 구간이 만들어진다. 무엇보다도 정상 분포도는 평균을 중심으로 데이터의 분포가 상호 대칭적(symmetry)으로 나타나는 특징이 있다. 아래 <그림 6-5>에 근거하여 정상 분포도의 특징에 대해서 좀 더 구체적으로 살펴보면 다음과 같다.

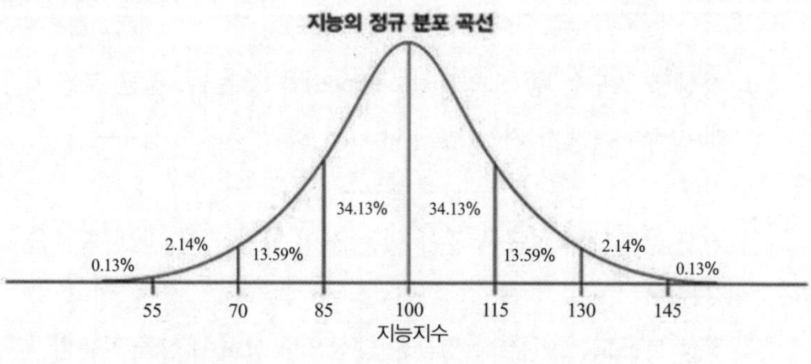

<그림 6-5> 정상 분포도의 예

<그림 6-5>는 인간의 지능검사 결과에 따라 그 데이터를 근거로 분포도를 만든 경우인데, 평균은 100점, 표준편차는 15점으로 나타났다. 평균에서 +1 표준편차에 해당되는 점수는 115점, +2 표준편차는 130점, +3 표준편차는 145점이다. 그렇다면, 평균에서 +1 표준편차 사이, 즉 100점에서 115점 사이에 위치할 학습자는 얼마나 될 것인가?

정상 분포도를 가정할 경우, 앞서 언급한 확률의 용어를 빌려서 100점에서 115점 사이에 위치할 학습자들은 대략 전체 학습자 중의 34%, 115점에서 130점 사이에 위치할 학습자들은 대략 14%, 그리고 130점에서 145점 사이에 위치할 학습자는 대략 2%가 된다. 위 분포도의 경우, 학습자들은 55점(-3 표준편차)에서 145점(+3 표준편차) 사이에 학습자들의 지능 점수가 분포하고 있다는 것을 보여준다. 예를 들어, 평균은 똑같은데 표준편차가 10이라고 가정한다면 분포도 모양은 어떻게 나타나는가? 학습자들은 점수는 70점(-3 표준편차)에서 130점(+3 표준편차) 사이에 분포하게 된다. 즉, 표준편차가 적을수록 학습자들의 점수가 넓게 분포되지 않고 좁은 범위 내에서 분포할 수 있다는 것을 의미한다.

정상 분포도가 갖는 특징을 정리하여 제시하면 다음과 같다.

① 정상 분포도는 종 모양(bell-shaped)을 갖는다. 평균 부분에 데이터의 분포가 가장 높게 나오고, 양 방향으로 갈수록 낮아진다.
② 정상 분포도의 평균 부분에 있는 값이 가장 높은 발생 확률을 갖는다.
③ 정상 분포도는 이론 상 평균을 중심으로 상하 대칭을 이룬다.
④ 정상 분포도에서는 대부분의 데이터들이 $\overline{X} \pm 3s$ 안에 위치한

다. 예외적으로 너무 높거나 낮은 데이터가 있을 수 있지만, 그 발생 비율은 매우 낮다.

6.2.2 백분율과 백분위

일반적으로 상당히 많은 수의 학습자들이 개입되어 있을 때 정상 분포도가 만들어진다. 정상 분포도가 가정되면, 백분율(percentage)과 백분위(percentile) 산출이 가능해진다. 백분율은 특정 구간에 몇 %의 데이터(또는 학습자 수)가 위치하고 있는가를 보여준다. 예를 들어, 평균을 중심으로 ± 1 표준편차 구간에는 몇 %의 학습자들이 위치하고 있는가에 대한 질문에 답할 수 있는 수치가 백분율이다. 중요한 점은 정상 분포도일 경우에 백분율 및 백분위에 대해서 언급이 가능하다는 점이다. 따라서 앞서 제시한 <그림 6-5>에 근거하여 백분율과 관련하여 다음과 같은 질문들이 가능하다(Brown, 1988, p. 84).

① 평균보다 낮은 점수를 받은 학생들은 몇 %인가?
② 85점과 115점 사이(즉, 평균과 +/-1 SD 사이)에는 몇 %의 학생들이 위치하는가?
③ 평균과 85점(즉, -1 SD) 사이에는 대략 몇 %의 학생들이 위치하는가?
④ 85점(즉, -1 SD) 이하에 위치하는 학생들은 대략 몇 %인가?

한편, 백분위는 특정 점수 아래에 몇 %의 학습자들이 위치하고 있는가를 보여주는 수치이다. 예를 들어, 분포도에서 115점 이하에 위치하고 있는 학습자들은 몇 %인가에 대한 질문에 대해 백분위로 답할 수 있다. 즉, 평균 이하에 위치할 50%와 평균과 +1 표준편차 구간에 위치할 34.13%를 더하면, 총 84.13%의 학습자가가 115점 이하에 위치하고 있다. 따라서 백분위는 특정 점수 또는 그 점수보다 낮은 점수를 받은 학습자들의 총 백분율을 의미한다.

6.3 기울어진 분포도

앞서 제시된 정상 분포도와는 달리, 기울어진 분포도(skewed distribution)가 있는데, 이는 꼬리(tail)가 어느 쪽으로 향하고 있는가에 따라 *positively/negatively skewed* 분포도가 된다. 다음 제시된 <그림 6-6>의 (a) 분포도는 *negatively skewed* 분포도가 되고, <그림 6-7>의 (b)는 *positively skewed* 분포도가 된다.

아래 분포도에서 가장 중요한 수치는 *cut-point*를 어디에 설정하는가 이다. 따라서 *cut-point* 이상은 합격이 될 것이고, 이하는 불합격으로 판정된다. (b)의 분포도는 수업이 시작되기 전에 시험의 결과로 나타나는 분포도이기 때문에 불합격한 학습자가 대부분이지만, (a)의 분포도는 수업이 끝난 후 시험의 결과로 나타나는 분포도이기 때문에 대다수의 학습자들이 합격한 경우라 할 수 있다. 하지만 또 다른 이유 때문에 이러한 분포도가 나올 수 있다. 예를 들어, (a)와 같이 *negatively skewed* 분포도가 나온 이유는 학습의 결과로 학습자들이 높은 성취도를 보였기 때문일 수 있지만, 때로는 시험 문항이 학습자 수준에 비추어 너무 쉬어서 이러한 분포도가 나올 수 있다.

일반적으로 기울어진 분포도는 절대 평가(criterion-referenced test)에서 나타난다. 절대 평가에서는 학습자들이 학습 목표를 어느 정도 성취하였는가를 평가하는데 초점이 맞추어져 있다. 따라서 상대 평가(norm-referenced test)처럼 다른 학습자와 비교할 필요도 없으며, 단지 학습자가 학습 목표를 어느 정도, 즉 몇 % 달성하였는가에 초점이 맞추어진다. 따라서 학습이 시작되기 전에는 (b)와 같이 *positively skewed* 분포도이지만, 학습이 종료된 후에는 (a)와 같이 *negatively skewed* 분포도를 보여준다.

a. Negatively-skewed distribution

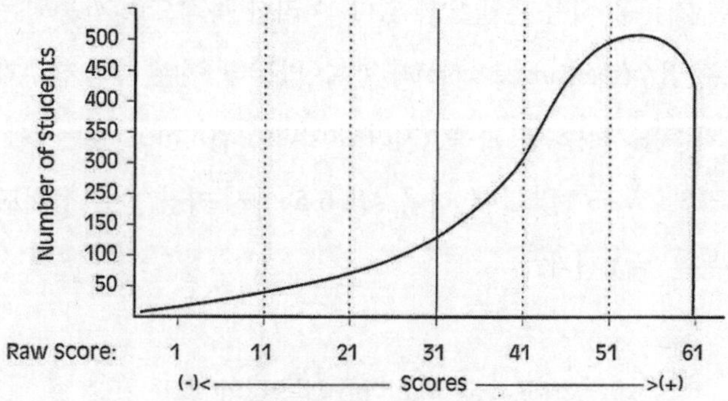

<그림 6-6> Negatively skewed 분포도의 예

b. Positively-skewed distribution

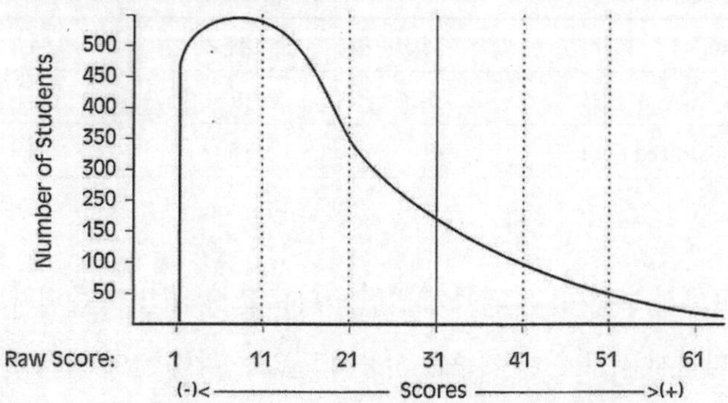

<그림 6-7> Positively skewed 분포도의 예

6.4 표준 점수의 활용

학생들이 시험을 치른 후 받은 점수를 원점수(raw score)라 한다. 그리고 각 문항마다 중요도에 따라 점수에 가중치를 다르게 둔다면, 이를 가중치 점수(weighted score)라 한다. 이들 점수는 동일 과목 내에서는 상호 비교가 가능하지만, 서로 다른 문항 수를 사용하고, 최대 점수도 다른 여러 교과목 간의 비교는 어려워진다. 따라서 서로 다른 만점과 문항수를 사용하고 있는 과목 간에 상호 비교를 하기 위해서는 동일한 기준을 사용할 필요가 있다. 이러한 목적으로 사용되는 점수가 표준 점수(standarized score)라 할 수 있는데, 이는 특정 점수가 서로 다른 기준을 사용하는 과목일지라도 어디에 위치하고 있는지를 알 수 있도록 해준다. 예를 들어, 다음 <표 6-5>에서 가장 높은 성취도를 보인 과목은 무엇인가?

<표 6-5> 서로 다른 과목 간의 비교

Subjects	Sociology (100점 만점)	English (60점 만점)	Math (80점 만점)
Raw score	80	50	70
Mean	75	47	64
SD	5	6	3
Standardized Score	+1	+.50	+2

위 표에서 보듯이, 각 과목의 만점도 다르고, 평균 및 표준편차도 다르다. 따라서 서로 다른 기준을 사용하고 있는 과목 간에 비교가 가능하려면 동일 기준을 사용하는 표준 점수를 사용해야 한다. 즉, 학습자

들이 받은 원점수를 표준 점수로 변환해야 한다. 표준 점수에는 여러 유형이 있지만, 먼저 *z-score*에 대해서 알아보고자 한다. 원점수를 *z-score*로 변환하는 공식은 다음과 같다.

$$z = \frac{X - \overline{X}}{S} \quad (\text{영어의 예 : } \frac{80 - 75}{5} = +1)$$

위 공식을 사용하여 <표 6-5>에서 제시된 각 과목의 성취도를 비교해 보면, 사회 과목의 표준 점수는 +1, 영어 과목의 표준 점수는 +.5, 그리고 수학 과목의 표준 점수는 +2로 나타나서 수학 과목에서 가장 높은 성취도를 보였다는 것을 알 수 있다. 표준 점수의 유형에는 여러 가지가 있는데, 이를 제시해 보면 다음 <그림 6-8>과 같다

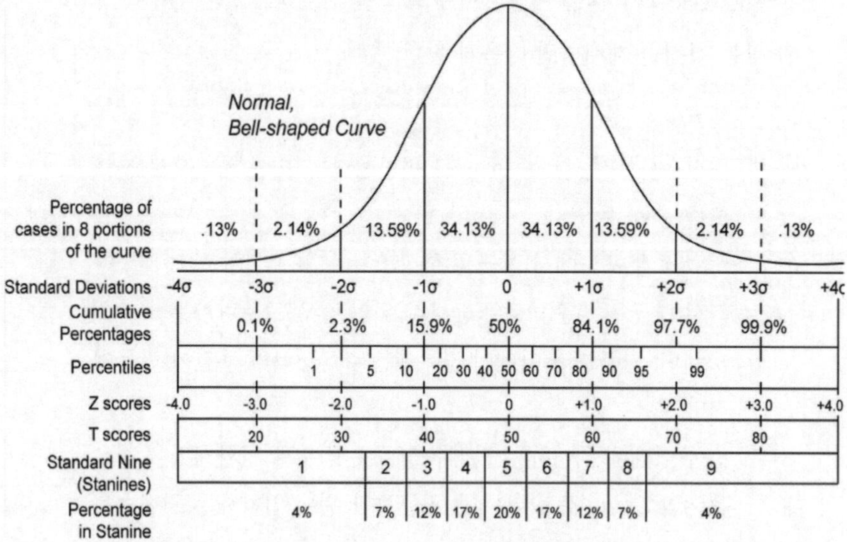

<그림 6-8> 표준 점수 분포도의 예

앞에서 제시한 <그림 6-8>에 의하면, 학습자들이 받은 각각의 원점수는 표준 점수 변환 공식을 이용하여 *z-score*라는 표준 점수로 변환시킬 수 있다. 또한, 표준 점수의 한 유형인 T 점수는 다음과 같은 공식을 이용하여 변환할 수 있다.

$$T = 10z + 50$$

그리고 학습자들이 받은 원점수를 가지고 분포도를 만들 듯이, 원점수에서 변환된 표준 점수를 가지고 표준 점수 분포도를 만들어 볼 수 있다. 이러한 표준 점수 분포도가 <그림 6-8>로 나타난 것이다. 앞에서 제시한 분포도에서 보듯이, 원점수 분포도 모양과 표준 점수 분포도 모양이 동일하다는 것을 알 수 있다.

표준 점수 *z-score*를 이용하여 분포도를 만들 때, 표준 점수 분포도가 갖는 특징을 제시하면 다음과 같다.

① 원점수를 표준 점수 *z-score*로 변환시킨 후 이를 기반으로 분포도를 만들 수 있다.

② *z-score* 분포도에서 평균은 항상 0이며, 표준편차는 1이다. 따라서 평균을 기준으로 평균보다 위인 경우 표준편차는 +1, +2, +3이며, 평균보다 아래인 경우에는 -1, -2, -3의 구간이 만들어진다.

③ 평균 아래에 위치하는 원점수를 표준 점수로 변환시켰을 경우 음(-)의 *z-score*로 나타나며, 평균보다 위에 위치하는 원점수는 양(+)의 *z-score*로 나타난다.

④ 평균에 해당되는 원점수를 표준 점수로 변환하면 *z-score* 분포

도에서 평균인 0으로 나타난다.

⑤ 분포도에서 +/-1 표준편차에 해당되는 원점수를 표준 점수로 변환하면 평균 아래인 경우에는 *z-score* 분포도에서 -1로, 그리고 평균 위인 경우에는 +1로 나타난다.

⑥ 결국 원점수 분포도와 표준 점수 분포도는 같은 모양으로 나타난다.

7장

T-test

T-*test*는 주로 단일 표본 또는 2개의 표본을 서로 비교할 때 사용하는 통계분석 방법이다. 만약, 모집단의 표준편차(σ)가 알려진 경우에는 z-*test*를 사용하지만, 모집단의 표준편차가 알려지지 않는 경우에는 t-*test*를 사용한다. 대부분의 연구는 모집단에 대한 정보를 알 수 없는 상태에서 연구가 진행되기 때문에 z-*test*는 거의 사용되지 않는다. 그리고 표본이 2개인 경우에는 서로 다른 모집단에서 추출된 2개의 표본을 대상으로 통계분석이 이루어지는 독립 t-*test*가 있고, 동일 학습자들이 2번 시험을 통해서 얻은 두 개의 표본을 대상으로 통계분석이 이루어지는 종속(또는 대응) t-*test*가 있다. T-*test*의 유형을 도식으로 제시하면 다음과 같다.

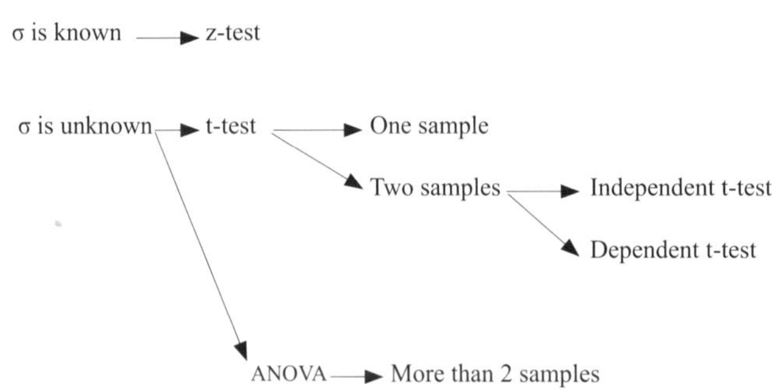

<그림 7-1> t-test 분석 유형

7.1 Z-test

*Z-test*는 대단위 학습자들이 개입되어 있는 모집단의 표준편차(σ)가 알려진 경우에 사용하는 통계분석 방법이다. 하지만 일반적인 연구는 모집단의 특성을 알 수 없는 상태에서 진행되기 때문에 *z-test*는 잘 사용되지 않는다. 그리고 *z-test*는 모집단이 정상 분포도(normal distribution)로 나타날 것이라는 가정 하에 통계분석이 이루어진다. 앞서 언급한 바와 같이, 유의도 수준(alpha-level)을 .05로 가정하고 연구가 진행된다고 할 때, 이때 유의도 수준은 영가설(null hypothesis)을 기각하는 기준점으로 사용될 수 있다. 즉, 통계분석을 하게 되면, Z_{critc} (결정값) 수치와 Z_{obs} (관찰값) 수치를 계산하여 서로 비교하여 어느 수치가 더 크게 나타나는지에 따라 영가설을 기각할 것인지, 아니면 수용할 것인지를 결정하게 된다. 앞서 언급한 바와 같이, *z-test*는 모집단의 데이터 분포도가 정상 분포도로 나타날 것이라는 가정 하에 이루어진다. 만약, 유의도 수준이 .05이고, 양방향(two-tail) 검증이 이루어진다고 가정한다면, 영가설의 기각 기준점이 될 수 있는 Z_{critc} 은 다음 그림에서 보는 바와 같이 -/+ 1.96이 된다(5장 참조).

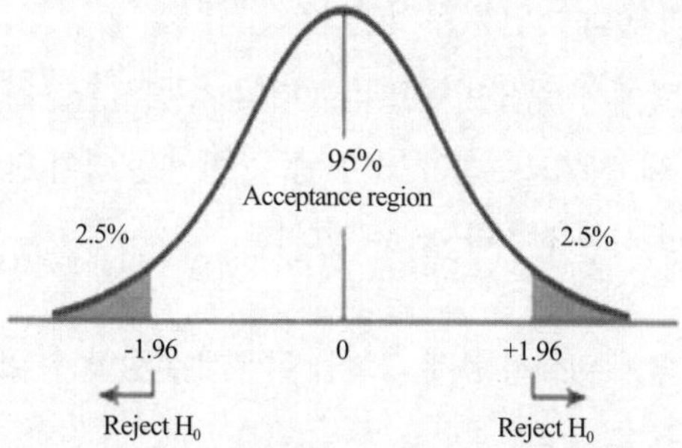

<그림 7-2> 양방향 검증에서 영가설 기각 기준점 설정

한편, Z_{obs} 은 실제 데이터에 의해서 계산되는데, 이를 위한 계산 공식은 다음과 같다.

$$Z_{statistic} = \frac{x - \bar{x}}{\frac{\sigma}{\sqrt{n}}}$$

좀 더 구체적인 연구 맥락에 근거하여, *z-test*의 예를 설명하면 다음과 같다.

[연구 맥락]
학생들에게 영어의 새로운 단어를 훈련시키는데 컴퓨터의 반복적 기능이 얼마나 효과가 있는지에 대해서 알아보았다. 36명의 학생이 선발되어 컴퓨터를 이용하여 영어 단어를 연습하고 암기하는 수업을 10주 동안 받았다. *모집단의 평균이 100이고 편차가 10이라고 알려져 있을 때*, 컴퓨터를 이용하여 영어 단어 수업을 받은 학생들의 평균이 105로 나타났을 때 모집단의 평균과 의미 있게 다른지 알아보았다. 유의도 수준은 .05로 가정하였으며, 그리고 양방향 검증으로 통계분석을 하였다.

위 연구 맥락에 근거하여 다음과 같은 질문에 대해 차례로 답할 수 있다.

1) 독립 변인과 종속 변인은 무엇인가?

위 연구 맥락에서 독립 변인은 컴퓨터의 기능을 활용하여 영어 단어를 학습한 새로운 교수법이 되며, 종속 변인은 영어 단어 시험의 결과로 나타난 시험 점수라 할 수 있다.

2) 위 연구 맥락에 대해서 통계 가설을 어떻게 설정할 수 있는가?

- Ho : $\mu_{100} = \bar{X}_{105}$
- Ha : $\mu_{100} \neq \bar{X}_{105}$

3) *Z-statistic*을 사용할 것인가? 아니면 t-*statistic*을 사용할 것인가?

위 연구 맥락에서는 모집단의 표준편차를 알 수 있기 때문에 Z-*statistic*을 사용한다.

4) Z_{critc}은 얼마인가? Z_{obs}는 얼마인가?

유의도 수준이 .05이고, 양방향(two-tail) 검증 상황에서 Z_{critc}은 -/+ 1.96이 된다. 그리고 Z_{obs}는 앞서 제시한 공식에 의거하여 계산 할 수 있는데, 계산 과정을 제시하면 다음과 같다.

$$Z_{statistic} = \frac{105\text{-}100}{\frac{10}{\sqrt{36}}} = 2.99$$

5) 영가설을 기각할 것인가? 아니면 수용할 것인가?

$Z_{critc}(1.96) < Z_{obs}(2.99)$ 이기 때문에 영가설을 기각한다.

6) 연구 결과를 어떻게 해석하는가?

컴퓨터를 이용하여 영어 단어 수업을 받은 학생들의 평균인 105는 모집단의 평균 100과 통계적으로 의미 있게 다르다고 결론을 내릴 수 있다.

7.2 단일 표본 t-test

T-*test*는 표본의 크기에 상관없이 일반적으로 사용할 수 있는 통계 분석 방법이다. Z-*test*의 경우, Z_{critc}은 <그림 7-2>의 양방향 검증에서 보여주는 바와 같이 +/-1.96이 되며, 그리고 실제 데이터에 근거하여 Z_{obs}

를 계산하여 상호 비교하게 된다. 따라서 t-*test*에서도 표본의 크기는 적지만 t-분포도에서 t_{critc}을 찾고, 실제 데이터에 근거하여 t_{obs}를 계산하여 상호 비교하게 되는 절차를 밟는다. T_{obs}를 계산하는 공식은 다음과 같다.

$$t_{statistic} = \frac{x - \overline{x}}{\frac{s}{\sqrt{n}}}$$

좀 더 구체적인 연구 맥락에 근거하여, t-*test*의 예를 설명하면 다음과 같다.

[연구 맥락 1]
어떤 이들은 정교수의 수업을 수강하는 학생들이 주어진 과제를 수행하는 데 수반되는 극심한 스트레스로 인해서 일주일에 맥주 6캔을 마신다고 불평한다. 정교수는 정말로 자신의 과목을 수강하는 학생들이 일주일에 맥주 6캔을 마시고 있는지 알고 싶어 했다. 자신의 수업을 수강한 100명의 학생 중 15명의 학생을 무선 추출하여 연구를 진행하였다. 본 연구에 참여한 15명의 학생이 일주일에 마시는 맥주의 양은 다음과 같이 나타났다. 정말로 정교수의 과목을 수강하는 학생들은 일주일에 맥주 6캔을 마시고 있는가? 유의도 수준을 .05로 가정하고, 양방향 검증을 하였다.

3, 4, 6, 5, 7, 6, 8, 6, 2, 4, 2, 5, 5, 4, 3

(표준편차 : 1.75; 평균: 4.6)

위 연구 맥락에 근거하여 다음과 같은 질문에 대해 차례로 답할 수 있다.

1) 독립 변인과 종속 변인은 무엇인가?

위 연구 맥락에서 독립 변인은 명확하지 않지만, 그래도 독립 변인을 지칭한다면 정교수 수업의 수강 여부가 될 수 있다. 그리고 종속 변인은 학생들이 일주일동안 마신 맥주 캔의 수를 의미한다. 위 연구 맥락과 같이 설문조사 등의 연구에서는 독립 변인이 명확하지 않은 경우도 있다.

2) 위 연구 맥락에 대해서 통계 가설을 어떻게 설정할 수 있는가?

- Ho : $\mu = 6$
- Ha : $\mu \neq 6$

3) Z-*statistic*을 이용할 것인가? 아니면 t-*statistic*을 이용할 것인가?

위 연구 맥락에서는 모집단의 표준편차를 알 수 없기 때문에 t-*statistic*을 사용한다.

4) t_{critc}은 얼마인가? 그리고 t_{obs}는 얼마인가?

유의도 수준이 .05이고, 양방향(two-tail) 검증 상황에서 t_{critc}은 표본의 크기를 먼저 고려해야 하여 자유도(df : degree of freedom)를 계산해야 한다. 본 연구에서 표본은 15명이기 때문에 자유도는 15-1 = 14가 된다. 따라서 <표 7-3>에서 t_{critc}을 구할 수 있는데, 양방향(two-tail) 유의 수준 .05와 df = 14가 서로 교차하는 점을 보면 t_{critc}은 2.145가 된다. 한편, t_{obs}는 앞서 제시한 공식에 의하여 t_{obs}를 구할 수 있다. 위 15명의 학생들이 일주일 동안 마신 평균 맥주 캔의 수는 4.6 이며, 표준편차는 1.75로 나타났다.

$$t_{statistic} = \frac{x - \bar{x}}{\frac{s}{\sqrt{n}}} = \frac{4.6 - 6}{\frac{1.75}{\sqrt{15}}} = -2.935$$

5) 영가설을 기각할 것인가? 아니면 수용할 것인가?

$t_{critc}(2.145) < t_{obs}(-2.93)$ 이기 때문에 영가설을 기각한다.

6) 연구 결과를 어떻게 해석하는가?

영가설의 기각은 학생들이 일주일 동안 마실 것으로 가정된 6캔과 실제 표본으로 추출된 학생들이 일주일 동안 마신 것으로 조사된 4.6캔은 통계적으로 서로 다르다는 것을 의미한다. 본 연구는 양방향(two-tail) 연구이기 때문에 6캔과 다를 수 있는 가능성은 다음 두 가지 방향으로 생각해 볼 수 있다. 즉, 학생들이 6캔보다 훨씬 많이 마셔서 6캔과 다를 수 있고, 반대로 학생들이 6캔보다 훨씬 적게 마셔서 6캔과 다를 수 있다. 따라서 본 연구에서는 학생들이 일주일 동안 4.6캔을 마신 것으로 나타났는데, 이는 6캔 보다는 의미 있게 적게 마셔서 통계적으로 의미 있는 차이가 나타난 것으로 해석될 수 있다.

위 연구 맥락의 표본에 속한 학생들이 마신 것으로 보고한 맥주 캔의 숫자를 실제 통계분석 프로그램에 입력하여 분석을 하게 되면 다음 <표 7-1>과 같은 결과표를 얻게 되며, 아래 표에서 제시한 각 수치에 대한 설명은 다음과 같다.

<표 7-1> 단일 표본 t-test 통계분석 결과(맥주캔)

일본표 통계량

	N	평균	표준편차	평균의 표준오차
맥주캔	15	4.6667	1.75933	.45426

일본표 검정

검정값 = 6

	t	자유도	유의확률(양측)	평균차이	차이의 95% 신뢰구간	
					하한	상한
맥주캔	-2.935	14	.011	-1.33333	-2.3076	-.3590

1) -2.935 : t_{obs}, 즉 관찰값을 의미한다. 여기에서 음(-)의 여부는 중요하지 않다. 표본을 대상으로 데이터의 평균값이 4.66캔으로 나타났는데, 이는 본 연구의 검정값으로 사용된 6캔보다 적게 나와서 음의 값이 나온 것이다. t_{critc}의 결정값 2.145 보다 크게 나온 것을 알 수 있다.
2) 14 : 자유도를 의미한다. 본 연구에서는 총 15명을 대상으로 연구가 이루어졌기 때문에, 자유도의 일반적인 공식은 전체 학생 수에서 1을 뺀(15-1) = 14, 즉 14가 자유도가 된다.
3) .011 : 이는 유의 확률(p-value)이 된다. 본 연구에서 설정한 오차 허용범위인 alpha = .05(5%)내에서 오류가 잘 통제되었음을 의미한다. 즉, 유의 확률이 .011로 나타났다는 것은 위 연구 결과를 최소한 99.989% 신뢰할 수 있다는 것을 의미한다. 따라서 $p < .05$ 이기 때문에 위 연구에서 영가설은 기각된다.
6) 검정값 6 : 본 연구에서는 학습자들이 일주일 동안 실제로 맥주 6캔을 마시는지를 알아보는데 관심이 있다. 따라서 6캔이 본 연구의 검정값이 된다.
7) -1.3333 : 이는 검정값 6캔과 15명의 학습자들이 마신 것으로 보고한 실제 맥주 캔들의 평균값(4.66) 간의 차이를 의미한다.
8) 차이의 95% 신뢰구간(하한-상한) : 검정값 6캔과 15명의 학습자들이 마신 것으로 보고한 실제 맥주 캔들의 평균값(4.66) 간의 차이에 대한 95% 신뢰구간을 보여 주는 수치이다. 일반적으로 이 신뢰구간이 0을 포함하지 않고 있으면 영가설이 기각된다.

또 다른 연구 맥락을 통해서 *t-test*의 예를 살펴보면 다음과 같다.

[연구 맥락 2]
최근 의학 기술의 발달로 인해서 인간의 수명은 과거에 비해서 많이 늘어난 것은 사실이다. 따라서 많은 사람들이 남성과 여성의 평균 수명에 대해서 많은 관심을 보이고 있다. 라빈(Rabin)이라는 인구통계학자는 2010년에 여자

들의 평균 수명이 77.2세라고 주장하였다. 한편, 남자들의 평균 수명에 대해서 다른 학자들은 72.4세라고 발표하였지만 라빈은 이것이 과소평가되었다고 생각하였다. 보다 정확한 남성의 평균 수명에 대한 연구를 진행하고자 다음과 같이 무선으로 추출된 남성 9명의 평균 수명에 대한 데이터를 얻었다. 그리고 유의도 수준은 .05로 가정하였다.

77, 74, 80, 72, 82, 76, 78, 75 79

(표준편차 : 3.12; 평균 : 77)

위 연구 맥락에 근거하여 다음과 같은 질문에 대해 차례로 답할 수 있다.

1) 독립 변인과 종속 변인은 무엇인가?

위 연구 맥락에서 독립 변인은 명확하지 않다. 대신에 본 연구의 대상이 되는 9명의 남성의 평균 수명을 의미하는 종속 변인만 나타난다. 앞서 언급한 바와 같이, 설문조사 등의 연구에서는 독립 변인이 명확하지 않은 경우도 있다.

2) 통계 가설은 어떻게 설정되는가?

- Ho : $\mu \leq 72.4$
- Ha : $\mu > 72.4$

Robin이라는 인구통계학자는 남자들의 평균 수명으로 보고된 72.4세는 과소평가되었다고 생각하였다. 이는 Robin의 생각에 남자들의 평균 수명은 72.4세보다 더 높을 것이라고 생각하고 이를 증명하기 위해서 연구를 진행한 경우이다.

3) 단방향(one-tail) 연구인가? 아니면 양방향(two-tail) 연구인가?

라빈(Rabin)은 다른 사람이 발표한 남성의 평균 수명 72.4가 과소평가되었다고 생각하였다. 즉, 라빈이 생각하기에는 남성의 평균 수명이 72.4보다는 더 높을 것이라는 생각을 하고 있으며, 이를 증명하기 위해서 연구를 수행한 것이다. 따라서 위 연구 맥락은 단방향 연구이며, 72.4보다 더 높게 나오는 것이 영가설을 기각할 수 있기 때문에 양의 방향으로 검증이 이루어지는 *upper-tail* 검증이 된다.

하지만, 다음과 같이 양방향으로도 통계 가설이 설정될 수 있다.

- Ho : $\mu = 72.4$
- Ha : $\mu \neq 72.4$

Ha 가설에서 72.4세와 다르다는 것은 남성의 평균 수명이 72.4세보다 훨씬 높게 나와서 다를 수 있고, 72.4세보다 훨씬 더 적게 나와서 다를 수 있는 2가지 가능성을 염두에 두는 것이다.

4) *Z-statistic*을 이용할 것인가? 아니면 t-*statistic*을 이용할 것인가?

위 연구 맥락에서는 모집단의 표준편차를 알 수 없기 때문에 t-*statistic*을 사용한다.

5) t_{critc}은 얼마인가? 그리고 t_{obs}는 얼마인가?

유의도 수준이 .05이고, 단방향(one-tail) 검증 상황이며, t_{critc}은 또한 표본의 크기를 먼저 고려해야 하여 자유도(df : degree of freedom)를 계산해야 한다. 본 연구에서 표본은 9명이기 때문에 자유도는 9-1 = 8이 된다. 따라서 <표 7-3>에서 t_{critc}을 구할 수 있는데, 서로 교차점을 보면 t_{critc}은 1.860이다. 또한, 자유도가 8이고, 유의도를 .05로 가정한 양방향 검증에서 t_{critc}을 구해보면 2.306이 된다. 자유도가 같은 상황에서 단방향과 양방향 검증을 진행한다고 할 때 양방향 검증의 결정값이 단방향의 결정값보다 더 크다는 것을 알 수 있다. 한편, t_{obs}는 앞서 제시한 공식에 의하여 구할 수 있다. 9명의 남성 평균 수명은 77세 이며, 표준편차는 3.12로 나타났다.

$$t_{statistic} = \frac{x - \bar{x}}{\frac{s}{\sqrt{n}}} = \frac{77 - 72.4}{\frac{3.12}{\sqrt{9}}} = 4.42$$

6) 영가설을 기각할 것인가? 아니면 수용할 것인가?

$t_{critc}(1.86) < t_{obs}(4.42)$ 이기 때문에 영가설을 기각한다.

7) 연구 결과를 어떻게 해석하는가?

본 연구에 참여한 9명의 남성 평균 수명이 77세로 나타났는데, 다른 학자들이 제시한 남성의 평균 수명 72.4세와 의미 있게 다르다는 것으로 나타나서 영가설이 기각되었다. 이는 라빈이 원래 생각하였던 대로 남성의 평균 수명이 실제 더 높게 나왔어야 했는데, 다른 학자가 주장한 남성의 평균 수명인 72.4세는 과소평가되었다는 것을 의미한다.

앞서 제시한 연구 맥락에서 남성들의 실제 평균 수명이 과소평가되었는지를 알아보기 위해 본 연구에 참여한 9명의 평균 수명 데이터를 실제 통계분석 프로그램에 입력하여 분석을 하였다. 그 결과, <표 7-2>와 같은 결과표를 얻게 되며, 아래 표에서 제시한 각 수치에 대한 설명은 다음과 같다.

<표 7-2> 단일 표본 t-test 통계분석 결과(남성의 수명)

일본표 통계량

	N	평균	표준편차	평균의 표준오차
남성수명	9	77.0000	3.12250	1.04083

일본표 검정

검정값 = 72.4

	t	자유도	유의확률(양측)	평균차이	차이의 95% 신뢰구간	
					하한	상한
남성수명	4.420	8	.002	4.60000	2.1998	7.0002

1) 4.420 : t_{obs}, 즉 관찰값을 의미한다. 표본을 대상으로 한 데이터의 평균값이 77세로 나타나서 본 연구의 검정값으로 사용된 72.4세 보다 높게 나와서 양(+)의 값이 나온 것이다.

2) 8 : 자유도를 의미한다. 본 연구에서는 총 9명을 대상으로 연구가 이루어졌기 때문에 9-1 = 8, 즉 8이 자유도가 된다.

3) .002 : 이는 유의 확률이 된다. 본 연구에서 설정한 오차 허용범위인 5%내에서 오류가 잘 통제되었음을 의미한다. 이는 위 연구 결과를 최소한 99.998% 신뢰할 수 있다는 것을 의미한다. 따라서 $p < .05$ 이기 때문에 위 연구에서 영가설은 기각된다.

6) 검정값 72.4 : 다른 학자들이 남성들의 평균 수명이 72.4세라고 주장하였는데, 남성들의 평균 수명이 실제 수명과 비교했을 때 과소평가가 된 것이 아닌지를 알아보는데 관심이 있다. 따라서 72.4세가 검정값이 된다.

7) 4.6 : 이는 검정값 72.4세와 실제 본 연구에 참여한 9명의 남성 수명에 대한 평균값(77세) 간의 차이를 의미한다.

8) 차이의 95% 신뢰구간(하한-상한) : 검정값 72.4세와 본 연구에 참여한 남성들의 평균 수명(77세) 간의 차이에 대한 95% 신뢰구간을 보여 주는 수치이다. 일반적으로 이 신뢰구간이 0을 포함하지 않고 있으면 영가설이 기각된다.

<표 7-3> t-table

	Level of significance for one-tailed test					
	.10	*.05*	*.025*	*.01*	*.005*	*.0005*
	Level of significance for two-tailed test					
df	*.20*	*.10*	*.05*	*.02*	*.01*	*.001*
1	3.078	6.314	12.706	31.821	63.657	636.619
2	1.886	2.920	4.303	6.965	9.925	31.598
3	1.638	2.353	3.182	4.541	$;841	12.941
4	1.533	2.132	2.776	3.747	4.604	8.610
5	1.476	2.015	2.571	3.365	4.032	6.859
6	1.440	1.943	2.447	3.143	3.707	5.9.>9
7	1.415	1.895	2.365	2.998	3.499	5.405
8	1.397	1.860	2.306	2.896	3.355	5.041
9	1.383	1.833	2.262	2.821	3.250	4.781
10	1.372	1.812	2.228	2.764	3.169	4.587
11	1,363	1.796	2.201	2.718	3.106	4.437
12	1.356	1.782	2.179	2.681	3.055	4.318
13	1.350	1.771	2.160	2.650	3.012	**4.121**
14	1.345	1.761	2.145	2.624	2.977	4.140
15	1.341	1.753	2.131	2.602	2.947	4.073
16	1.337	1.746	2.120	2;583	2.921	4.015
17	1.333	1.740	2.110	2.567	2.898	3.965
18	1.330	1.734	2.101	2.552	2.878	3.922
19	1.328	1.729	2.093	2.539	2.861	3.883
20	1.325	1.725	2.086	2.528	2.845	3.8.50
21	1323	1.721	2.080	2.518	2.831	3.819
22	1.321	1.717	2.074	2.508	2.819	3.792
23	1.319	1.714	2.069	2.500	2.807	3.767
24	1.318	1.711	2.064	2.492	2.797	3.745
25	1.316	1.708	2.060	2.485	2.787	3.725
26	1.315	1.706	2.056	2.479	2.779	3.707
27	1.314	1.703	2.052	2.473	2.771	3.690
28	1.313	1.701	2.048	2.467	2.763	3.674
29	1.311	1.699	2.045	2.462	2.756	3.659
30	1.310	1.697	2.042	2.457	2.750	3.646
40	1.303	1.684	2.021	2.423	2.704	3.551
60	1.296	1.671	2.000	2.390	2.660	3.460
120	1.289	1.658	1.980	2.358	2.617	3.373
∞	1.282	1.645	1.960	2.326	2.576	3.291

7.3 표본이 2개인 경우

7.3.1 독립 표본 t-test

독립(independent) 표본 t-*test*는 서로 다른 두 개의 모집단에서 각각 독립적으로 추출된 표본의 평균을 서로 비교하여 두 집단 간에 의미 있는 차이가 있는지를 알아보는 통계분석 방법이다. 이를 그림으로 나타내면 다음과 같다.

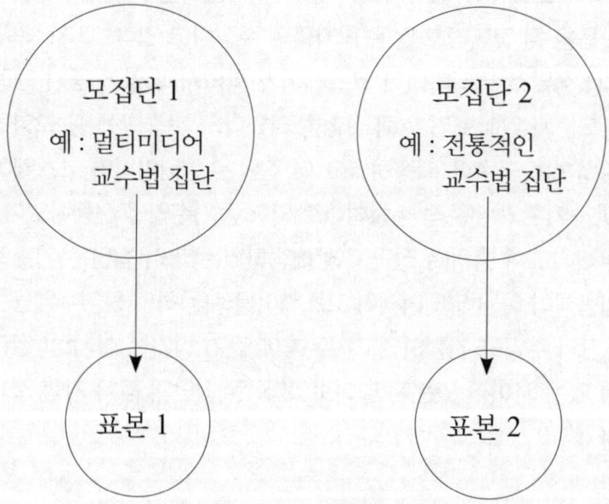

<그림 7-3> 독립 표본 t-test 모형

독립 표본 t-*test*를 수행하기 위해서는 다음 조건이 충족되어야 한다.

① 본 연구에서 수집되는 종속 변인의 데이터 유형은 간격 척도 (interval scale) 이어야 한다.

② 서로 비교 대상이 되는 두 표본은 서로 독립적(independent)이

어야 한다.

③ 모집단의 데이터 분포가 정상 분포도 임을 가정한다.

④ 두 표본을 대상으로 수집되는 종속 변인 내의 분산이 서로 동일하다는 가정, 즉 등분산 가정이 충족되어야 한다.

독립 표본 t-*test*의 이해를 돕기 위해서 연구 맥락의 예시를 제시하면 다음과 같다.

[연구 맥락]
멀티미디어 코스웨어를 사용하면 영어를 학습하는 학습자의 듣기 능력 신장에 도움을 될 것이라고 많은 학자들이 주장하고 있다. 'D'시 내의 한 고등학교에서 정말로 멀티미디어 코스웨어가 학습자의 영어 듣기 능력 신장에 도움이 되는지 알아보기 위해 실험을 하였다. 2학년 학생 중 12명을 무작위로 추출하여 집단 A에 배정하였고 이 집단은 멀티미디어 코스웨어를 사용하지 않고 기존의 전통적인 방법대로 영어 듣기수업을 진행하였다. 또한 12명을 무작위로 추출하여 집단 B에 배정하였는데 이 집단은 기존의 전통적인 수업방식이 아닌 멀티미디어 코스웨어를 사용하여 듣기수업을 진행하였다. 8주간의 수업을 진행하였고 8주 후에 듣기 평가를 실시하여 두 집단 간에 의미 있는 차이가 있는지 알아보았다. 두 집단의 듣기 시험 결과는 아래와 같다.

• 전통적인 듣기 수업 집단
76, 57, 72, 47, 52, 76, 64, 64, 66, 57, 38, 58
• 멀티미디어 코스웨어 사용 듣기 수업 집단
89, 60, 71, 65, 60, 70, 71, 69, 68, 66, 50, 62

위 연구 맥락은 2개의 서로 다른 교수법의 효과, 즉 멀티미디어 코스웨어를 사용한 집단과 전통적인 교수법을 사용했을 때 학습자의 듣기 능력에 미치는 효과를 서로 비교한 것이다. 앞서 제시한 연구 맥락에서 독립 변인은 서로 다른 유형의 교수법 사용 여부가 될 것이고, 종속 변인은 학습자들의 영어 듣기시험의 점수가 된다. 일반적으로, 연구자는 멀티미디어 코스웨어를 영어 듣기수업에 사용되었을 때 학습자들의 듣기 능력 향상에 도움이 될 것이라는 점을 증명하고 싶은 생각을 가지고 연구를 진행한다. 따라서 멀티미디어 코스웨어를 사용한 집단은 실험 집단(experimental group)이 되고, 전통적인 교수법을 사용한 집단은 통제 집단(control group)이 된다.

본 연구의 통계적 가설을 단방향(one-tail(upper vs. lower))과 양방향(two-tail) 가설로 구분하여 제시하면 다음과 같다.

1) 단방향(One-tail) 독립 표본 t-*test*

단방향(one-tail) 독립 표본 t-*test*는 검증 방향에 따라 *upper-tail*과 *lower-tail* t-*test*로 분류된다. 일반적으로 실험 집단이 통제 집단에 비해서 더 높은 평균을 보일 것이라는 가정 하에 다음과 같이 통계적 가설을 설정할 수 있다.

- Ha : $C\mu < E\mu$
- Ho : $C\mu \geq E\mu$

2) 양방향(Two-tail) 독립 표본 t-*test*

양방향(two-tail) 독립 표본 t-*test*는 검증 방향이 양(+)과 음(-)의 방향 모두를 검증한다. 즉, 실험 집단의 평균이 통제 집단의 평균에 비해서 너무 높게 나와서 다를 수 있고, 또는 너무 낮게 나와서 다를 수 있는 2가지 상황을 모두 고려하는데, 다음과 같이 통계적 가설을 설정할 수 있다.

- Ha : $C\mu \neq E\mu$
- Ho : $C\mu = E\mu$

한편, t-*test*는 표본을 대상으로 연구가 수행되기 때문에 t_{critc}을 구하기 위해서는 자유도(df: degree of freedom)를 고려해야 한다. 독립 표본 t-*test*의 경우, 자유도는 다음과 같이 계산한다.

표본 A 사례 수 + 표본 B 사례수 - 2

따라서 앞서 제시한 연구 맥락에서 멀티미디어 코스웨어를 사용한 실험 집단의 학습자가 10명이고, 전통적인 교수법을 사용한 통제 집단의 학습자 수가 10명이기 때문에, 이 경우 자유도는 (10+10 - 2=18) 18이 된다. 따라서 유의도가 .05 임을 가정하고, *two-tail* t-*test*에서 t_{critc}은 앞서 제시한 <표 7-3>에서 보는 바와 같이 2.101이 된다. 앞서 제시한 연구 맥락에서 실제 수집한 데이터를 통계분석 프로그램(SPSS ver. 24)에 입력하고, 독립 표본 t-*test*를 실시하였다. 통계 분석의 결과에 따라, 각 집단별(즉, 전통적 교수법 사용 집단과 멀티미디어 교수법 사용 집단) 기술 통계량과 함께, 두 집단 간의 차이 결과를 보여주는 통계분석 결과표를 얻을 수 있다.

<표 7-4> 독립 표본 t-test에 따른 통계분석 결과

집단통계량

	group	N	평균	표준편차	평균의 표준오차
listening	1.00	10	79.4000	5.25357	1.66132
	2.00	10	85.4000	6.68664	2.11450

독립표본 검정

		Levene의 등분산 검정		평균의 동일성에 대한 T 검정						
									차이의 95% 신뢰구간	
		F	유의확률	t	자유도	유의확률(양측)	평균차이	차이의 표준오차	하한	상한
listening	등분산을 가정함	.975	.337	-2.231	18	.039	-6.00000	2.68907	-11.64953	-.35047
	등분산을 가정하지 않음			-2.231	17.046	.039	-6.00000	2.68907	-11.67229	-.32771

앞에서 제시한 <표 7-4>에 대한 해석이 중요한데, 먼저 Levene의 등분산 가정 검정 결과를 살펴보아야 한다. 독립 t-*test*를 진행하기 위한 조건 중의 하나는 두 표본을 대상으로 수집되는 종속 변인 내의 분산이 서로 동일하다는 가정, 즉 등분산 가정이 충족되어야 한다. 만약 등분산 가정이 충족되지 않으면, 등분산이 가정되지 않은 경우의 통계값을 가지고 결과를 해석해야 한다. 일반적으로 등분산 가정에 대한 영가설과 대체가설은 다음과 같이 설정된다.

- Ho : 두 집단의 등분산이 같다.
- Ha : 두 집단의 등분산이 같지 않다.

앞의 <표 7-4>에서 Leven의 등분산 가정은 유의확률이 .039로 나타나서 두 집단의 등분산이 같다는 영가설이 기각되어, 등분산 가정이 충족되지 않음을 알 수 있다. 이 경우는 매우 이례적인 경우인데, 아마도 표본 내 사례수가 너무 적어서 나타난 것으로 사료된다. 일반적으로 데이터의 수가 많을 때에는 등분산 가정이 충족된다. <표 7-3>에서 보는 바와 같이, 결정값은 t_{crit} = 2.074, 그리고 <표 7-4>에서 보는 바와 같이 관찰값은 t_{obs} = 3.228으로 나타나서 관찰값이 결정값보다 더 크게 나왔으며, 또한 유의확률 역시 $p < .05$로 나타났다. 따라서 두 집단

간에 의미 있는 차이가 있다는 대체가설을 수용하는 결정을 할 수 있다.

독립 표본 *t-test*의 검증 과정을 표로 정리하여 제시하면 다음과 같다.

<표 7-5> 독립 표본 t-test의 가설 검증 과정

필요 정보	단계 설명
1. 연구 문제	멀티미디어 코스웨어 활용한 영어 듣기수업과 전통적인 영어듣기수업을 진행한 두 집단 간에 영어 듣기능력에서 의미 있는 차이가 있는가?
2. 통계가설 설정	• Ha : $C\mu \neq E\mu$ • Ho : $C\mu = E\mu$
3. 검증 방향	• 양방향 검증(two-tail test) • 실험집단의 평균이 통제집단에 비해서 너무 높아서, 또는 너무 낮아서 서로 차이가 있는 것으로서 양의 방향과 음의 방향 모두를 검증함.
4. 유의수준 결정	• $a < .05$ • 5% 이내에서 오차를 허용하고 통제함. • 통계적 결정은 최소 95% 이상 신뢰할 수 있어야 한다는 것을 의미함.
5. 학습자 수(N)	통제집단 10명 + 실험집단 10명 = 20명
6. 자유도(*df*)	• (12-1) + (12-1) = 22 • 실험집단과 통제집단은 서로 독립적인 집단이기 때문에 각 집단의 학생수에서 -1 함.
7. 통계분석 유형	독립 t -검정
8. 결정값	$t_{crit} = 2.074$
9. 관찰값	$t_{obs} = 3.228$
10. Ho 기각 여부	• 관찰값 > 결정값; $p < .05$ • Ho 기각; Ha 수용 • 우연적으로 실험집단이 통제집단에 비해서 효과가 더 높게 나올 수 있는 확률은 5% 미만이기 때문에 Ho 가설을 기각하는데 결정에 대해서 최소 95% 이상의 신뢰도가 있음.

7.3.2 종속 표본 t-test

종속(dependent) 표본 *t-test*는 짝지어진 두 그룹의 점수 간에 통계적으로 의미 있는 차이가 있는지를 알아보는 통계분석 방법이다. 즉, 단일 모집단에서 추출되어 같은 표본에 속한 학습자들이 2번의 시험을 치루게 되어 짝지어진 점수의 쌍을 상호 비교하기 때문에 종속(dependent) t-*test* 라고도 하며, 그리고 동일 학습자의 점수가 상호 짝을 이룬다고 해서 대응(matched) 또는 *paired* t-*test*라고도 한다. 또한, 동일 학습자가 2번 시험을 치루기 때문에 반복 측정(repeated measure) t-*test* 라고도 한다. 종속 표본 t-*test*의 모형을 제시하면 다음과 같다.

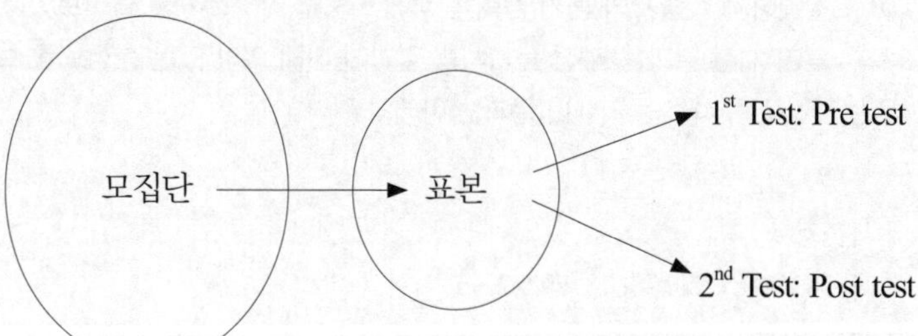

<그림 7-4> 종속 표본 t-test 모형

종속 표본 t-*test*를 수행하기 위해서는 다음 조건이 충족되어야 한다.

① 본 연구에서 수집되는 종속 변인의 데이터 유형은 간격 척도 (interval scale) 이어야 한다.
② 모집단의 데이터 분포가 정상 분포도 임을 가정한다.
③ 두 표본을 대상으로 수집되는 종속 변인 내의 분산이 서로 동

일하다는 가정, 즉 등분산 가정이 충족되어야 한다.

종속 표본 t-*test*의 이해를 돕기 위해서 연구 맥락의 예시를 제시하면 다음과 같다.

[연구 맥락]
멀티미디어 코스웨어를 사용하면 영어를 학습하는 학습자의 듣기 능력 신장에 도움을 줄 것이라고 많은 학자들이 주장하고 있다. 'D'시 내 한 고등학교에서 멀티미디어 코스웨어의 사용이 학습자의 영어 듣기 능력 신장에 도움이 되는지 알아보기 위해 실험을 하였다. 2학년 학생 중 10명을 무작위로 추출하여 멀티미디어 코스웨어를 사용하여 듣기수업을 진행하였다. 수업을 시작하기 전에 사전 듣기검사를 실시하였고 멀티미디어 코스웨어를 가지고 8주간의 영어 듣기수업을 진행한 후에 사후 듣기 평가를 실시하여 멀티미디어 코스웨어가 학습자의 듣기 능력 신장에 도움을 주었는지를 알아보았다. 사후 듣기 시험 결과는 사전 듣기시험 결과에 비해 의미 있는 향상도를 보였는가? 사전, 사후 듣기 시험결과는 아래와 같다.

- 사전검사
  84, 78, 67, 87, 80, 78, 78, 79, 82, 81
- 사후검사
  88, 97, 74, 80, 87, 90, 90, 86, 84, 78

위 연구 맥락은 동일 집단의 학습자를 대상으로 멀티미디어 코스웨어를 사용하기 전과 사용 후에 학습자의 듣기 능력에서 어느 정도 향상도가 있는가를 검증하는 것이다. 독립 변인은 멀티미디어 코스웨어의 사용 여부에 관한 교수법이 될 것이고, 종속 변인은 학습자들의 2번에 걸친 영어 듣기 시험의 점수가 된다. 멀티미디어 코스웨어 교수법이 사용되기 전에 학습자들은 사전 검사 형식으로 영어 듣기시험을 치루며, 일정 기간 동안 멀티미디어 코스웨어를 사용하여 듣기수업을 진행한 후 사후 검사로 다시 영어 듣기시험을 치루게 된다. 연구자의 주된 관심사는 멀티미디어 코스웨어를 사용한 교수법의 효과로 인해서 학습자들이 보여준 사후 검사 결과는 사전 검사의 결과에 비해서 의미 있는 향상도가 나타났는가를 검증하는 것이다. 본 연구의 통계적 가설을 제시하면 다음과 같다.

- Ha : $\mu_{pre} - \mu_{post} \neq 0$ 또는 $\mu_D \neq 0$ (D = difference)
- Ho : $\mu_{pre} - \mu_{post} = 0$ 또는 $\mu_D = 0$

  (D = pre-test - post test 간의 차이를 의미함)

한편, t-*test*는 표본을 대상으로 연구가 수행되기 때문에 t_{crit}을 구하기 위해서는 자유도(df: degree of freedom)를 고려해야 한다. 종속 표본 t-*test*의 경우, 자유도는 다음과 같이 계산한다.

사전-사후 검사의 짝을 이루는 사례 수 - 1

따라서 앞서 제시한 연구 맥락에서 멀티미디어 코스웨어를 사용한 실험집단의 학습자가 10명이고, 이들 학습자들이 사전 검사와 사후 검사의 두 번의 시험 성적 간에 10개의 짝을 이룬 경우이다. 이 경우, 자유도는 (10-1 = 9) 9가 된다. 따라서 유의도가 .05 임을 가정하고, *two-tail* t-*test*에서 t_{crit}은 <표 7-3>에서 보는 바와 같이 2.262가 된다. 앞서 제시한 연구 맥락에서 실제 수집한 데이터를 통계분석 프로그램(SPSS ver. 24)에 입력하고, 종속 표본 t-*test*를 실시하였다. 통계분석의 결과에 따라, 사전 검사와 사후 검사 결과에 대한 기술 통계량과 함께, 사후 검사의 결과를 사전 검사 결과에 비교하였을 때 의미 있는 향상도를 보였는가를 검증하는 통계분석 결과표를 얻을 수 있다.

<표 7-6> 종속 표본 t-test에 따른 통계분석 결과

대응표본 통계량

		평균	N	표준편차	평균의 표준오차
대응1	preteat	79.4000	10	5.25357	1.66132
	poettest	85.4000	10	6.68664	2.11450

대응표본 상관계수

	N	상관관계	유의확률
대응1 pretest & posttest	10	.216	.548

대응표본 검정

		대응차			차이의 95% 신뢰구간		t	자유도	유의확률(양측)
		평균	표준편차	평균의 표준오차	하한	상한			
대응1	pretest-posttest	-6.00000	7.55719	2.38979	-11.40609	-.59391	-2.511	9	.033

<표 7-6>에 의하면, 사전 검사와 사후 검사 간의 평균 차이는 6.00으로 나타났다. 그렇다면 이 정도의 향상도는 통계적으로 의미 있는 향상도라 할 수 있는가? 종속 표본 t-*test* 통계 분석 결과에 따르면, 결정값은 $t_{crit} = 2.262$(<표 7-3> 참조), 관찰값은 $t_{obs} = 2.511$으로 나타나서 관찰값이 결정값보다 더 크게 나왔으며, 또한 유의 확률 역시 $p < .05$로 나타났다. 따라서 학습자들은 멀티미디어 매체의 사용으로 인해서 사후 검사의 결과가 사전 검사의 결과와 비교해서 의미 있는 향상도가 나타난 것으로 해석된다. 따라서 대체가설을 수용하는 결정을 할 수 있다.

종속 표본 *t-test*의 검증 과정을 표로 정리하여 제시하면 다음과 같다.

<표 7-7> 종속 t-*test*의 검증 과정

필요 정보	단계 설명
1. 연구 문제	멀티미디어 코스웨어의 사용은 사용 전과 사용 후를 비교할 때 학습자들의 영어 듣기 능력 향상에 어떤 영향을 미치는가?
2. 통계가설 설정	• Ha : $\mu_{pre} - \mu_{post} \neq 0$ • Ho : $\mu_{pre} - \mu_{post} = 0$
3. 검증 방향	• 양방향 검증(two-tail test) • 사전-사후검사의 결과가 양의 방향, 또는 음의 방향이 나올 수 있음.
4. 유의수준 결정	• $a < .05$ • 5% 이내에서 오차를 허용하고 통제함. • 통계적 결정은 최소 95% 이상 신뢰할 수 있어야 한다는 것을 의미함.
5. 학습자 수(N)	10명의 학습자가 사전-사후시험 성적 간에 짝을 이룸
6. 자유도(*df*)	• (10 pair -1) = 9 • 사전-사후검사의 결과가 짝을 이룬 학생 수에서 -1 함.
7. 통계분석 유형	종속 t -검정
8. 결정값	$t_{crit} = 2.262$
9. 관찰값	$t_{obs} = 2.511$
10. Ho 기각 여부	• 관찰값 > 결정값; $p < .05$ • Ho 기각; Ha 수용 • 우연적으로 실험 집단이 통제 집단에 비해서 효과가 더 높게 나올 수 있는 확률은 5% 미만이기 때문에 Ho 가설을 기각하는데 결정에 대해서 최소 95% 이상의 신뢰도가 있음.

7.4 SPSS를 이용한 T-test

7.4.1 단일 표본 t-test

먼저, 통계 가설을 아래와 같이 설정하였다고 가정해 본다.

- Ho : μ = 30
- Ha : μ ≠ 30

단일 표본에서 수집한 데이터를 아래 그림과 같이 입력 한 후, 위 메뉴에서,

[분석] → [평균비교] → [일표본 T-검정]을 선택한다.

다음 스크린에서 분석 대상이 되는 데이터를 오른쪽 [검정변수]로 이동시킨다. 그리고 본 연구에서는 입력한 데이터가 30이 되는지에 관심이 있기 때문에 [검정값]에 '30'을 입력한 후, 아래 [확인] 버튼을 선택한다.

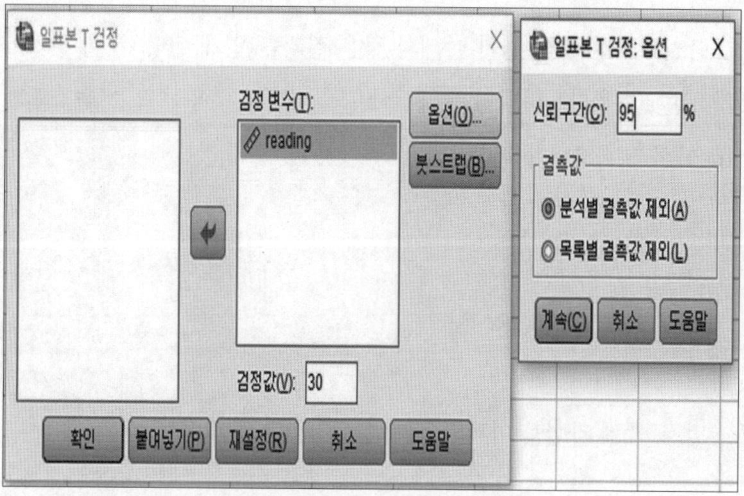

본 연구에서 alpha-level = .05로 설정하였다면, 왼쪽에 위치한 [옵션]을 선택하여 신뢰구간을 95%를 입력하고, 아래 메뉴에서 [계속] 버튼을 선택한다. 그런 후, 아래에 위치한 [확인] 버튼을 선택하면 분석 결과표가 나타난다.

일표본 통계량

	N	평균	표준편차	평균의 표준오차
reading	16	29.5625	3.03246	.75812

일표본 검정

	검정값 = 300					
					차이의 95% 신뢰구간	
	t	자유도	유의확률(양측)	평균차이	하한	상한
reading	-.577	15	.572	-.43750	-2.0534	1.1784

단일표본 t-*test*의 결과 아래와 같은 결과를 얻게 된다. 분석 결과에 의하면 $p > .05$로 나타났기 때문에 Ho 가설을 수용하고, 자연스럽게 Ha 가설을 기각하게 된다.

7.4.2 독립 표본 t-test

먼저, 통계 가설을 아래와 같이 설정하였다고 가정해 본다.

- Ho : $\mu_a = \mu_b$
- Ha : $\mu_a \neq \mu_b$

A 집단과 B 집단에서 수집한 데이터를 아래 그림과 같이 입력 한다. 그런 후, 독립 표본 *t-test*를 수행하기 위해서는 먼저, A집단 데이터와 B 집단 데이터를 동일 칸에 입력한다. 그리고 바로 옆 칸에는 집단 구별을 위해서 A 집단은 '1'로 표기하고, B 집단은 '2'로 표기한다. 독립 표본 t-*test*를 수행하기 위해서 위 메뉴에서,

[분석] → [평균비교] → [독립표본 T-검정]을 선택한다.

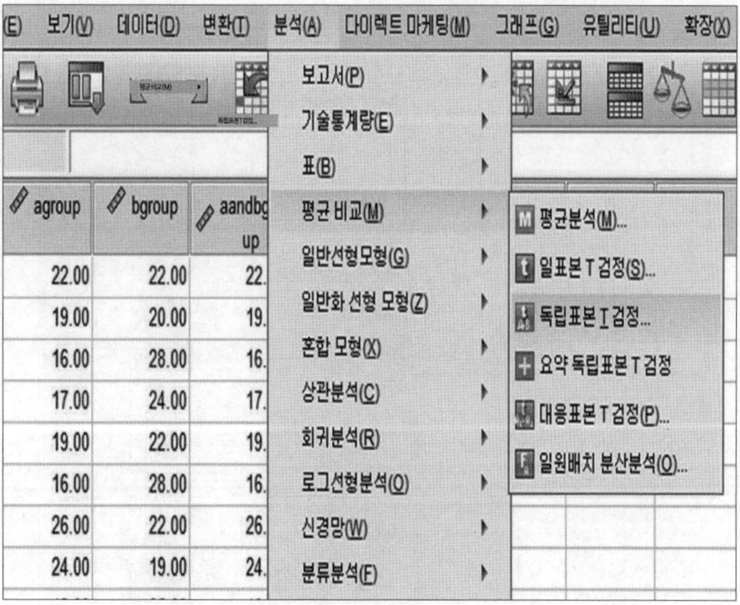

그리고 다음 그림과 같이, 동일 칸에 입력한 A집단과 B 집단 데이터를 오른쪽 [검정변수]로 이동시키고, 1, 2로 집단을 구분한 변수를 [집단변수]로 이동시키고, 아래의 [집단정의]를 선택한다. 집단 1은 A집단을 의미하는 '1'을 입력하고, 집단 2는 B 집단을 의미하는 '2'를 입력한다. 이렇게 입력한 후, 아래의 [계속] 버튼을 선택하고, 마지막으로 [확인] 버튼을 선택하면 분석 결과가 나타난다.

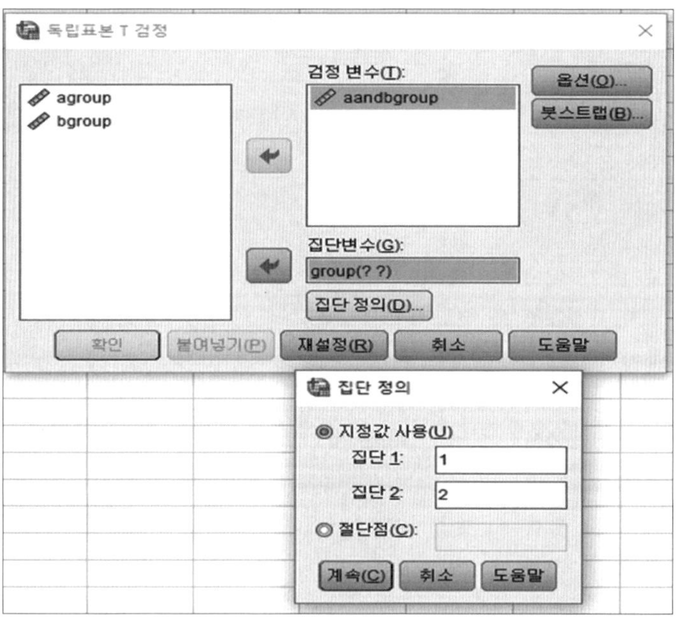

독립 t-*test*를 한 후, 아래와 같은 결과표를 얻게 된다. 분석 결과에 의하면, $p < .05$로 나타났기 때문에 Ho 가설은 기각되고, 자연스럽게 Ha 가설이 수용되어서 두 집단 간에는 의미 있는 차이가 발견되었다고 할 수 있다.

집단통계량

	group	N	평균	표준편차	평균의 표준오차
aandbgroup	1.00	18	19.5000	3.55213	.83725
	2.00	16	23.5000	2.82843	.70711

독립표본 검정

		Levene의 등분산 검정		평균의 동일성에 대한 T 검정						
									차이의 95% 신뢰구간	
		F	유의확률	t	자유도	유의확률(양측)	평균차이	차이의 표준오차	하한	상한
listening	등분산을 가정함	.936	.340	-3.601	32	.001	-4.00000	1.11088	-6.26278	-1.73722
	등분산을 가정하지 않음			-3.650	31.651	.001	-4.00000	1.09589	-6.23323	-1.76677

7.4.3 종속 표본 t-test

먼저, 통계 가설을 아래와 같이 설정하였다고 가정해 본다.

- Ho : $\mu_a - \mu_b = 0$
- Ha : $\mu_a - \mu_b \neq 0$

사전 검사 데이터과 사후 검사에서 수집한 데이터를 아래 그림과 같이 입력 한 후, 위 메뉴에서,

[분석] → [평균비교] → [대응표본 T-검정]을 선택한다.

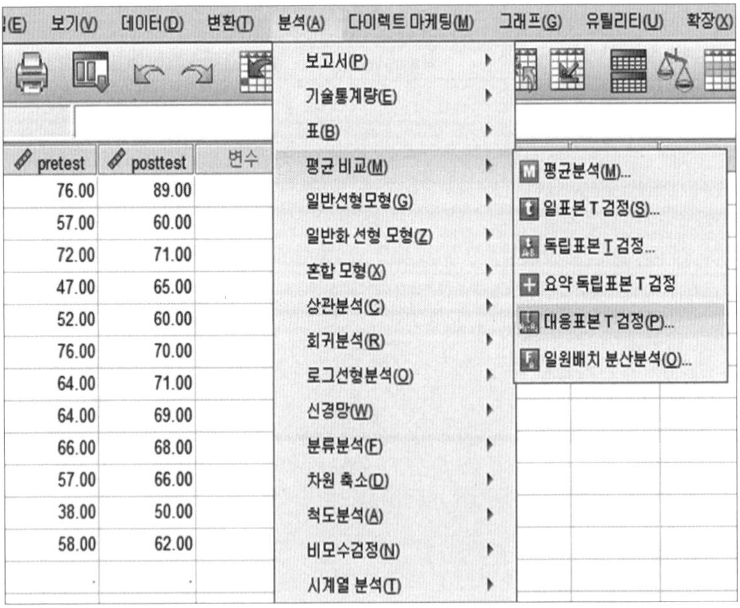

그리고 다음 스크린에서 사전 검사와 사후 검사 데이터를 동시에 오른쪽 [대응변수]로 이동시킨다. 오른쪽에 위치한 [옵션] 버튼을 선택한 후, alpha-level = .05로 설정했다면 신뢰구간을 95%로 입력한다. 그리고 아래의 [계속] 버튼을 선택하고 [확인] 버튼을 선택하면 분석 결과표가 나타난다.

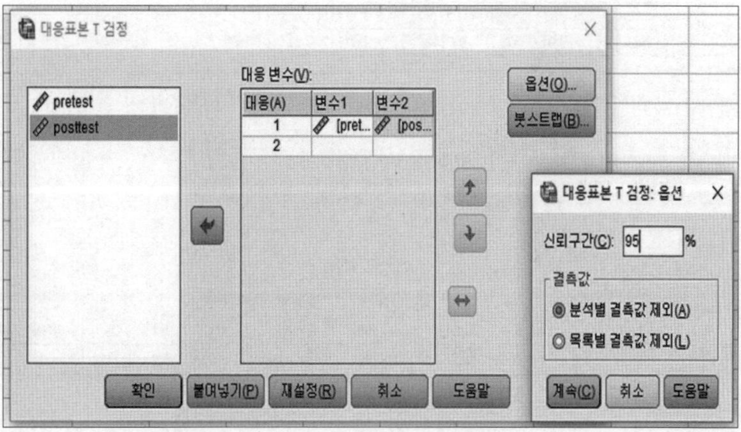

종속 t-*test*를 한 후, 아래와 같은 결과표를 얻게 된다. 분석 결과에 의하면, $p < .05$로 나타났기 때문에 Ho 가설은 기각되고, 자연스럽게 Ha 가설이 수용되어서 사전 검사 점수와 비교해서 사후 검사 점수에서 통계적으로 의미 있는 향상도가 있었다고 해석할 수 있다.

대응표본 통계량

		평균	N	표준편차	평균의 표준오차
대응1	preteat	60.5833	12	11.51646	3.32451
	poettest	66.7500	12	9.27484	2.67742

대응표본 상관계수

	N	상관관계	유의확률
대응1 pretest & posttest	12	.825	.001

대응표본 검정

		대응차			차이의 95% 신뢰구간				
		평균	표준편차	평균의 표준오차	하한	상한	t	자유도	유의확률(양측)
대응1	pretest-posttest	-6.16667	6.50641	1.87824	-10.30064	-2.03269	-3.283	11	.007

8장

분산분석(ANOVA)

분산분석(ANOVA: Analysis of Variance)은 비교하고자 하는 집단이 2개 또는 3개 이상일 때 사용하는 통계분석 방법이다. 분산분석의 목적은 집단 내 분산(within group variance)과 집단 간 분산(between group variance)을 계산하여 실험 처치(또는 독립 변인)의 영향으로 인해서 비교되는 집단 간에 의미 있는 차이가 있는지를 알아보는데 있다. 분산분석의 기본 전제는 만약 독립 변인이 갖는 처치의 영향이 크다면, 집단 내에 존재하는 분산의 양보다는 서로 다른 처치를 받은 집단 간의 분산 양이 더 많을 것이라고 생각한다.

8.1 분산(Variance)의 의미

분산(variance)을 이해하기 위해 가장 중요한 개념은 편차(deviation)이다. 편차는 각각의 데이터들이 평균값에서 얼마나 많이 떨어져 있는가를 보여준다. 만약 한 집단이 있다면, 그 집단 내에 속한 각각의 데이터들이 그 집단의 평균으로부터 얼마나 떨어져 있는지($X - \overline{X}$)를 보여주는 수치가 편차이며, 이들 편차들을 제곱한 값을 분산이라 하며, 그리고 분산들의 값을 더한 값, 즉 $\Sigma (X - \overline{X})^2$ 이 분산의 총량이 된다.

따라서 분산분석은 집단 내 분산(within group variance)과 집단 간 분산(between group variance)의 총량을 계산하여 비교 대상이 되는 두 집단 간에 의미 있는 차이를 알아보는 통계분석 방법이다.

아래 <그림 8-1>을 보면 분산의 의미를 좀 더 잘 이해할 수 있다. 예를 들어, 행정학과, 경영학과, 경제학과에 재학 중인 1학년, 2학년, 3학년 학생들이 가지고 있는 영어 공인성적에서 학년 간 차이가 있는지를 알아보는 연구를 진행하였을 때 아래와 같은 데이터 분포도가 나타났다고 가정해 본다.

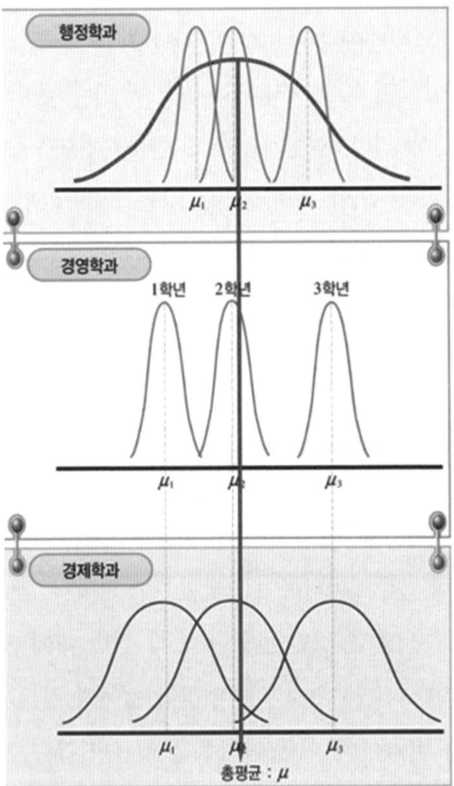

<그림 8-1> 분산의 의미와 집단 간 차이 비교

먼저, 집단 간 분산을 계산하기 위해서 각 집단의 평균값과 전체 평균값을 계산하여 그 차이를 합하면 된다. 즉, 1학년, 2학년, 3학년 등 3개 집단이 있다면, 이들 3개 집단의 각각의 집단 평균을 계산하고, 그리고 전체 평균값을 계산한다. 그리고 전체 평균값과 각 집단의 평균 간의 거리를 앞서 제시한 $\Sigma(X - \overline{X})^2$ 방법을 사용하여 집단 간 분산의 총량을 계산할 수 있다. <그림 8-1>에서 본다면, 행정학과의 경우, 1학년과 2학년 분포도가 어느 정도 중복되어 있어서 두 학년 간에 차이가 있는지를 단정하지 못하지만, 3학년 분포도와는 분포도가 중복되지 않아서 차이가 있다고 할 수 있다. 경영학과의 경우, 학년 별 데이터 분포도가 중복되지 않아서 학년별로 평균 점수에서 차이가 있다고 할 수 있다. 그러나 경제학과의 경우, 1학년, 2학년, 3학년의 각 집단의 평균 값 간에는 행정학과, 경영학과 경우와 같이 어느 정도 거리가 있어 보이지만, 특이한 점은 이들 데이터 분포도가 서로 중복되어 나타난다는 점이다. 이렇듯, 행정학과 1학년과 2학년의 각 평균은 전체 평균으로부터 멀리 떨어지지 않아서 집단 간 분산의 양은 작아 보이지만, 경영학과와 경제학과의 각 학년 간의 평균과 전체 평균 간에는 어느 정도 거리가 있어 집단 간 분산의 양은 커 보인다.

그런데, 각 집단의 평균뿐만 아니라 각 집단 내의 분산이 집단 간의 평균 차이를 비교할 때 영향을 미치고 있음을 알 수 있다. 예를 들어, 경영학과는 집단 내 분산이 적게 나타난 경우이고, 반면에 경제학과는 집단 내 분산이 크게 나타난 경우이다. 따라서 경영학과와 같이, 집단 내 분산이 적으면 적을수록 집단 간 차이가 분명해 지며, 반대로 경제학과와 같이 집단 내 분산 커지면 집단 간 차이가 분명해지지 않는다. 따라서 분산분석에는 집단 간 분산과 집단 내 분산을 계산하게 되는

데, 집단 간 분산의 총량은 커지고, 집단 내 분산의 총량이 적어질수록 집단 간 차이가 있게 된다.

8.2 일원배치 분산분석(One-way ANOVA)

8.2.1 일원배치 분산분석의 연구 맥락

일원배치 분산분석(one-way ANOVA)은 독립 변인이 하나이고, 2개 또는 3개 이상의 집단을 동시에 비교할 때 사용된다. 하지만 하나의 독립 변인이 최소 2개 이상의 다른 유형으로 구분되어 나타나게 되는데, 이 경우 이들 2개 이상의 집단 간에 의미 있는 차이가 있는지를 알아보고자 할 때 일원배치 분산분석이 사용된다. 일원배치 분산분석의 연구 맥락을 제시하면 다음과 같다.

[연구 맥락 1]
과학 기술이 발달함에 따라 학습 현장에 사용되는 매체도 다양하게 되었고, 이들 매체를 사용함으로써 학습자의 학습 효과를 극대화시키는데 긍정적인 효과가 있는 것으로 알려져 있다. 이런 상황에서 연구자는 학습자의 듣기 능력을 신장시키는데 있어서 어떤 매체가 더 효과적인지를 알고 싶어 했다. 이를 위해 12명의 학습자를 무작위로 추출하여 각 3개의 집단에 임의로 배정하였다. A 집단은 비디오 테이프를 사용하여 영어 듣기 수업을 진행하였고, B 집단은 TV를 이용하여 듣기 수업을 하였으며, C 집단은 멀티미디어 컴퓨터를 이용하여 듣기 수업을 진행하였다. 1주일에 2시간씩 영어 듣기 수업이 총 7주 동안 진행되었다. 7주가 지난 후에 듣기 평가를 하였는데 그 결과는 아래와 같다. 어느 매체가 듣기 능력을 신장시키는데 효과적이라고 할 수 있는가?

비디오 테이프	TV	멀티미디어 컴퓨터
65	74	74
62	65	78
56	62	86
60	72	75

위 연구 맥락의 독립 변인은 영어 듣기 수업에 사용된 학습매체라 할 수 있다. 독립 변인은 하나이지만 사용된 매체 유형(level)에 따라 비디오테이프, TV, 그리고 멀티미디어 컴퓨터를 사용한 3개 집단이 만들어졌다. 그리고 종속 변인은 학습자들의 영어 듣기평가의 시험 성적이 된다. 따라서 본 연구에서는 어떤 매체의 사용이 학습자의 영어 듣기 능력 향상에 도움이 되었는지를 비교하여 이들 3개 집단 간에 의미있는 차이가 있는지를 알아보는데 있다.

또 다른 연구 맥락을 제시하면 다음과 같다.

[연구 맥락 2]
영어교사는 다음의 특정 교수법이 학습자의 어휘 능력 신장에 도움이 되는지를 알고 싶어 한다. 따라서 각 집단에 5명씩 학습자들을 임의로 배정하여 일주일에 3시간씩 4주에 걸쳐 수업을 진행하였다.

A 집단 : 전통적인 방식으로 교재를 읽고 번역하는 방식의 영어수업을 진행 함.
B 집단 : Story telling 기법을 이용하여 영어수업을 진행 함.
C 집단 : 인터넷을 이용하여 영어수업을 진행 함.
D 집단 : 팝송을 통한 영어수업을 진행 함.
4주 후에 어휘 능력을 알아보는 평가가 이루어졌으며 그 결과는 아래와 같다.

A 집단	B 집단	C 집단	D 집단
45	44	36	40
40	48	41	46
43	40	40	43
37	38	34	47
39	42	36	39

위 연구 맥락에서 사용된 독립 변인은 학습자의 어휘 능력 향상을 위해서 사용된 교수법으로서, 사용된 교수법 유형에 따라 4개의 집단(전통적 방법, storytelling 기법, 인터넷, 팝송)이 만들어졌으며, 종속 변인은 학습자의 어휘시험의 결과가 된다. 따라서 본 연구에서는 어떤 교수법이 학습자의 영어 어휘 능력 향상에 도움이 되었는지를 비교하여, 이들 4개 집단 간에 의미 있는 차이가 있는지를 알아보는데 있다.

8.2.2 일원배치 분산분석 절차

1) 통계 가설의 설정

앞서 언급한 바와 같이, 일원배치 분산분석에서 독립 변인과 종속 변인은 각각 하나이다. 다만 하나의 독립 변인이 여러 수준(levels)으로 나타나서 여러 집단을 만들게 된다. 분산분석을 시행하기 위해서는 다음 사항이 충족되어야 한다.

① 종속 변인에서 사용되는 데이터의 유형은 간격 척도(interval data)이어야 한다.

② 종속 변인의 모집단 데이터는 정상 분포도를 이룬다.

③ 모집단의 분산은 동일하다. 일반적으로 이 가정이 충족되는지를 알아보기 위해서 Levene의 등분산 검정을 실시한다.

일원배치 분산분석을 위해서 통계적 가설을 설정하면 다음과 같다.

- Ho : $\mu_1 = \mu_2 = \mu_3 = \mu_n$
- Ha : 최소한 두 집단 간에 의미 있는 차이가 있다.

위 통계적 가설의 μ_n은 집단 수를 의미한다. 영가설(Ho)은 비교되는 집단 간에 의미 있는 차이가 없다는 것을 의미하고, 대체가설(Ha)은 어느 집단 간에 의미 있는 차이가 있는지는 모르겠으나, 최소한 두 집단 간에는 의미 있는 차이가 있을 것이라고 가정한다. 만약, 통계분석의 결과에 따라 영가설이 기각되고 대체가설이 수용되면, 어느 집단 간에 의미 있는 차이가 존재하는지를 알아보기 위해서 사후비교(post-hoc) 검사가 이루어진다. 하지만 통계분석의 결과에 따라 영가설이 수용되면 이는 집단 간에 의미 있는 차이가 발견되지 않았기 때문에 굳이 사후비교 검사를 할 필요가 없어진다.

2) 자유도 설정

분산분석은 집단 내(within group) 분산과 집단 간(between group) 분산을 계산하여 서로 비교하는 것이기 때문에 자유도 역시 집단 내 자유도와 집단 간 자유도를 계산해야 한다. 집단 간 자유도와 집단 간 자유도가 계산되면, 이들 두 수치를 고려하여 분산분석의 결정값과 관찰값인 F-값을 구할 수 있다.

예를 들어, 서로 다른 교수법을 사용하는 3개의 집단이 있고, 어떤 교수법이 학습자의 영어 듣기 능력 향상에 도움이 되는지를 알아보기 위해서 학습자들이 10명씩 무작위로 추출되어 각 집단에 배정되었다고 가정해 보자. 이러한 상황에서 집단 간 자유도는 전체 집단 수(3) - 1이 되어 2가 된다. 그리고 집단 내 자유도는 전체 학습자 수에서 집단 수를 빼면 된다(즉, 30 - 3 = 27). 또는 각 집단의 학습자 수에서 한 사람씩 감한 수를 더하면 된다. 즉, 9 + 9 + 9 = 27이 된다.

3) 관찰값과 결정값

분산분석은 집단 내 분산과 집단 간 분산을 계산하여 실험 처치(또는 독립 변인)의 영향으로 인해서 비교되는 집단 간에 의미 있는 차이가 있는지를 알아보는데 있다. 따라서 분산분석의 F-값은 다음과 같은 공식에 의해서 계산된다. 따라서 집단 간에 의미 있는 차이가 있으려면, 집단 내 분산보다는 집단 간의 분산이 더 커야 한다.

$$F = \frac{\text{집단 간 분산의 합}}{\text{집단 내 분산의 합}}$$

분산분석을 하게 되면, 다음 <표 8-1>과 같은 결과표를 얻게 된다.

<표 8-1> 분산분석의 결과표 예시

	Sum of Squares	df	Mean of Squares	F	p
Between Group	616.667	2	308.333	15.158	.003
Within Group	228.250	9	25.361		
Total	844.917	11			

<표 8-1>에 의하면, 집단 간 자유도가 2(3 - 1 = 2)로 나타나서 위 연구에서는 3개 집단 간에 의미 있는 차이가 있는지를 알아보는 연구라고 할 수 있다. 그리고 집단 내 자유도는 9(12 - 3 = 9)로 나타났는데, 이는 총 12명의 학습자가 각 3개 집단에 배정되었다고 볼 수 있다. 집단 간 분산의 총량은 616.667이며, 이를 집단 간 자유도인 2로 나누면 308.333이 된다. 마찬가지로 집단 내 분산 총량은 228.250이며, 이를 집단 내 자유도인 9로 나누게 되면 25.361이 된다. 분산분석의 F-값을 구하기 위해서 다음과 같은 공식을 사용한다.

$$F = \frac{308.333}{25.361} = 15.158(p < .05)$$

위 공식에서 계산된 분산분석의 관찰값인 F-값은 15.158이 된다. 이 경우 p-값은 $p < .05$로 나타나서 영가설을 기각하게 되어, 즉 최소한 어느 집단 간에는 의미 있는 차이가 있다는 것을 보여준다. 한편, 분산분석의 관찰값과 비교하기 위해서 우리는 결정값을 구할 수 있다. 결정값은 분산분석을 위한 F-table(<표 8-2>)에서 집단 간 자유도와 집단 내 자유도를 같이 고려하여 구할 수 있다.

<표 8-2>에 의하면, F(2, 9) = 4.26(결정값)이 된다. F(2, 9)에서 '2'는 집단 간 자유도를 의미하며, '9'는 집단 내 자유도를 의미한다. 집단 간 자유도는 맨 위 가로 열에서 찾고, 집단 내 자유도는 왼쪽 세로 열에서 찾아서 서로 교차되는 수치가 결정값이 된다. 따라서 위 분석에서는 관찰값이 결정값보다 크게 나타났기 때문에 우리는 영가설을 기각하게 되고, 최소한 어느 집단 간에는 의미 있는 차이가 있는 것으로 해석한다. 어느 집단 간에 의미 있는 차이가 있는지를 알아보기 위해서 연

구자는 이제 사후비교 분석을 하게 된다. 만약 영가설을 수용하여 집단 간에 의미 있는 차이가 없는 것으로 나타났다면 굳이 사후비교 분석을 수행할 필요는 없다. 분산분석을 위한 F-table은 다음 <표 8-2>와 같다.

<표 8-2> F-table의 예

α = 0.05

ν_2 \ ν_1	1	2	3	4	5	6	7	8	9	10	12	15	20	24	30	40	60	120	∞
1	161.4	199.5	215.7	224.6	230.2	234.0	236.8	238.9	240.5	241.9.	243.9	245.9	248.0	249.1	250.1	251.1	252.2	253.3	254.3
2	18.51	19.00	19.16	19.25	19.30	19.33	19.35	19.37	19.38	19.40	19.41	19.43	19.45	19.45	19.46	19.47	19.48	19.49	19.50
3	10.13	9.55	9.28	9.12	9.01	8.94	8.89	8.85	8.81	8.79	8.74	8.70	8.66	8.64	8.62	8.59	8.57	8.55	8.53
4	7.71	6.94	6.59	6.39	6.26	6.16	6.09	6.04	6.00	5.96	5.91	5.86	5.80	5.77	5.75	5.72	5.69	5.66	5.63
5	6.61	5.79	5.41	5.19	5.05	4.95	4.88	4.82	4.77	4.74	4.68	4.62	4.56	4.53	4.50	4.46	4.43	4.40	4.36
6	5.99	5.14	4.76	4.53	4.39	4.28	4.21	4.15	4.10	4.06	4.00	3.94	3.87	3.84	3.81	3.77	3.74	3.70	3.67
7	5.59	4.74	4.35	4.12	3.97	3.87	3.79	3.73	3.68	3.64	3.57	3.51	3.44	3.41	3.38	3.34	3.30	3.27	3.23
8	5.32	4.46	4.07	3.84	3.69	3.58	3.50	3.44	3.39	3.35	3.28	3.22	3.15	3.12	3.08	3.04	3.01	2.97	2.93
9	5.12	4.26	3.86	3.63	3.48	3.37	3.29	3.23	3.18	3.14	3.07	3.01	2.94	2.90	2.86	2.83	2.79	2.75	2.71
10	4.96	4.10	3.71	3.48	3.33	3.22	3.14	3.07	3.02	2.98	2.91	2.85	2.77	2.74	2.70	2.66	2.62	2.58	2.54
11	4.84	3.98	3.59	3.36	3.20	3.09	3.01	2.95	2.90	2.85	2.79	2.72	2.65	2.61	2.57	2.53	2.49	2.45	2.40
12	4.75	3.89	3.49	3.26	3.11	3.00	2.91	2.85	2.80	2.75	2.69	2.62	2.54	2.51	2.47	2.43	2.38	2.34	2.30
13	4.67	3.81	3.41	3.18	3.03	2.92	2.83	2.77	2.71	2.67	2.60	2.53	2.46	2.42	2.38	2.34	2.30	2.25	2.21
14	4.60	3.74	3.34	3.11	2.96	2.85	2.76	2.70	2.65	2.60	2.53	2.46	2.39	2.35	2.31	2.27	2.22	2.18	2.12
15	4.54	3.68	3.29	3.06	2.90	2.79	2.71	2.64	2.59	2.54	2.48	2.40	2.33	2.29	2.25	2.20	2.16	2.11	2.07
16	4.49	3.63	3.24	3.01	2.85	2.74	2.66	2.59	2.54	2.49	2.42	2.35	2.28	2.24	2.19	2.15	2.11	2.06	2.01
17	4.45	3.59	3.20	2.96	2.81	2.70	2.61	2.55	2.49	2.45	2.38	2.31	2.23	2.19	2.15	2.10	2.06	2.01	1.96
18	4.41	3.55	3.16	2.93	2.77	2.66	2.58	2.51	2.46	2.41	2.34	2.27	2.19	2.15	2.11	2.06	2.02	1.97	1.92
19	4.38	3.52	3.13	2.90	2.74	2.63	2.54	2.48	2.42	2.38	2.31	2.23	2.16	2.11	2.07	2.03	1.98	1.93	1.88
20	4.35	3.49	3.10	2.87	2.71	2.60	2.51	2.45	2.39	2.35	2.28	2.20	2.12	2.08	2.04	1.99	1.95	1.90	1.84
21	4.32	3.47	3.07	2.84	2.68	2.57	2.49	2.42	2.37	2.32	2.25	2.18	2.10	2.05	2.01	1.96	1.92	1.87	1.81
22	4.30	3.44	3.05	2.82	2.66	2.55	2.46	2.40	2.34	2.30	2.23	2.15	2.07	2.03	1.98	1.94	1.89	1.84	1.78
23	4.28	3.42	3.03	2.80	2.64	2.53	2.44	2.37	2.32	2.27	2.20	2.13	2.05	2.01	1.96	1.91	1.86	1.81	1.76
24	4.26	3.40	3.01	2.78	2.62	2.51	2.42	2.36	2.30	2.25	2.18	2.11	2.03	1.98	1.94	1.89	1.84	1.79	1.73
25	4.24	3.39	2.99	2.76	2.60	2.49	2.40	2.34	2.28	2.24	2.16	2.09	2.01	1.96	1.92	1.87	1.82	1.77	1.71
26	4.23	3.37	2.98	2.74	2.59	2.47	2.39	2.32	2.27	2.22	2.15	2.07	1.99	1.95	1.90	1.85	1.80	1.75	1.69
27	4.21	3.35	2.96	2.73	2.57	2.46	2.37	2.31	2.25	2.20	2.13	2.06	1.97	1.93	1.88	1.84	1.79	1.79	1.67
28	4.20	3.34	2.95	2.71	2.56	2.45	2.36	2.29	2.24	2.19	2.12	2.04	1.96	1.91	1.87	1.82	1.77	1.71	1.65
29	4.18	3.33	2.93	2.70	2.55	2.43	2.35	2.28	2.22	2.18	2.10	2.03	1.94	1.90	1.85	1.81	1.75	1.70	1.64
30	4.17	3.32	2.92	2.69	2.53	2.42	2.33	2.27	2.21	2.16	2.09	2.01	1.93	1.89	1.84	1.79	1.74	1.68	1.62
40	4.08	3.23	2.84	2.61	2.45	2.34	2.25	2.18	2.12	2.08	2.00	1.92	1.84	1.79	1.74	1.69	1.64	1.58.	1.51
60	4.00	3.15	2.76	2.53	2.37	2.25	2.17	2.10	2.04	1.99	1.92	1.84	1.75	1.70	1.65	1.59	1.53	1.47	1.39
120	3.92	3.07	2.68	2.45	2.29	2.18	2.09	2.02	1.96	1.91	1.83	1.75	1.66	1.61	1.55	1.50	1.43	1.35	1.25
∞	3.84	3.00	2.60	2.37	2.21	2.10	2.01	1.94	1.88	1.83	1.75	1.67	1.57	1.52	1.46	1.39	1.32	1.22	1.00

4) 사후비교 분석

분산분석의 목적은 3개 이상의 집단 간에 의미 있는 차이가 있는지를 알아보는데 있다. 만약, 3개 집단 간에 의미 있는 차이가 있는지를 알아보는 연구를 진행한다고 가정할 때 독립 t-*test*를 최소 3번을 반복해야 하는 불편함이 있다. 하지만, 3개 집단 간의 비교를 동시에 진행할 때 분산분석을 실시할 수 있다. 분석 결과에 따라 대체가설이 수용되면, 사후비교 분석(post-hoc analysis)을 통해서 어느 집단 간에 차이가 있는지를 보다 명확하게 찾아낼 수 있다. 따라서 사후비교 분석은 두 집단 간에 점수를 비교하여 통계적으로 유의미한 차이가 있는지를 확인하는 절차이다. 사후비교 분석의 방법에는 *Tukey's HSD, Fisher's LSD, Dunnett, Scheffe* 검정 등이 사용된다. 이들 방법 중, *Scheffe* 방법을 사용하여 사후비교 분석 결과표의 예를 제시하면 다음과 같다.

<표 8-3> 사후분석 결과표의 예(1)

Scheffe

(I) group	(J) group	평균차이(I-J)	표준오차	유의확률	95% 신뢰구간 하한	95% 신뢰구간 상한
1.00	2.00	-7.50000	3.56098	.165	-17.8899	2.8899
	3.00	-17.50000*	3.56098	.003	-27.8899	-7.1101
2.00	1.00	7.50000	3.56098	.165	-2.8899	17.8899
	3.00	-10.00000	3.56098	.059	-20.3899	.3899
3.00	1.00	17.50000*	3.56098	.003	7.1101	27.8899
	2.00	10.00000	3.56098	.059	-.3899	20.3899

*. 평균차이는 0.05 수준에서 유의합니다.

위 <표 8-3>에 의하면, 집단(1)과 집단(3) 사이에 의미 있는 차이가 있는 것으로 나타났으며($p < .05$), 집단(2)와 집단(3)간에는 의미 있는 차이가 없는 것으로 나타났다($p > .05$).

하지만 <표 8-4>에서 보는 바와 같이, 또 다른 사후분석의 예를 제시하면 분석 결과가 다소 다르게 나타남을 알 수 있다. 먼저, *Duncan* 분석에 의하면, 집단(1)과 집단(2)는 상호 차이가 없기 때문에 같은 군에 속하며, 이들 집단(1), 집단(2)와 집단(3) 간에는 의미 있는 차이가 있는 것으로 나타난다. 하지만, *Scheffe* 분석에는 집단(1)과 집단(2) 간에는 의미 있는 차이가 없고, 또한 집단(2)와 집단(3) 간에도 의미 있는 차이가 없는 것으로 나타난다. *Duncan* 분석에는 집단(2)와 집단(3)간에 의미 있는 차이가 발견되었지만, *Scheffe* 분석에서는 의미 있는 차이가 발견되지 않은 점에서 분석 방법에 따라 상호 차이가 있음을 알 수 있다. 이 점에서 *Scheffe* 방법이 *Duncan* 방법에 비해서 더 보수적이라 할 수 있다.

<표 8-4> 사후분석 결과표의 예(2)

	group	N	1	2
Duncan[a]	1.00	4	60.7500	
	2.00	4	68.2500	
	3.00	4		78.2500
	유의확률		.064	1.000
Scheffe[a]	1.00	4	60.7500	
	2.00	4	68.2500	68.2500
	3.00	4		78.2500
	유의확률		.165	.059

동질적 부분집합에 있는 집단에 대한 평균이 표시됩니다.

a. 조화평균 표본크기 4.000을(를) 사용합니다.

일원배치 분산분석의 검증과정을 표로 정리하여 제시하면 다음 <표 8-5>와 같다.

<표 8-5> 일원배치 분산분석의 검증 과정

필요 정보	단계 설명
1. 연구 문제	영어 듣기수업을 위해서 서로 다른 교수법을 사용한 3개 집단 간에 의미 있는 차이가 있는가?
2. 통계가설 설정	• Ho : $\mu1 = \mu2 = \mu3$ • Ha : 최소한 두 집단 간에 의미 있는 차이가 있다.
3. 유의수준 결정	• $a < .05$ • 5% 이내에서 오차를 허용하고 통제함. • 통계적 결정은 최소 95% 이상 신뢰할 수 있어야 한다는 것을 의미한다.
4. 학습자 수(N)	3개 집단에 각각 4명의 학습자를 배정함. 따라서 총 12명의 학습자가 본 연구에 참여함.
5. 자유도(*df*)	• 집단 간 자유도 : 2(3-1) • 집단 내 자유도 : 9(12-3)
6. 통계분석 유형	하나의 독립 변인(교수법)에 단지 수준이 3개로 나타났기 때문에 일원배치 분산분석을 실시함.
7. 결정값	$F(2, 9)_{crit} = 4.260$
8. 관찰값	$F(2, 9)_{obs} = 15.158$
9. Ho 기각 여부	• 관찰값 > 결정값; $p < .05$ • Ho 기각; Ha 수용 • 3개 집단 간에는 의미 있는 차이가 있음. Ho 가설을 기각하는 결정에 대해서 최소 95% 이상의 신뢰도가 있음.
10. 사후 분석	사후 분석을 위해서 Scheffe 방법을 사용함(<표 8-4>). 분석 결과에 의하면, 집단(1)과 집단(3)간에 의미 있는 차이가 있으며, 그 외 다른 집단 간에는 의미 있는 차이가 없음.

8.3 이원배치 분산분석(Two-way ANOVA)

8.3.1 이원배치 분산분석의 연구 맥락

이원배치 분산분석(two-way ANOVA)은 독립 변인이 2개인 경우에 사용된다. 예를 들어, 교수법이라는 독립 변인 이외에, 학습자의 성별이라는 또 다른 독립 변인을 추가하여 학습자의 언어 숙달도에 어떤 영향을 미치는지를 알아볼 때 유용한 통계분석 방법이라 할 수 있다. 이원배치 분산분석의 연구 맥락을 제시하면 다음과 같다.

[연구 맥락 1]
본 연구의 목적은 서로 다른 2가지 교수법, 즉 시청각 방법을 사용하였을 때와 인지적 방법을 사용하였을 경우 이들 두 교수법이 학습자의 영어 말하기 능력에 미치는 효과를 조사하는데 있다. 한편, 이러한 서로 다른 두 교수법은 학습자의 성별에 따라, 즉 남학생과 여학생에 따라 학습자의 말하기 능력에 서로 다른 영향을 미칠 것이라고 가정하였다.

		성별		
		Male	Female	
교수법	Audiolingual	6 7 5 4 8	12 10 7 8 13	Mean= 8
	Cognitive	15 14 20 13 13	10 9 8 7 6	Mean = 11.5
		Mean = 10.5	Mean = 9.0	

위 연구 맥락에 의하면, 본 연구의 목적은 교수법(audiolingual method vs. cognitive method)과 학습자의 성별(남학생 vs. 여학생)이라는 2개의 독립 변인이 동시에 작용하여 학습자의 말하기 능력이라는 종속 변인에 미치는 효과를 검증하는데 있다. 서로 다른 교수법의 사용에 따라 학습자들의 말하기 능력에 차이가 있는지를 알아보기도 하지만, 또한 학습자들의 성별에 따라 영어 말하기 능력에서 차이가 있는지를 알아보는데 관심이 있다. 하지만 이원배치 분산분석의 특징은 이들 두 독립 변인이 동시에 작용하여 나타나는 상호작용(interaction) 효과를 검증하는데도 관심을 갖는다.

또 다른 이원배치 분산분석의 연구 맥락을 제시하면 다음과 같다.

[연구 맥락 2]
많은 교사들은 영어 쓰기 수업을 시행한 후 언제 학생들에게 피드백을 주어야 학습 효과를 극대화시킬 수 있는지에 대해 많은 관심을 갖고 있다. 영어 쓰기수업을 한 후 1주일 이내에, 2주일 이내에, 3주일 이내에 피드백을 주는 기간을 달리할 때 학습자들의 영어 쓰기 능력에 미치는 효과가 다를 것이라고 가정한다. 한편, 이러한 피드백의 제공 시기에 따른 영어 쓰기 능력에 미치는 효과는 남학생과 여학생에 따라 달라질 수 있을 것이라고 가정한다. 영어 쓰기평가 후 수집된 데이터를 정리하여 제시하면 다음과 같다.

성별		피드백 제공 시기		
		1 Week	2 Week	3 Week
성별	Male	15	7	4
		12	9	6
		13	5	7
		10	8	7
		11	8	7
	Female	13	6	8
		15	5	5
		13	6	5
		10	9	6
		10	6	7

위 연구 맥락에 의하면, 피드백 제공 간격(1주, 2주, 3주)과 학습자의 성별이라는 2개의 독립 변인이 동시에 작용하여 학습자의 영어 쓰기 능력이라는 종속 변인에 미치는 효과를 검증하는데 있다. 영어 쓰기과정에서 서로 다른 간격을 두고 제공되는 피드백에 따라 학습자들의 쓰기 능력에 차이가 있는지를 알아보기도 하지만, 또한 학습자들의 성별에 따라 영어 쓰기 능력에서 차이가 있는지를 동시에 같이 알아본다. 그리고 이원배치 분산분석의 특징은 이들 두 독립 변인이 동시에 작용하여 나타나는 상호작용 효과를 검증하는데도 관심을 갖는다.

8.3.2 독립 변인의 상호작용 의미

이원배치 분산분석은 2개의 독립 변인이 종속 변인에 미치는 효과를 검증하기 때문에 일반적으로 다음과 같이 3가지 효과를 검증한다.

① 첫 번째 독립 변인이 종속 변인에 미치는 효과. 즉, 교수법의 유형(예를 들어, 인지적 교수법 vs. 시청각 교수법)이 학습자들의 영어 말하기 능력에 미치는 효과를 검증하여 집단 간에 의미 있는 차이가 있는지를 알아본다.

② 두 번째 독립 변인이 종속 변인에 미치는 효과. 즉, 학습자의 성별(예를 들어, 남학생 vs. 여학생)이 학습자들의 영어 말하기 능력에 미치는 효과를 검증하여 집단 간에 의미 있는 차이가 있는지를 알아본다.

③ 두 독립 변인 간의 상호작용 효과. 2개의 독립 변인이 각각 작용할 때보다 때로는 두 독립 변인이 합쳐져서 동시에 작용할 때 상호작용 효과가 나타나는데, 이는 종속 변인에 더 강한 영향을 미칠 수 있다.

앞서 제시한 [연구 맥락 1]에서와 같이, 학습자들에게 인지적 방법과 시청각 방식의 서로 다른 교수법을 사용하여 학습자들의 말하기 능력 향상에 미치는 효과를 검증한다고 가정해 보자. 그리고 이와 동시에 서로 다른 교수법의 사용이 학습자들의 성별에 따라 말하기 능력 향상에 어떻게 영향을 미치는지를 알아본다고 가정해 보자. 다음 <그림 8-2>는 두 독립 변인(교수법과 성별) 간에 상호작용이 없는 경우를 보여준다.

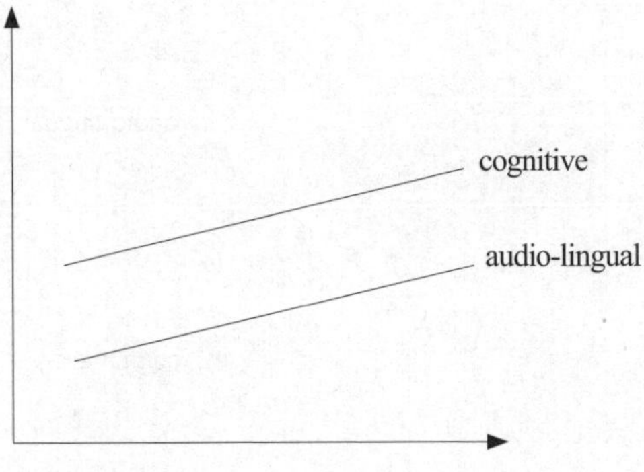

<그림 8-2> 두 독립 변인 간의 상호작용이 없는 경우

<그림 8-2>에 의하면, 두 선이 서로 평형 상태의 모습을 보여주고 있어서 두 독립 변인 간에는 상호작용이 존재하지 않다는 것을 보여준다. <그림 8-2>에 의하면, 인지적 교수법의 사용이 시청각 교수법의 방법보다 남학생과 여학생 모두에게 있어서 학습자들의 말하기 능력을 향상시키는데 더 효과적이라는 것을 보여준다. 또한, 여학생이 남학생에 비해서 인지적 교수법과 시청각 교수법 모두에서 그들의 말하기 능력 향상에 더 높은 성취도를 보여주고 있다. 각 독립 변인이 갖는 효과를 주 효과(main effect)라 한다면, 인지적 교수법을 사용한 학습자 집단이 시청각 교수법을 사용한 집단에 비해서, 학습자의 성별과는 무관하게, 더 높은 성취도를 보여주었다. 그리고 학습자 성별이라는 측면에서 볼 때, 여학생이 남학생에 비해서 시청각 교수법 또는 인지적 교수법의 사용과는 무관하게 더 높은 성취도를 보여 주었다.

반면에 다음 <그림 8-3>은 두 선이 서로 교차하고 있는 모습을 보여주는데, 이는 두 독립 변인 간에 상호작용이 존재하는 것을 보여준다.

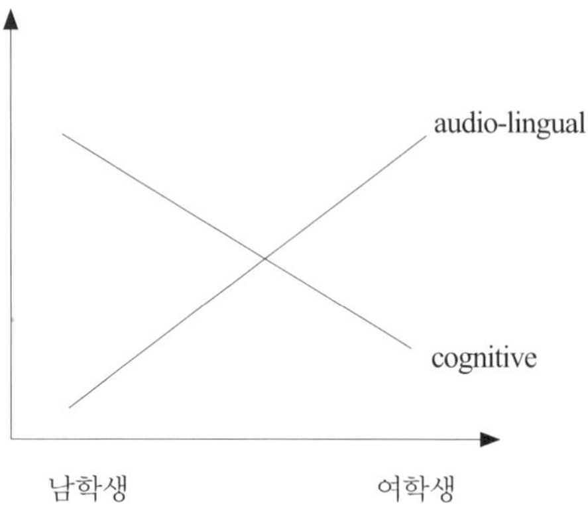

<그림 8-3> 두 독립 변인 간의 상호작용이 있는 경우

위 <그림 8-3>과 같이, 두 독립 변인 간에 상호작용이 존재하는 경우에는 두 독립 변인이 학습자의 말하기 능력 향상에 미치는 효과는 조건적으로 해석된다. 위 그림에 의하면, 남학생에 경우에는 인지적 교수법을 사용하였을 때 그들의 말하기 능력 향상에 도움이 된 반면에, 여학생의 경우에는 시청각 교수법이 인지적 교수법에 비해서 그들의 말하기 능력 향상에 더 도움이 되었음을 보여준다. 이는 인지적 교수법 또는 시청각 교수법 중 어느 하나의 교수법이 남학생 및 여학생 모두에게 효과적이지 않다는 것을 함축한다. 즉, 남학생에게는 인지적 교수법이, 그리고 여학생에는 시청각 교수법이 그들의 말하기 능력 향상에 효과적이어서, 실제 수업현장에서는 남학생과 여학생에 따라서 각각의 교수법이 다르게 적용될 필요가 있음을 함축하고 있다.

8.3.3 이원배치 분산분석 절차

1) 통계 가설 설정

이원배치 분산분석에서 독립 변인은 2개 이다. 따라서 이원배치 분산분석을 위해서 통계적 가설을 설정할 때는 각각의 독립 변인에 대해서 다음과 같이 가설을 설정해야 한다.

(1) 독립 변인 A

- Ho : $\mu_1 = \mu_2 = \mu_3 = \mu_n$
- Ha : 최소한 두 집단 간에 의미 있는 차이가 있다.

(2) 독립 변인 B

- Ho : $\mu_1 = \mu_2 = \mu_3 = \mu_n$
- Ha : 최소한 두 집단 간에 의미 있는 차이가 있다.

(3) 상호작용

- Ho : 두 독립 변인 간의 상호작용이 없다.
- Ha : 두 독립 변인 간의 상호작용이 있다.

위 통계적 가설의 μ_n 은 집단 수를 의미한다. 영가설은 비교되는 집단 간에 의미 있는 차이가 없다는 것을 의미하고, 대체가설은 최소한 두 집단 간에는 의미 있는 차이가 있을 것이라고 가정한다. 예를 들어, 3개 이상의 집단 간에 차이가 있는지를 알아보는 분산분석을 실시한다고 가정해 보자. 통계분석의 결과에 따라 영가설이 기각되고 대체가설이 수용되면, 어느 집단 간에 의미 있는 차이가 존재하는지를 알아보기 위해서 사후비교(post-hoc) 검사가 이루어진다. 그리고 이원배치 분산분석에서는 두 독립 변인 간의 상호작용 여부에 대한 가설을 설정하게 된다. 영가설은 두 독립 변인 간에 상호작용이 없다고 가정하지만, 대체가설에서는 두 독립 변인 간에 상호작용이 존재한다고 가정한다.

2) 자유도 설정

분산분석은 집단 내 분산과 집단 간 분산을 계산하여 서로 비교하는 것이기 때문에 자유도 역시 집단 내 자유도와 집단 간 자유도를 계산해야 한다. 특히, 이원배치 분산분석은 2개의 독립 변인이 개입되기 때문에 집단 간 자유도는 두 독립 변인에 대해서 각각 계산되어야 한다. 따라서 두 독립 변인에 대한 집단 간 자유도와 집단 내 자유도가 계산되면, 두 집단 간 자유도를 서로 곱하여 상호작용 효과에 대한 자유도를 계산한다. 따라서 이원배치 분산분석에서는 이들 3개의 자유도 수치를 고려하여 관찰값인 F-값을 구할 수 있다. 이원배치 분산분석의 결과표의 예시를 보여주면 다음 <표 8-6>과 같다.

<표 8-6> 이원배치 분산분석의 결과표 예시(자유도)

Source	SS	DF	MS	F	P
Factor A	220.03	1	220.03	9.02	P < .05
Factor B	288.17	2	144.09	5.91	P < .05
A X B	42.72	2	21.36	.88	n.s
Within Groups	731.83	30	24.39		
Total	1282.75	35			

<표 8-6>에 의하면, 먼저 첫 번째 독립 변인이라 할 수 있는 Factor A에 대한 자유도는 1인데, 이는 2개의 집단 간에 차이가 있는지를 알아보는 연구 맥락으로 이해된다. 그리고 두 번째 독립 변인인 Factor B에 대한 자유도가 2인데, 이는 3개의 집단 간에 의미 있는 차이가 있는지를 알아보는 연구 맥락이 된다. 따라서 이 연구 맥락은 2개의 독립 변인이 개입되는 이원배치 분산분석이 되며 총 6개(2 X 3 =6)의 집단이 만들어진 경우이다. 그리고 집단 내 자유도가 30인 점을 감안해 보면, 6개의 집단에 각각 6명의 학습자들이 배정되어 있고, 각 집단의 학습자 수에서 한 사람씩 감한 수를 더하면 집단 내 자유도인 30이 나오게 된다. 그리고 이원배치 분산분석에서는 Factor A의 자유도와 Factor B의 자유도를 서로 곱하게 될 때, 상호작용의 자유도가 된다. <표 8-6>에서 본 바와 같이, 상호작용의 자유도는 1 X 2 = 2가 된다.

3) 관찰값과 결정값

분산분석은 집단 내 분산과 집단 간 분산을 계산하여 실험 처치(또는 독립 변인)의 영향으로 인해서 비교되는 집단 간에 의미 있는 차이가 있는지를 알아보는데 있다. 따라서 분산분석의 F-값은 다음과 같은 공식에 의해서 계산된다. 하지만 이원배치 분산분석에서는 2개의 독립 변인, 그리고 상호작용에 대해서 아래 공식을 이용하여 3개의 F-값을 계산해야 한다.

$$F = \frac{\text{집단 간 분산의 합}}{\text{집단 내 분산의 합}}$$

예를 들어, 이원배치 분산분석을 하게 되면, 다음 <표 8-7>과 같은 결과표를 얻게 되는데, 이에 근거하여 각 F-값을 계산해 보면 다음과 같다.

<표 8-7> 이원배치 분산분석의 결과표 예시(관찰값)

Source	SS	DF	MS	F	P
Factor A	3.36	1	3.36	.90	n.s
Factor B	66.67	2	33.34	8.94	P < .05
A X B	56.89	2	28.45	7.63	P < .05
Within Groups	111.83	30	3.73		
Total	238.75	35			

앞서 언급한 바와 같이, MS(Mean of Squares) 값은 다음 공식을 이용하여 계산된다.

$$\text{MS} = \frac{SS}{DF}$$

그리고 다음 공식을 이용하여 관찰값인 F-값이 계산된다.

$$\text{F} = \frac{\text{집단 간 분산의 합(MS)}}{\text{집단 내 분산의 합(MS)}}$$

그리고 이원배치 분산분석은 3가지 효과(즉, 독립 변인 A, 독립 변인 B, 두 독립 변인 간의 상호작용 효과(A X B))를 검증하기 때문에 관찰값인 F-값도 3개가 된다. 각각의 관찰값인 F-값을 계산하는 과정을 보여주면 다음과 같다.

• 독립 변인 A에 대해서

$$\frac{3.36}{3.73} = .90\ (p > .05)$$

통계분석 결과에 의하면, 두 집단 간에는 의미 있는 차이가 없는 것으로 나타났다. 관찰값은 .90 이며, 결정값을 구하기 위해서는 집단 내 자유도와 집단 간 자유도를 고려해야 한다. 따라서 결정값은 F(1, 30) = 4.17 이 된다. 결정값(4.17)이 관찰값(.90)보다 크게 나타났기 때문에 두 집단 간에는 의미 있는 차이가 없는 것으로 해석된다.

• 독립 변인 B에 대해서

$$\frac{33.34}{3.73} = 8.94\ (p < .05)$$

통계분석 결과에 의하면, 3개 집단 간에는 의미 있는 차이가 있는 것으로 나타났다. 따라서 어느 집단 간에 의미 있는 차이가 있는가를 알아보기 위해서는 사후비교 검사를 실시할 필요가 있다. 관찰값은 8.94이며, 결정값을 구하기 위해서는 집단 내 자유도와 집단 간 자유도를 고려해야 한다. 따라서 결정값은 F(2, 30) = 3.32 이다. 관찰값이 결정값보다 크게 나타났기 때문에 우리는 영가설을 기각하게 되고, 최소한 어느 집단 간에는 의미 있는 차이가 있는 것으로 해석한다.

• 상호작용에 대해서

$$\frac{28.45}{3.73} = 7.63\ (p < .05)$$

통계분석 결과에 의하면, 두 독립 변인 간에는 상호작용 효과가 있는 것으로 나타났다. 관찰값은 7.63이며, 결정값을 구하기 위해서는 집단 내 자유도와 집단 간 자유도를 고려해야 한다. 따라서 결정값은 F(2, 30) = 3.32 이다. 관찰값이 결정값보다 크게 나타났기 때문에 우리는 영가설을 기각하게 되고, 두 독립 변인 간에는 의미 있는 상호작용이 있는 것으로 해석한다.

4) 사후비교 검사

2개의 독립 변인이 사용되는 이원배치 분산분석에서 각각의 독립 변인이 종속 변인에 미치는 효과가 의미 있는 것으로 나타났고, 그리고 3개 이상의 집단 간에 의미 있는 차이가 있는지를 알아보는 맥락이라면, 연구자는 어느 집단 간에 차이가 있는지를 알아보기 위해서 사후비교 검사(post-hoc test)를 실시하게 된다. 따라서 사후비교 분석은 두 집단 간에 점수를 비교하여 통계적으로 유의미한 차이가 있는지를 확인하는 절차이다. 사후비교 분석의 방법에는 일원배치 분산분석의 경우와 같이 *Tukey's HSD, Fisher's LSD, Dunnett, Scheffe* 검정 등이 사용된다.

이원배치 분산분석의 검증과정을 표로 정리하여 제시하면 다음 <표 8-8>과 같다.

<표 8-8> 이원배치 분산분석의 검증 과정

필요 정보	단계 설명
1. 연구 문제	영어 쓰기수업을 한 후 1주일 이내에, 2주일 이내에, 3주일 이내에 피드백을 주는 기간을 달리할 때 학습자들의 영어 쓰기 능력에 미치는 효과가 남학생과 여학생에 따라 다르게 나타나는가?
2. 통계가설 설정	1) 독립 변인 A (성별) • Ho : $\mu1 = \mu2$ • Ha : 두 집단 간에 의미 있는 차이가 있다. 2) 독립 변인 B (피드백 간격) • Ho : $\mu1 = \mu2 = \mu3$ • Ha : 최소한 두 집단 간에 의미 있는 차이가 있다. 3) 상호작용 • Ho : 두 독립 변인 간의 상호작용이 없다. • Ha : 두 독립 변인 간의 상호작용이 있다.
3. 유의수준 결정	• $a < .05$ • 5% 이내에서 오차를 허용하고 통제함. • 통계적 결정은 최소 95% 이상 신뢰할 수 있어야 한다는 것을 의미함.
4. 학습자 수(N)	2 X 3 = 6개의 집단이 구성되며, 각 집단에 6명의 학습자가 배정되어 총 36명의 학습자가 본 연구에 참여한다.
5. 자유도(*df*)	• 성별에 대한 집단 간 자유도 : 1 • 피드백 간격에 대한 집단 간 자유도 : 2 • 상호작용 자유도 : 1 X 2 = 2 • 집단 내 자유도 : 30
6. 통계분석 유형	2의 독립 변인(성별, 피드백 간격)이 학습자의 영어 쓰기 능력에 차이가 있는지를 알아보기 때문에 이원배치 분산분석을 실시함.
7. 결정값	• $F(1, 30)_{crit} = 4.17$ (성별) • $F(2\ 30)_{crit} = 3.32$ (피드백 간격) • $F(2\ 30)_{crit} = 3.32$ (상호작용)

8. 관찰값	• $F(1, 30)_{obs}$ = .90 (성별) • $F(2, 30)_{obs}$ = 8.94 (피드백 간격) • $F(2, 30)_{obs}$ = 7.63 (상호작용)
9. Ho 기각 여부	• 성별 : Ho 수용(두 집단에 차이 없음) • 피드백 간격 : Ho 기각(3 집단 간에 차이 있음) - 사후비교 분석 필요. • 상호작용 : Ho 기각(상호작용 있음
10. 사후비교 검사	피드백 간격에 따라 집단 간에 차이가 있는 것으로 타났기 때문에, 구체적으로 어느 집단 간에 차이가 있는지를 알아보기 위해서 사후비교 검사를 실시함.

8.4 반복 측정 분산분석(Repeated Measure ANOVA)

반복 측정 분산분석(repeated measure ANOVA)은 3번 이상 반복해서 측정한 값 간에 의미 있는 차이가 있는지를 알아보고자 할 때 사용하는 통계분석 방법이다. 예를 들어, 멀티미디어 매체를 영어 듣기수업에 사용하였을 때, 영어수업에 대한 학습자들의 태도 및 동기가 어떻게 변화하는지를 알아보기 위해서 수업 전, 수업 중, 그리고 수업 후 등 3번에 걸쳐서 설문조사를 실시하는 경우이다. 앞서 7장에서 언급한 종속 표본 *t-test* 방식과 비슷하지만, 비교하는 점수가 3개 이상이라는 점에서 차이가 있다. 반복 측정 분산분석 역시 독립 변인이 1개인 경우와 독립 변인이 2개인 경우가 있다. 본 장에서는 독립 변인이 하나인 반복 측정 일원배치 분산분석에 대해서 기술하고자 한다.

8.4.1 연구 맥락

반복 측정 일원배치 분산분석은 독립 변인이 하나이고 종속 변인도 하나이지만, 이 통계분석의 주요 특징은 동일한 학습자를 대상으로 3번 이상 측정하여 이들 점수 사이에 의미 있는 차이가 있는지를 알아보는데 있다. 하지만 이 분석은 학습자로 구성된 집단의 점수를 단순히 비교하기 보다는 동일한 학습자의 점수 변화를 비교하기 때문에 F-값을 좀 더 민감하게 검증할 수 있는 이점이 있다. 반복 측정 일원배치 분산분석의 연구 맥락을 제시하면 다음과 같다.

[연구 맥락]
정보통신 기술의 발달로 인해서 첨단 ICT 매체를 영어 수업에 응용할 경우, 학습자들의 영어능력 향상에 도움이 될 것이라는 주장이 제기되었다. 그렇다면 실제로 멀티미디어 매체를 영어 듣기 수업에 활용할 경우, 학습자들의 영어학습에 대한 태도에서 변화가 생길 것인가? 본 연구를 위해서 8명의 학습자를 무선 추출하여 이들 학습자들을 대상으로 멀티미디어 매체를 활용하여 영어 듣기 수업을 12주 동안 실시하였다. 학습자들의 영어 수업에 대한 태도 변화를 알아보기 위해서 수업 전, 6주 수업 후, 그리고 12주 수업이 끝난 후 3번의 설문조사를 실시하였다. 3번의 설문조사 결과, 수업이 진행되면서 학습자들의 영어수업에 대한 태도에서 통계적으로 유의미한 변화가 나타났는가?

8.4.2 통계적 가설의 설정

먼저, 반복 측정 일원배치 분산분석을 시행하기 위해서는 다음 사항이 충족되어야 한다.

① 종속 변인에서 사용되는 데이터의 유형은 간격 척도(interval data)이어야 한다.
② 종속 변인의 모집단 데이터는 정상 분포도를 이룬다.
③ 모집단의 분산은 동일하다.

일반적으로 세 번째 가정인 모집단의 분산이 동일한 지를 알아보기 위해서 구형성(sphericity) 가정을 검증한다. 반복 측정 분산분석은 동일한 학습자로부터 점수가 나온 것이기 때문에 이들 점수가 서로 연결되어 있다는 점을 기본 전제로 한다. 따라서 구형성 검증의 목적은 이들 각 쌍의 점수 간의 관계가 서로 비슷한 지를 알아보는데 있다. 그리고 앞서 언급한 일원배치 분산분석에서는 집단 내 학습자 간의 차이로 인해 발생하는 집단 내 분산의 합을 계산했지만, 반복 측정 일원배치 분산분석은 동일인의 점수를 비교하는 것이기 때문에 집단 내 학습자 간의 차이로 인한 분산의 합은 분석과정에서 더 이상 문제가 되지 않는다.

반복 측정 일원배치 분산분석을 위한 통계적 가설을 제시하면 다음과 같다.

• Ho : $\mu 1 = \mu 2 = \mu 3$
• Ha : 최소한 두 집단 간에 의미 있는 차이가 있다.

8.4.3 통계분석 결과의 해석

예를 들어, 8명의 학습자를 대상으로 멀티미디어 매체를 활용하였을 경우, 그들의 영어 학습에 대한 태도 변화를 3번에 걸쳐 측정하여,

각 점수 간에 의미 있는 차이가 있는지를 알아본다고 가정해 보자. 통계분석에 따른 결과표는 다음과 같다.

<표 8-9> 반복 측정 일원 분산분석의 결과표 예

	Sum of Squares	df	Mean of Squares	F	p
학습자 간	38.958	7	5.565		
학습자 내	82.667	16		48.552	.000
시기	72.25	2	*36.125*		
오차	10.417	14	*.744*		
Total	121.625	23	5.565		

1) 시기(집단 간)의 자유도는 위 연구 맥락에서 동일 학습자를 대상으로 3번의 측정을 하여 얻은 점수 간에 의미 있는 차이가 있는지를 알아보기 때문에, 전체 측정 횟수(3) - 1 = 2가 된 것이다.
2) 학습자 간의 자유도는 위 연구 맥락에서 8명의 학습자를 대상으로 3번에 걸쳐 반복 측정된 것이기 때문에 참여 학습자 수(8) - 1 = 7이 된 것이다.
3) 오차의 자유도는 시기의 자유도(2) X 학습자의 자유도(7) = 14가 된다.
4) 학습자 내 전체 자유도 16은 오차 자유도(14) + 시기의 자유도(2)의 결과로 얻은 값이다.

<표 8-9>에 의하면, 집단 간 비교 자유도는 2이고, 오차의 자유도는 14, 즉 F(2, 14)인 경우의 결정값은 3.80이다. 그리고 관찰값은 다음의 공식을 통해서 계산된다.

$$F = \frac{36.125}{.744} = 48.552(p < .05)$$

따라서 관찰값이 결정값에 비해서 더 크기 때문에 본 연구에서는 영가설을 기각하는 결정을 하게 된다.

8.4.4 구형성 검증

앞서 언급한 반복 측정 일원배치 분산분석의 결과를 수용하기 위해서는 먼저 데이터가 구형성(sphericity) 가정을 만족시키는지를 알아보아야 한다. 반복 측정 분산분석은 동일한 학습자로부터 점수가 나온 것이기 때문에 이들 각 쌍의 점수 간의 관계가 서로 비슷한 지를 알아보기 위해서 구형성 검증을 한다. 구형성 조건은 반복되는 데이터 쌍의 분산이 서로 동질하다는 것을 의미한다. 만약에 반복되는 데이터 쌍의 분산이 동일하지 않으면 F-값이 커지게 되어 집단 간의 차이가 없음에도 불구하고 차이가 있는 것으로 잘못 통계적 판단을 하게 되는 경우가 생긴다. 구형성 검증을 위한 가설은 다음과 같이 설정된다.

- Ho : 데이터 쌍의 분산이 서로 동일하다.
- Ha : 데이터 쌍의 분산이 서로 동일하지 않다.

따라서 구형성 검증 결과, 통계적으로 유의하지 않으면 구형성 가정을 만족한다고 결론을 내린다. 일반적으로 Mauchly의 구형성 검증의 통계 결과표 예를 제시하면 다음 <표 8-10>과 같다.

<표 8-10> Mauchly의 구형성 검증

개체-내 효과	Mauchly W	근사 카이제곱	자유도	유의 확률	엡실런		
					Greenhouse-Geisser	Huynh-Feldt	하한값
시기	.874	.891	2	.531	.891	1.000	.511

<표 8-10>에 의하면, 유의 확률이 .531 ($p > .05$)로 나타나서 통계적으로 유의미하지 않아서 구형성 가정을 만족시킨 것으로 해석한다.

8.4.5 사후비교 검사

앞서 제시한 <표 8-9>에 의하면, 3번의 측정에 따른 학습자의 태도 변화에서 통계적으로 유의미한 차이가 있는 것으로 나타났다. 그렇다면 어느 시기에 학습자들의 영어학습에 대한 태도에서 차이가 있는지를 알아보기 위해서 대응별 비교 검사(사후검사)를 실시한다. 대응별 비교 검사의 결과표 예를 제시하면 다음 <표 8-11>과 같다.

<표 8-11> 대응별 비교검사의 결과 표 예(신상근, 2014, p. 278)

요인 1(I)	요인 2(J)	평균차 (I-J)	표준 오차	유의 확률	95% 신뢰구간	
					하한값	상한값
1	2	-2.125	.350	.002	-3.221	-1.029
	3	-4.250	.491	.000	-5.786	-2.714
2	1	2.125	.350	.002	1.029	3.221
	3	-2.125	.441	.006	-3.503	-.747
3	1	4.250	.491	.000	2.714	5.786
	2	2.125	.441	.006	.747	3.503

<표 8-11>에 의하면, 첫 번째 시기와 두 번째 시기에서 학습자의 태도 점수에서 의미 있는 차이가 발견되었으며, 그리고 두 번째 시기와 세 번째 시기에서도 학습자의 태도 점수에서 의미 있는 차이가 나타났다. 즉, 멀티미디어 매체를 영어 듣기 수업에 활용하였을 경우, 학습자들의 영어학습에 대한 태도 변화에서 의미 있는 차이가 나타나고 있다는 것을 함축하고 있다. 즉, 멀티미디어 매체를 활용한 영어 듣기수업이 진행될수록 학습자들의 영어수업에 대한 태도 점수가 통계적으로 유의미하고 긍정적인 방향으로 변화하고 있다는 것을 보여준다. 다음 <그림 8-4>의 그래프를 보면, 1차, 2차, 3차 측정이 진행됨에 따라 학습자들의 영어학습에 대한 태도가 유의미하게 긍정적으로 변화되고 있다는 것을 보여준다(신상근, 2014, p. 278).

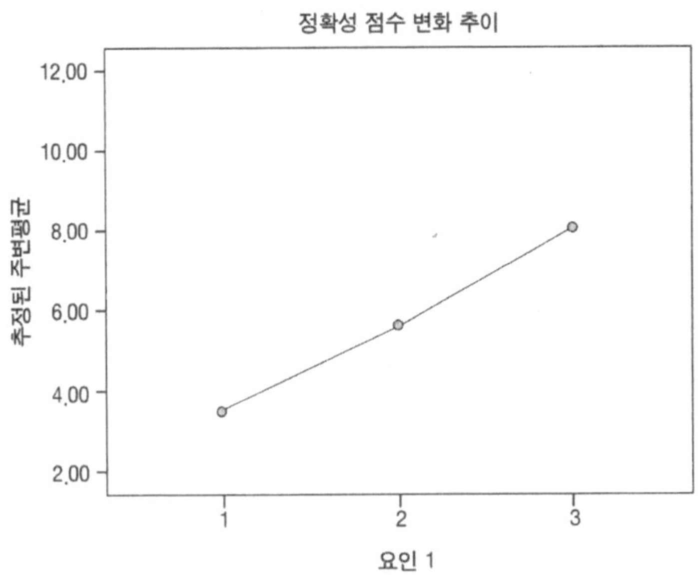

<그림 8-4> 영어학습에 대한 학습자의 태도 변화 추이

8.5 공분산 분석(ANCOVA : Analysis of Covariance)

일반적인 실험 연구는 독립 변인이 종속 변인에 미치는 영향을 파악하는데 있기 때문에, 만약 종속 변인에 어떤 변화가 있다면 그 변화의 원인을 독립 변인에서 찾는다. 따라서 독립 변인 이외에 종속 변인에 영향을 미칠 수 있는 다른 변인에 대해서는 엄격한 통제를 하여야 연구의 타당성을 높일 수 있다. 하지만 연구자가 판단하기에 독립 변인 이외에 연구 결과에 영향을 미칠 수 있는 다른 요인이 있는 경우가 있다. 이 경우 연구자는 그 요인의 영향을 통제한 상태에서 수정된 각 집단의 평균을 계산하여야 독립 변인의 영향을 정확하게 분석하여 종속 변인에 미치는 영향을 파악할 수 있다. 독립 변인 이외에 종속 변인에 영향을 미치는 다른 변인의 영향을 통제한 상태에서 집단 간 비교를 하는 통계분석 방법을 공분산 분석(ANCOVA: Analysis of Covariance)이라 한다.

8.5.1 공변인(Covariate)의 의미

앞서 언급한 바와 같이, 연구가 시작되기 전에 비교 대상이 되는 집단 간에는 종속 변인 측면에서 동질 집단(homogeneous group)이어야 한다. 이는 동일한 출발점에서 각 집단이 독립 변인의 영향을 받아서 나중에 사후 검사에서 어떤 변화가 있었는지를 검증하여 각 집단 간에 의미 있는 차이가 있는지를 비교하게 되는 것을 의미한다. 하지만 연구가 시작되기 전에 종속 변인 측면에서 집단 간에 차이가 있을 수 있다. 이 경우, 연구자는 독립 변인 이외에 종속 변인에 영향을 미치는 것으로 파악되는 변인을 공변인(covairate)으로 지정한다. 그리고 공변인의 영향력을 통제하기 위해서 이를 통계적으로 동일한 수준으로 수정 또는 통제한 상태에서 사후 검사를 하게 된다. 공분산 분석을 위한 연구 맥락을 제시하면 다음과 같다.

[연구 맥락]
영어 말하기 수업에서 학습자들에게 제공되는 피드백의 유형에 따라 학습자들의 말하기 능력에 어떤 영향을 미치는지를 알아보고자 연구를 시작하였다. 본 연구를 위해서 3개 집단이 만들어졌고, 45명의 학습자들이 무선 추출 방식으로 각 집단에 15명씩 배정되었다. 집단 A에는 교사 피드백이 제공되었고, 집단 B에는 동료 피드백이 제공되었으며, 그리고 집단 C에는 학습자 스스로 자기평가 하는 방식을 사용하도록 하였다. 12주 동안 영어 말하기 수업이 이루어졌고, 실험이 끝난 후 학습자들이 영어 말하기에 대해서 느끼는 불안감 정도를 알아보는 설문조사가 이루어졌고, 또한 학습자들의 말하기 능력에서 어떤 변화가 나타났는지를 알아보기 위해서 영어 말하기 평가가 이루어졌다.

위 연구 맥락에서 독립 변인은 학습자들에게 제공되는 서로 다른 피드백의 유형이며, 종속 변인은 영어 말하기 능력이 된다. 서로 다른 피드백에 따라 학습자들의 말하기 능력에서 3개 집단 간에 차이가 있는지를 알아보는 것이 본 연구의 목적이지만, 문제는 학습자들이 느끼는 불안감이 영어 말하기 능력에 영향을 미칠 수 있다는 점이다. 무선 추출 방식에 따라 학습자들을 3개 집단에 배정했다고 해서 학습자들이 영어 말하기에 대해서 느끼는 불안감 정도가 동일하다고는 볼 수 없다. 따라서 위 연구 맥락에서 학습자들에게 제공되는 피드백의 유형이 학습자들의 영어 말하기 능력에 미치는 영향을 정확하게 파악하기 위해서는 학습자들의 불안감 정도를 통제할 필요가 있다. 따라서 위 연구 맥락에서는 학습자들의 불안 정도를 공변인으로 통제한 상태에서 학습자들의 말하기 능력을 서로 비교하여 집단 간에 차이가 있는지를 알아보기 위해서 공분산 분석을 실시하게 된다.

8.5.2 통계 가설의 설정

앞서 언급한 바와 같이, 분산분석을 시행하기 위해서는 다음 3가지 사항이 충족되어야 한다.

① 종속 변인은 간격 척도(interval scale)의 데이터이다.
② 종속 변인의 모집단 데이터는 정상 분포도를 이룬다.
③ 모집단의 분산은 동일하다. 일반적으로 이 가정이 충족되는지를 알아보기 위해서 Levene의 등분산 검정을 실시한다.

하지만, 공분산 분석을 위해서는 추가적으로 다음 사항들이 충족되어야 한다.

① 독립 변인과 공변인의 영향 간에는 상호 독립적이어야 한다. 공변인의 영향력을 통제하기 위해서 동일한 수준으로 통제하기 때문에, 공변인을 종속 변인으로 하였을 때 집단 간에 차이가 나서는 안 된다. 즉, 앞서 제시한 연구 맥락에서 학습자들이 느끼는 불안감 정도에서 집단 간에 차이가 나서는 안 된다.
② 공분산 분석은 공변인의 영향력을 통제하기 위해서 이를 통계적으로 동일한 수준으로 통제한다. 따라서 공변인이 모든 집단의 종속 변인에 동일하게 작용하는 것을 기본 전제로 한다.

③ 공변인과 종속 변인 간에는 선형관계가 있어야 하고, 일정 수준의 상관관계가 있어야 한다. 만약에 상관관계가 낮은 경우에는 공분산 분석의 실효성이 낮다.

공분산 분석을 위한 통계적 가설은 다음과 같이 설정된다.

• Ho : $\mu1 = \mu2 = \mu3 = \mu n$
• Ha : 최소한 두 집단 간에 의미 있는 차이가 있다.
(단, 공변인의 영향으로 인해서 각 집단의 수정된 평균값을 사용한다.)

8.5.3 공분산 분석 절차

앞서 제시한 연구 맥락에 근거하여 분산분석과 공분산 분석을 실시한다고 가정해 보자. 먼저, 학습자들이 영어 말하기에 대해서 느끼는 불안감을 통제하지 않은 상태에서 3개 집단 간에 말하기 능력에서 차이가 있는지를 알아보기 위해서 일원배치 분산분석을 실시하고, 그 다음에 학습자들의 불안감을 통제한 상태에서 학습자들의 말하기 능력에서 차이가 있는지를 알아보기 위해서 공분산 분석을 실시하여 그 차이를 상호 비교해 보았다. 일원배치 분산분석 결과표(<표 8-12>)와 공분산 분석 결과표(<표 8-13>)를 비교해 보면 피드백의 유형이 학습자들의 말하기 능력에 미치는 영향을 보다 정확하게 파악할 수 있다.

<표 8-12> 공변인을 통제하지 않은 상태의 분산분석 결과표

Source	제곱합	자유도	평균제곱	F	유의확률
수정모형	3.733	2	1.867	2.288	.114
절편	605.000	1	605.000	741.537	.000
피드백 유형	3.733	2	1.867	2.288	.114
오차	34.267	42	.816		
합계	643.000	45			
수정 합계	38.000	44			

<표 8-12>는 학습자들이 느끼는 불안감을 통제하지 않은 상태에서 학습자들의 영어 말하기 능력에서 집단 간 차이가 있는지를 알아본 결과표이다. $F(2, 42) = 2.228$, $p > .05$로 나타나서 집단 간 의미 있는 차이가 나타나지 않았다. 다음 <표 8-13>은 학습자들이 느끼는 불안감을 공변인으로 설정하고 통제한 후, 공분산 분석을 한 결과표이다. 그런데 그 결과는 앞서 제시한 분산분석 결과와는 다르게 나타나고 있다는 것을 알 수 있다.

<표 8-13> 공변인을 통제한 상태의 공분산 분석 결과표

Source	제곱합	자유도	평균제곱	F	유의확률
수정모형	6.353	3	2.118	2.744	.055
절편	24.430	1	24.430	31.650	.000
말하기 불안	2.620	1	2.620	3.395	.073
피드백 유형	6.344	2	3.172	4.110	.024
오차	31.647	41	.772		
합계	643.000	45			
수정 합계	38.000	44			

<표 8-13>에서 공변인으로 지정된 학습자들의 불안감 정도는 $F(1, 42) = 3.395$, $p > .05$로서 집단 간에 차이가 나지 않아서 공분산 분석을 위한 조건을 충족하고 있음을 알 수 있다. 또한, 공변인을 통제한 상태에서 학습자들의 영어 말하기 능력은 $F(2, 41) = 4.110$, $p < .05$로 집단 간에 의미 있는 차이가 나타나고 있음을 알 수 있다. 따라서 공분산 분석은 공변인을 통제하여 공변인과 독립 변인의 영향을 서로 구분함으로써 독립 변인이 종속 변인에 미치는 영향을 보다 정확하게 파악할 수 있음을 의미한다. 이제 마지막 단계는 공분산 분석에서 집단 간에 의미 있는 차이가 나타났기 때문에 앞서 언급한 일원배치 분산분석 경우와 같이 어느 집단 간에 의미 있는 차이가 있는지를 확인하기 위해서 사후비교 분석을 실시하면 된다.

8.6 SPSS를 이용한 분산분석

8.6.1 일원배치 분산분석

서로 다른 교수법을 사용하였을 때, 학습자들의 듣기 능력에 어떤 효과가 있는지를 알아보는 연구를 진행한다고 할 때, 다음과 같이 학습자들이 듣기 점수가 수집되었다고 가정해 본다.

A Method	B Method	C Method
65	74	74
62	65	78
56	62	86
60	72	75

다음 화면에서와 같이, 3개 집단의 데이터를 앞서 제시한 독립 t-검정의 경우와 같이 한 칸에 입력하고, 다른 칸에는 집단 구별을 위해서 A 교수법에는 '1', B 교수법에는 '2', 그리고 C 교수법에는 '3'을 입력한다.

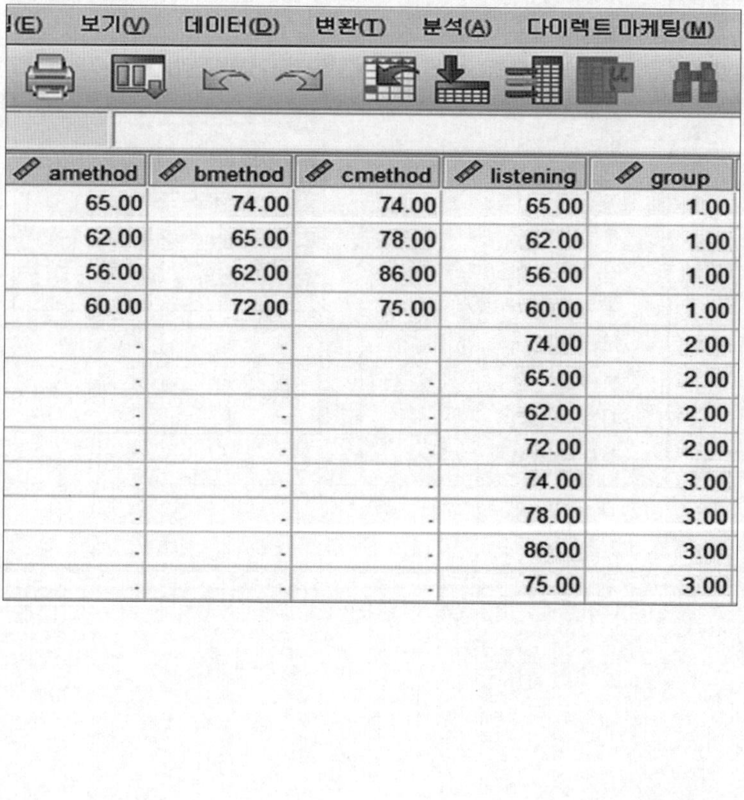

amethod	bmethod	cmethod	listening	group
65.00	74.00	74.00	65.00	1.00
62.00	65.00	78.00	62.00	1.00
56.00	62.00	86.00	56.00	1.00
60.00	72.00	75.00	60.00	1.00
.	.	.	74.00	2.00
.	.	.	65.00	2.00
.	.	.	62.00	2.00
.	.	.	72.00	2.00
.	.	.	74.00	3.00
.	.	.	78.00	3.00
.	.	.	86.00	3.00
.	.	.	75.00	3.00

데이터 입력 후, 위 메뉴에서,

[분석] → [평균비교] → [일원배치 분산분석]을 선택한다.

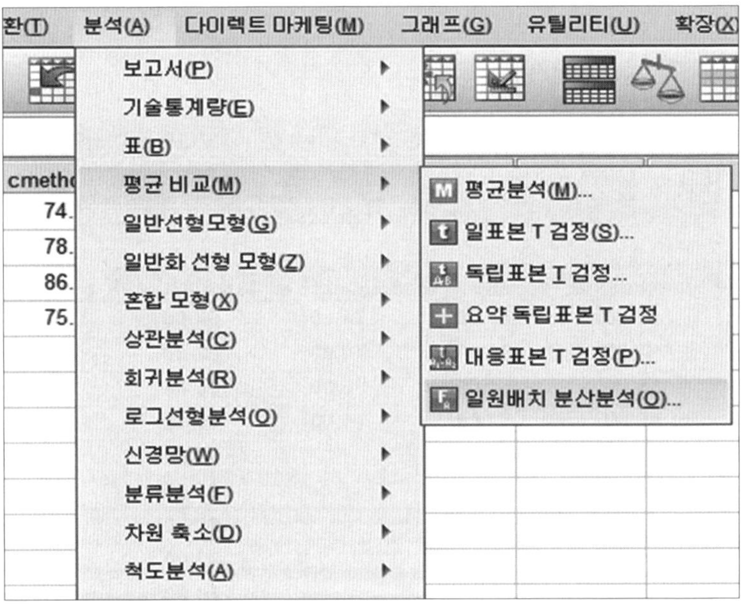

아래 그림에서 한 칸에 입력한 3개 집단의 데이터를 왼쪽의 [종속변수]에 이동시키며, 집단 구별을 위해 입력한 변수를 왼쪽의 [요인]으로 이동시킨다.

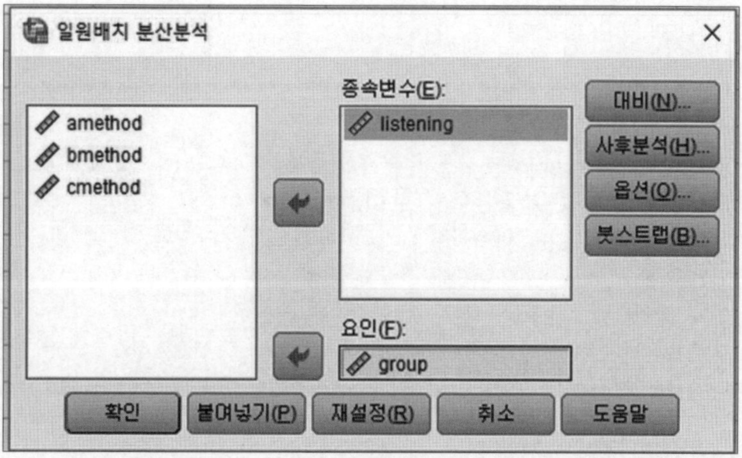

그리고 화면의 왼쪽에 위치한 [사후분석]을 선택하면 아래와 같이 사후분석을 위해서 사용되는 여러 방법들이 나타나는데, 몇 가지를 선택하고 유의 수준은 .05를 선택한다. 그리고 [계속] 버튼을 선택하고, [확인] 버튼을 선택하면 분석 결과표가 나타난다.

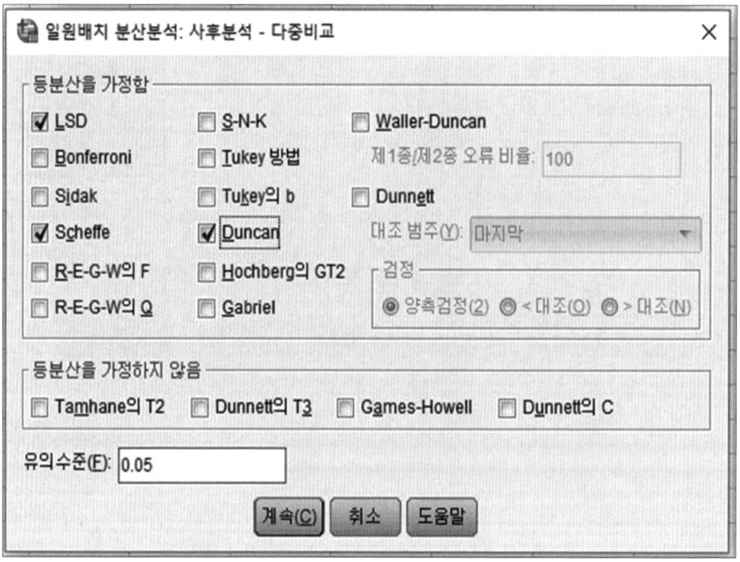

8.6.2 이원배치 분산분석

본 장의 193쪽에 제시된 데이터를 입력한다고 가정해 보자.

아래 제시한 그림과 같이 한 칸에 전체 데이터를 입력한다. 옆에 칸에는 학생들의 성별을 구별하기 위해서 남학생의 경우에는 '1'을 입력하고, 여학생의 경우에는 '2'를 입력한다. 그리고 옆의 칸에는 다시 구두 청각식 교수법에는 '1'을 입력하고, 인지적 교수법에는 '2'를 입력한다.

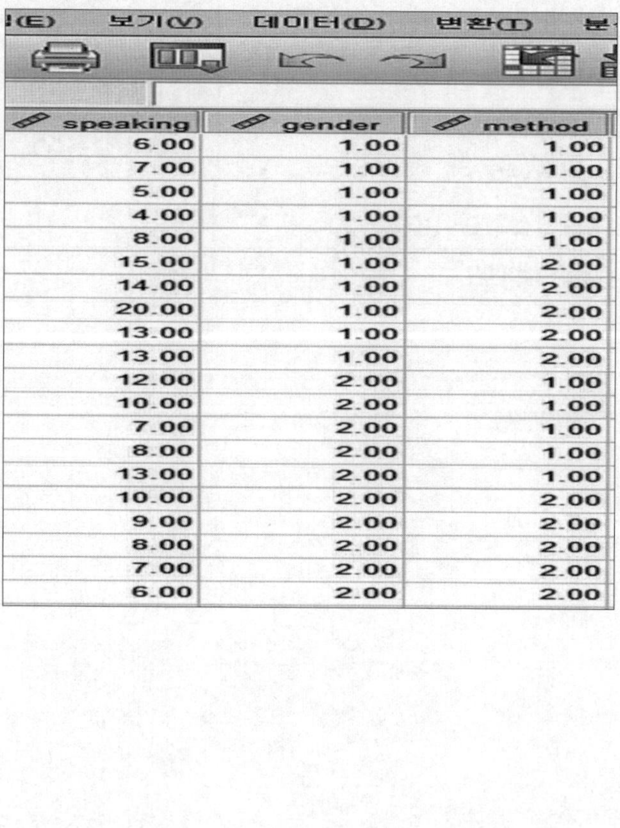

speaking	gender	method
6.00	1.00	1.00
7.00	1.00	1.00
5.00	1.00	1.00
4.00	1.00	1.00
8.00	1.00	1.00
15.00	1.00	2.00
14.00	1.00	2.00
20.00	1.00	2.00
13.00	1.00	2.00
13.00	1.00	2.00
12.00	2.00	1.00
10.00	2.00	1.00
7.00	2.00	1.00
8.00	2.00	1.00
13.00	2.00	1.00
10.00	2.00	2.00
9.00	2.00	2.00
8.00	2.00	2.00
7.00	2.00	2.00
6.00	2.00	2.00

이원배치 분산분석을 위해서 위 메뉴에서,

[분석] → [일반선형모형] → [일변량]을 선택한다.

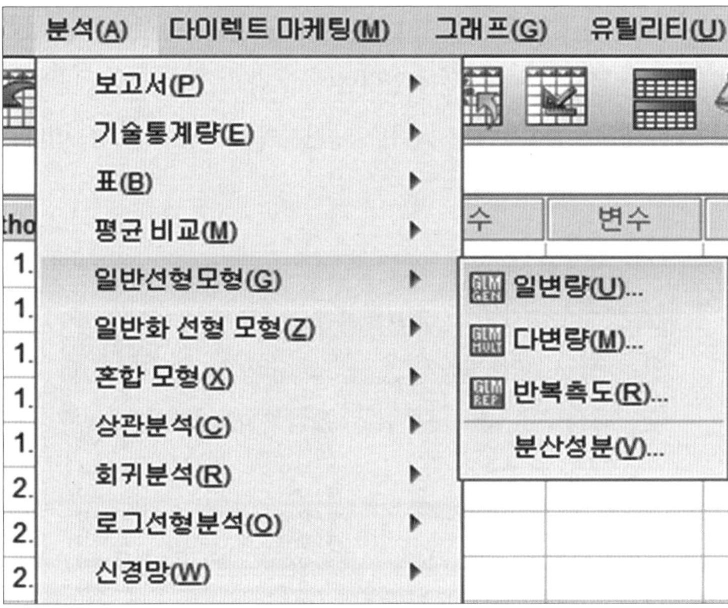

아래 화면에서 학생들의 말하기 점수인 전체 데이터를 오른쪽의 [종속변수]로 이동시키고, 학습자 성별과 교수법 요인이라 할 수 있는 두 독립 변인 요인을 [고정요인] 또는 [모수요인]으로 이동시킨다.

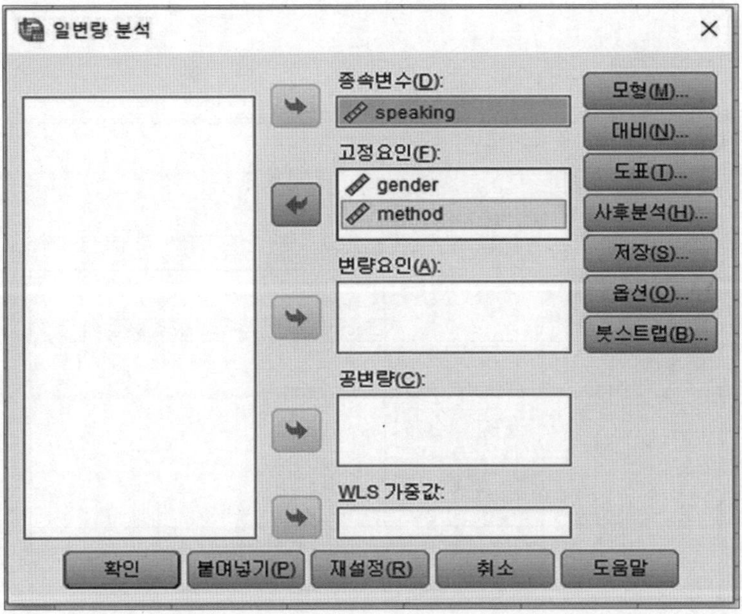

그리고 아래 화면에서 왼쪽에 위치한 [모형]을 선택하여 [사용자 정의]를 선택하여 아래 그림과 같이 [모형] 칸에 gender 요인, method 요인, 그리고 gender*method 요인을 이동시킨다. [항설정]에서는 '상호작용'을 선택한다. 선택 후, [계속] 버튼을 선택하고, [확인] 버튼을 클릭하면 분석 결과표가 나타난다.

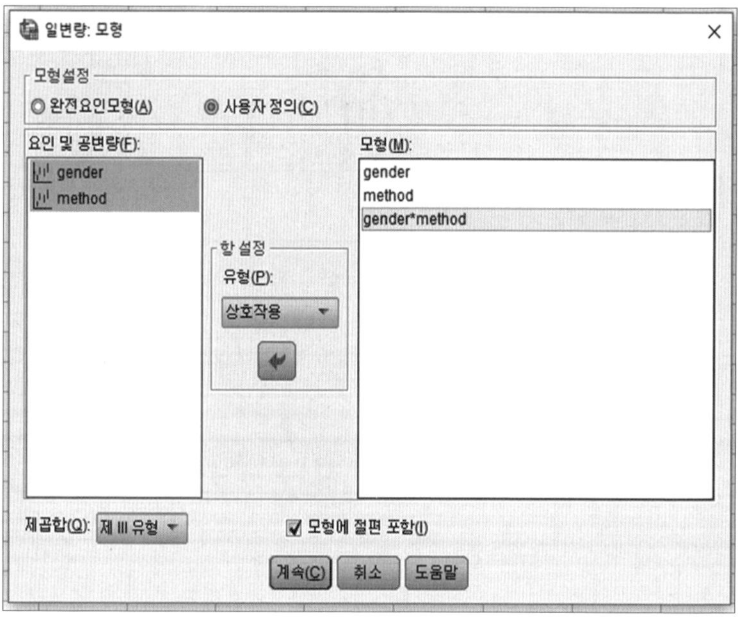

8.6.3 반복측정 분산분석

예를 들어, 쉐도잉(shadowing) 기법을 활용한 영어 말하기 활동이 학습자들의 발음 능력 향상에 어떤 영향을 미치는지를 조사한다고 가정해 보자. 5주, 10주, 학기말에 말하기 시험을 본 후, 학습자들의 말하기 시험 점수가 수집되었다. 반복측정을 위해서 위 메뉴에서,

[분석] → [일반선형모형] → [반복측도]을 선택한다.

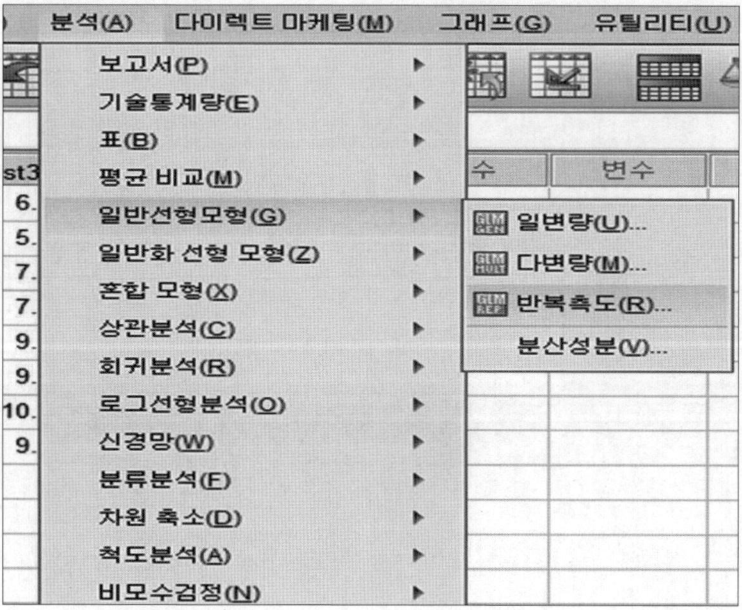

반복측정을 선택하면, 아래와 같은 창이 나타나는데 요인 이름을 입력해야 한다. '시험시기'라고 입력하고, 시험은 3번(5주, 10주, 학기말)에 걸쳐 이루어졌기 때문에 [수준의 수]에 '3'을 입력하고, 꼭 [추가] 버튼을 선택한다. [추가] 버튼을 클릭하면 아래 [정의] 버튼이 활성화된다.

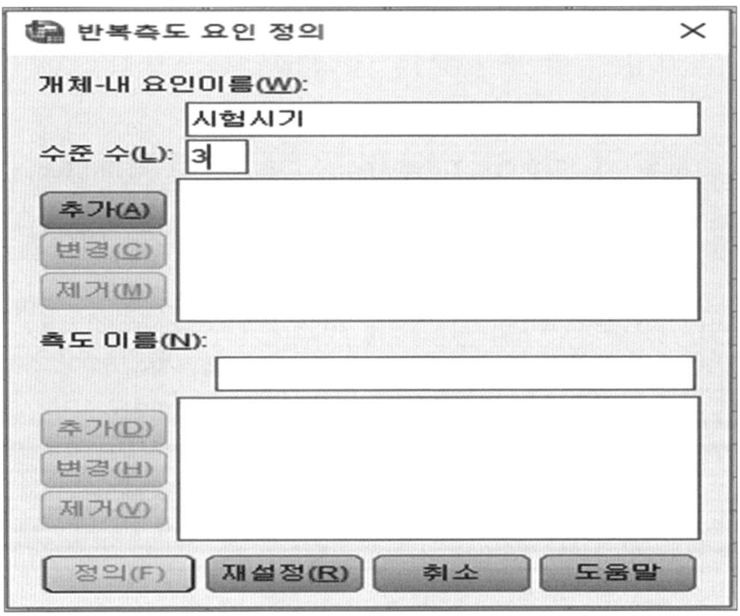

[정의] 버튼을 다시 클릭하면, 왼쪽에 위치한 test1, test2, test3을 오른쪽의 [시험시기]로 하나씩 이동시킨다.

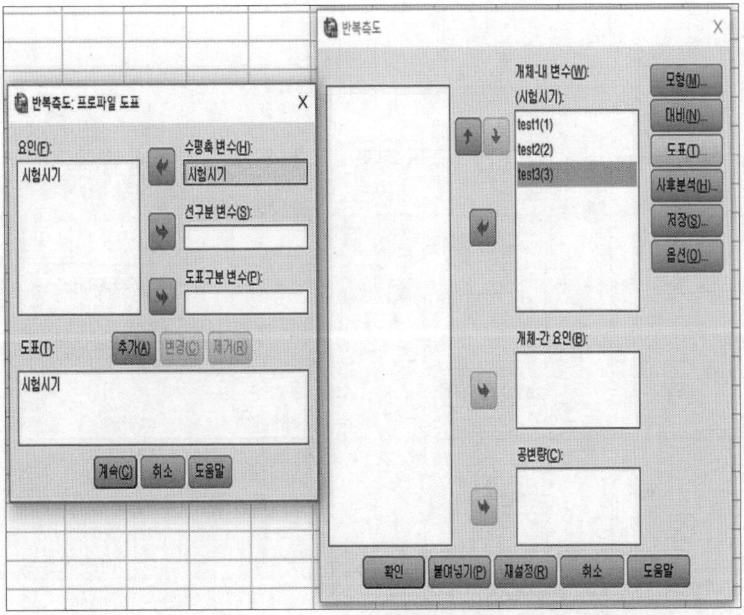

이어서 [옵션]을 선택하여 다음 그림에서 [기술통계량], [효과크기 추정], 그리고 [주효과 비교]를 선택한다. 이어서 아래의 [계속] 버튼을 선택하고 [확인] 버튼을 클릭하면 분석 결과를 보여 준다.

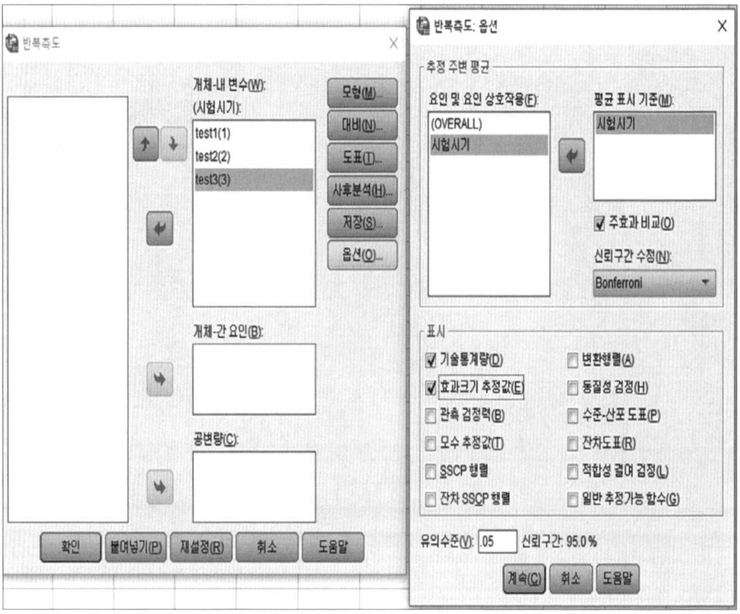

8.6.4 공분산 분석

스마트 폰에 어휘학습 엡을 이용한 어휘학습법과 이중 언어 단어목록을 이용하여 암기하는 어휘학습법 중, 어느 학습법이 더 효과적인지를 조사한다고 가정해 본다. A 집단은 전통적인 단어목록을 이용한 어휘학습법을 사용하였고, B 집단은 스마트 폰의 엡을 이용한 어휘학습법을 사용하였다. 학습법을 사용하기 전에 두 집단의 어휘 능력에 대한 사전 검사를 실시하였고, 8주간의 학습법을 사용한 후 사후 검사를 실시하였다. 본 연구를 위해 각각 20명의 학습자들이 두 집단에 배정되었다. 두 집단의 사전 및 사후 검사를 통해 수집된 데이터를 아래와 같이 입력하였다. 본 연구의 목적은 사후 검사에서 두 집단 간에 의미 있는 차이가 발견되었는지를 알아보는데 있다. 그런데, 사전 검사에서 두 집단 간에 의미 있는 차이가 발견되었다. A 집단의 사전 검사와 사후 검사 데이터를, 그리고 B 집단의 사전 검사와 사후 검사의 데이터를 아래와 같이 입력한다. 사전 검사 및 사후 검사에서 두 집단 간의 차이가 있는지를 알아보기 위해서 두 집단의 사전 검사 데이터를 한 칸에, 그리고 사후 검사 데이터를 다른 칸에 입력하고, 집단 간의 구별을 위해서 A 집단은 '1'로, B 집단은 '2'로 표기하여 구분한다.

보기(V) 데이터(D) 변환(T) 분석(A) 다이렉트 마케팅(M) 그래프(G) 유틸리티(U)

apretest	aposttest	bpretest	bposttest	pretest비교	집단	posttest비교
90.00	98.00	100.00	108.00	90.00	1.00	98.00
93.00	103.00	105.00	106.00	93.00	1.00	103.00
104.00	107.00	105.00	107.00	104.00	1.00	107.00
100.00	100.00	110.00	111.00	100.00	1.00	100.00
102.00	125.00	119.00	119.00	102.00	1.00	125.00
90.00	95.00	105.00	110.00	90.00	1.00	95.00
100.00	108.00	106.00	118.00	100.00	1.00	108.00
104.00	108.00	104.00	107.00	104.00	1.00	108.00
106.00	104.00	110.00	116.00	106.00	1.00	104.00
100.00	116.00	120.00	120.00	100.00	1.00	116.00
75.00	106.00	105.00	112.00	75.00	1.00	106.00
88.00	106.00	119.00	110.00	88.00	1.00	106.00
90.00	95.00	105.00	115.00	90.00	1.00	95.00
105.00	115.00	110.00	119.00	105.00	1.00	115.00
102.00	124.00	115.00	125.00	102.00	1.00	124.00
80.00	97.00	105.00	119.00	80.00	1.00	97.00
95.00	102.00	100.00	120.00	95.00	1.00	102.00
100.00	110.00	105.00	117.00	100.00	1.00	110.00
102.00	98.00	106.00	120.00	102.00	1.00	98.00
103.00	122.00	110.00	118.00	103.00	1.00	122.00
.	.	.	.	100.00	2.00	108.00
.	.	.	.	105.00	2.00	106.00
.	.	.	.	105.00	2.00	107.00
.	.	.	.	110.00	2.00	111.00
.	.	.	.	119.00	2.00	119.00
.	.	.	.	105.00	2.00	110.00

사전 검사에서 두 집단 간에 의미 있는 차이가 발견되었기 때문에 사전 검사를 공변인으로 통제하는 가운데, 사후 검사에서 두 집단 간에 의미 있는 차이가 있는지를 알아보기 위해서 공분산 분석을 사용한다. 공분산 분석을 위해서 위 메뉴에서

[분석] → [일반선형모형] → 일변량]을 선택한다.

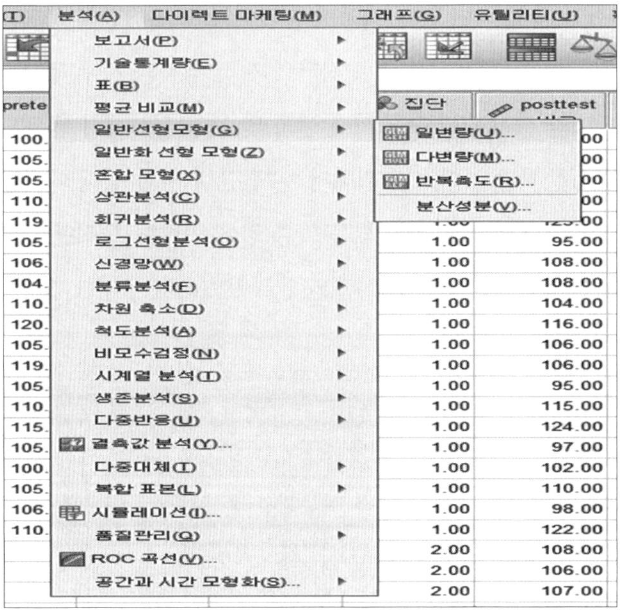

다음 그림에서 분석 대상이 되는 두 집단의 사후 검사 데이터를 오른쪽의 [종속변수]로 이동시키고, [고정요인]에 두 집단의 구별을 의미하는 집단 변수를 이동시킨다. 그리고 두 집단의 사전 검사 데이터를 통제하기 위한 목적으로 [공변량]으로 이동시킨다. 그리고 [확인] 버튼을 선택하면 분석결과가 나타난다.

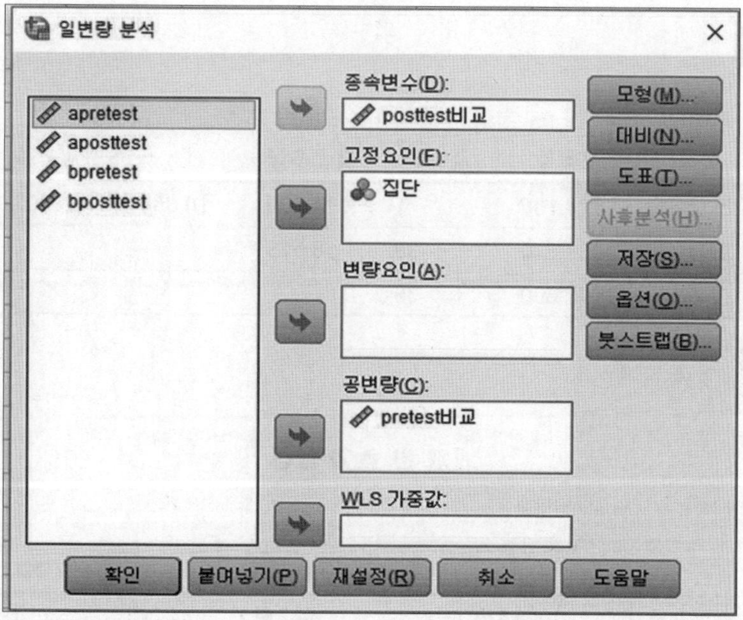

사전 검사를 통제하지 않고, 단순히 사후 검사 만을 대상으로 분석할 때는 두 집단 간에 의미 있는 차이가 발견된다($F(1, 38)=10.666$, $p < .05$). 하지만 이미 실험을 시작하기 전에 사전 검사에서 두 집단 간에 의미 있는 차이가 발견되어, 사전 검사 데이터를 공변량으로 설정하고 사후 검사에서 두 집단 간에 의미 있는 차이가 있는지를 알아보았을 때, 아래 결과표에서 본 바와 같이($F(1, 37)=.762$, $p > .05$), 두 집단 간에는 의미 있는 차이는 발견되지 않았다.

posttest비교

	제곱합	자유도	평균제곱	F	유의확률
집단-간	624.100	1	624.100	10.666	.002
집단-내	2223.500	38	58.513		
전체	2847.600	39			

개체-간 효과 검정

종속변수: posttest비교

소스	제 III 유형 제곱합	자유도	평균제곱	F	유의확률
수정된 모형	1065.629[a]	2	532.815	11.063	.000
절편	796.905	1	796.905	16.547	.000
pretest비교	441.529	1	441.529	9.168	.004
집단	36.705	1	36.705	.762	.388
오차	1781.971	37	48.161		
전체	494800.000	40			
수정된 합계	2847.600	39			

a. R 제곱 = .374 (수정된 R 제곱 = .340)

9장

상관관계(Correlation) 분석

국어 성적이 높은 학습자는 외국어 성적에서도 높게 나타날 것인가? 이렇듯 상관관계(corelation) 분석은 두 변인(예: 국어 성적과 영어 성적) 간에 상호 관련성 및 연관성을 측정하는 통계분석 방법이다. 예를 들어, 국어 성적이 높으면 높을수록 영어 성적 역시 높게 나오는지, 아니면 반대로 영어 성적이 낮게 나오는지 등의 두 변인 간의 관련성을 분석하는 것이 상관관계 분석이다. 따라서 분석 결과에 따라, 긍정적 상관관계(positive correlation) 및 부정적 상관관계(negative correlation) 등과 같이 상관관계의 방향을 알 수 있으며, 또한 상관계수(correlation coefficient)를 통해서 두 변인 간에 존재하는 상관관계의 정도를 알 수 있다.

9.1 상관관계 분석의 이해

9.1.1 상관관계의 연구 맥락

상관관계 분석은 두 변인 간의 관련성, 즉 두 변인 간의 변화 양상에 어떤 관련성 및 연관성이 있는지를 조사하는 통계분석이다. 상관관계 분석을 위한 연구 맥락을 제시하면 다음과 같다.

[연구 맥락]
정확도를 요구하는 직장에서는 회사원들이 얼마나 실수를 줄일 수 있느냐에 따라 회사의 사활이 걸려있다고 볼 수 있다. 회사 경영진은 사원들의 실수를 줄이기 위해 그들을 위한 재교육 프로그램을 준비하고 있다. 문제는 이런 재교육을 누구를 대상으로 하는가 이다. 회사의 한 고위 간부는 사원들의 실수는 주로 회사근무 연수가 적을수록 많은 실수가 나타난다고 주장하면서 신입사원을 중심으로 재교육이 이루어져야 한다고 주장하였다. 반면, 다른 회사 간부는 회사근무 연수가 많을수록 자신의 경력과 감각만을 중시한 나머지 제반 근무수칙을 지키지 않아서 실수가 많이 나타난다고 주장하면서 재교육은 주로 회사근무 연수가 많은 장기근무 근로자를 중심으로 행해져야한다고 주장하였다. 회사 사장은 이 두 팽팽한 주장에 대해 고민에 빠졌는데 그는 어느 한 연구센터에 의뢰하여 이에 대한 조사를 해달라고 부탁하였다. 연구센터는 근로자의 회사근무 연수와 그들이 근무 중에 나타내는 실수 횟수와 어떤 상관관계가 있는지를 조사하기로 하고 전체 근로자 중 10명의 근로자를 무작위로 선별하여 조사하였다. 근로자 10명의 근무 연수와 그들이 근무 중에 발생한 실수 횟수를 정리하여 제시하면 다음과 같다.

근로자	근무 연수	실수 횟수	근로자	근무 연수	실수 횟수
근로자 1	8	14	근로자 6	3	1
근로자 2	10	12	근로자 7	9	12
근로자 3	1	4	근로자 8	7	10
근로자 4	5	11	근로자 9	4	9
근로자 5	6	10	근로자 10	2	4

위 연구 맥락은 근로자의 근무 연수와 그들이 보여준 실수 횟수 간에 어떤 관련성이 있는지를 알아보는데 그 목적이 있다. 따라서 상관

관계 분석을 통해서 근무 연수가 많을수록 실수를 많이 하는지, 아니면 반대로 실수를 적게 하는지를 알아봄으로써 재교육 대상을 결정하는데 중요한 참고자료로 활용할 수 있다. 만약 두 변인 간에 긍정적인 상관관계가 발견된다면 재교육 대상은 근무 연수가 많은 근로자를 대상으로 이루어질 필요가 있는 반면에, 부정적인 상관관계가 발견되었을 경우에는 근무 연수가 적은 근로자를 대상으로 재교육이 이루어질 필요가 있다.

9.1.2 상관계수 및 결정계수의 의미

두 변인 간의 연관성 및 상관성을 먼저 시각적으로 확인할 수 있는 방법은 산점도(scatter plot)를 그려 보는 것이다. X 축에는 독립 변인에 속하는 '근무연수' 변인을 설정하고, Y 축에는 종속 변인에 속하는 '실수횟수' 변인을 설정하여 산점도를 그려보면 상관관계 여부 및 그 정도를 개괄적으로 파악해 볼 수 있다. 그리고 산점도를 형성하는 점들 가운데를 통과하는 하나의 직선을 그려볼 수 있는데, 점들이 그 직선에 가깝게 형성되면 상관관계가 높게 나올 것이며, 반대로 점들이 직선에서 멀리 그리고 불규칙적으로 퍼져 형성되면 상관관계 정도가 낮거나 또는 상관관계가 없는 것으로 나타난다. 만약에 모든 점들이 점들 가운데를 지나는 직선 위에 위치한다면 일반적으로 완벽한 상관관계가 만들어진다. 앞서 제시한 연구 맥락에서 수집한 데이터에 근거하여 산점도를 그려보면 다음과 같다.

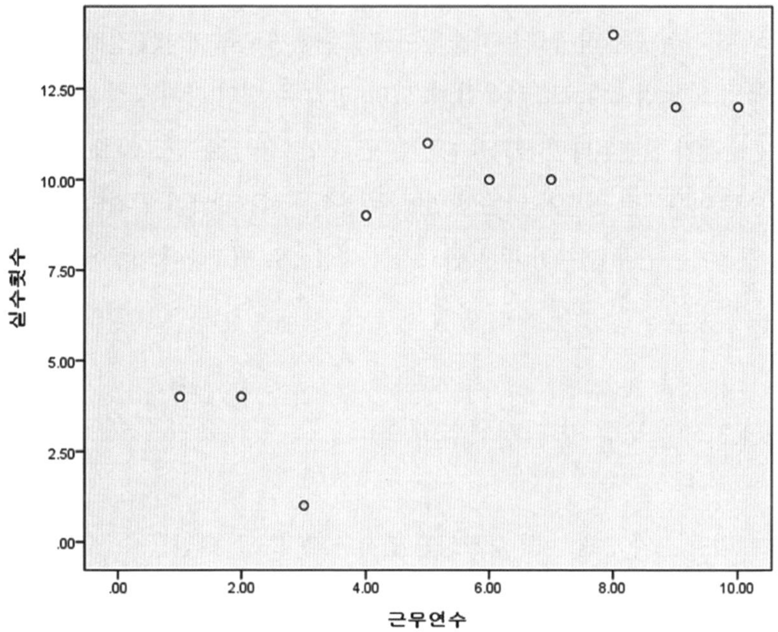

<그림 9-1> 근무연수와 실수횟수 간의 산점도 예

위 <그림 9-1>에 의하면, 그래프 상에 위치한 점들 사이에 어떤 패턴(pattern)이 존재하고 있다는 것을 알 수 있다. 즉, 근무연수가 많으면 많을수록 근로자의 실수가 많이 발생하는 일종의 긍정적인 상관관계가 존재하고 있다는 것을 알 수 있다. 그리고 다음 <그림 9-2>와 같이, 이러한 점들 가운데를 지나는 직선을 그려볼 수 있다.

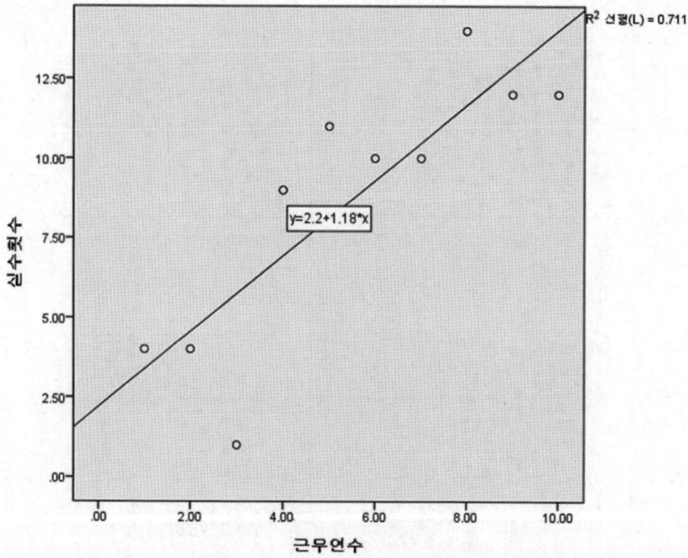

<그림 9-2> 산점도 가운데를 통과하는 선

그래프 상의 점들과 이들 점들 가운데를 통과하는 직선 간의 거리에 따라 상관관계 정도가 결정된다. 만약에 이들 점들이 완전하게 직선 위에 위치한다면 완벽한 상관관계, 즉 상관계수 +1이 나타난다고 볼 수 있다. 일반적으로 상관계수는 -1에서 +1 사이에 위치하는 수치로 표시된다. 상관계수 앞에 붙는 -/+는 상관관계가 긍정적인지 또는 부정적인지 등의 방향만을 제시할 뿐이다. 상관관계 정도를 수치로 제시한 것을 상관계수(correlation coefficient)라 하는데, 상관계수의 수치에 따라 상관관계가 높은지 아니면 낮은지를 보여준다.

또한, 상관관계의 여러 유형을 그림으로 제시하면 다음과 같다.

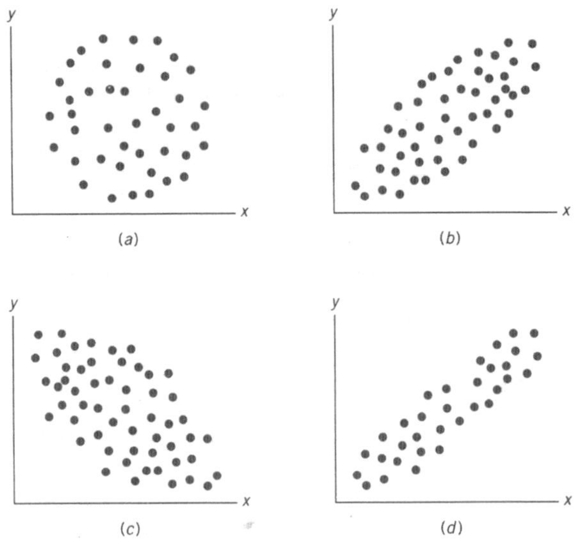

<그림 9-3> 상관관계의 여러 유형

위 <그림 9-3>에 의하면, 그림(a)는 두 변인 간에 상관관계가 매우 낮을 것으로 생각되며, 그림(b)와 그림(c)는 상관 정도는 비슷해 보이지만, 그림(b)는 긍정적인 상관관계를 보여주는 반면에, 그림(c)는 부정적인 상관관계를 보여주는 경우이다. 그리고 그림(d)는 긍정적인 상관관계이지만 그림(b)와 그림(c)에 비해서 점들이 서로 가깝게 위치하고 있어서 상관관계의 정도는 더 높다고 볼 수 있다.

상관관계 정도를 나타내는 수치를 상관계수(correlation coefficient)라고 한다면, 상관계수가 갖는 실제적 효과 및 그 의미를 보여주는 수치를 결정계수(coefficient of determination)라고 한다. 결정계수는 일반적으로 상관계수를 제곱한 수치이다. 만약, 상관관계 분석을 한 후에 통계적으로 의미 있는 상관관계가 발견되었을 경우 연구자는 한 변인이 다른 변인에 어느 정도 설명력이 있고 의미가 있는지를 알아보기 위해서 결정계수를 구하게 된다. 예를 들어, 상관계수가 r = .70으로 나타났다면, 결정계수는 $(.70)^2$ = 49%가 된다. 일반적으로 결정계수는 % 개념으로 설명되는데, 이 경우 한 변인이 다른 변인에 대해서 대략 49% 정도를 설명해 낼 수 있는 것으로 해석된다. 변인 X와 변인 Y 간의 상관관계에 근거한 결정계수의 의미를 그림으로 제시하면 다음과 같다.

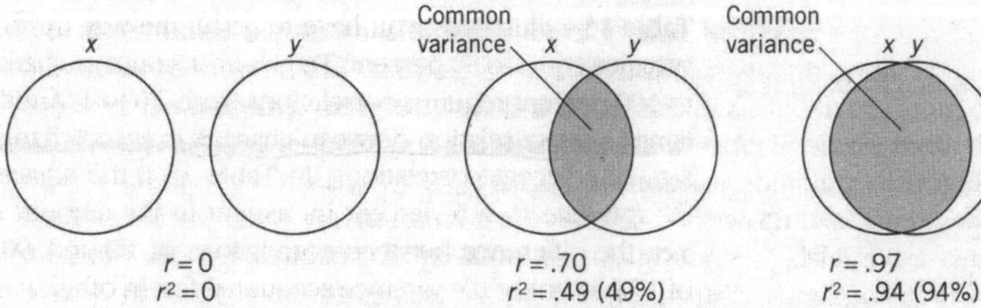

<그림 9-4> 결정계수의 의미

위의 그림에서 보는 바와 같이, 변인 X와 변인 Y 간에 서로 겹치는 부분이 어느 정도인지를 보여주는 수치가 바로 결정계수에 해당된다. 따라서 결정계수는 *common variance* 또는 *shared variance*라 불리기도 하며, 또 다른 이름으로는 *strength of association* 또는 *size of effect* 라고도 불린다.

9.1.3 상관관계 분석을 위한 조건

두 변인 간의 상관관계를 구하기 위해서는 다음과 같은 조건들이 충족되는지를 먼저 확인해야 한다.

① 상관관계를 구하는 두 변인의 데이터 범위가 제한되지 않고 낮은 점수부터 높은 점수에 이르기까지 골고루 분포된 데이터를 대상으로 상관분석이 이루어져야 한다. 상관관계를 구하는 두 변인의 범위를 제한하게 되면 의도치 않게 상관계수가 높게 또는 낮게 나오는 경우가 있을 수 있다. 따라서 상관계수가 기대보다 낮게 나왔을 경우 데이터의 범위가 제한되거나 절단된 경우가 있는지, 또는 학생들의 점수에 큰 차이가 있었는지를 재확인할 필요가 있다.

② 두 변인 간의 상관관계를 정확하게 구하기 위해서 두 변인의 점수들은 정상 분포도를 이루어야 한다.

③ 두 변인 간에 선형(linear)관계가 있어야 한다. 선형관계란 한 변인이 커지면 커질수록 다른 변인 역시 커지거나(긍정적 상관관계) 또는 작아지는(부정적 상관관계) 것처럼 일정한 관계가 있는 것을 의미한다. 산점도에 위치한 여러 점들 사이에 직선을 그리는 의미와 같다. 만약, 산점도에 나타난 여러 점들의 패턴이 선형관계가 아니면 상관관계를 구하기가 어려워진다.

④ 데이터 중 다른 데이터와 비교해서 아주 크거나 또는 아주 작은 데이터를 국외자(outlier)라고 하는데, 데이터 중에 가능한 국외자에 해당되는 데이터가 없어야 한다. 다음 <그림 9-5>의 경우처럼 데이터에 국외자가 존재하면 상관계수가 낮아지지만, 국외자를 삭제할 경우에는 상관계수가 높아지게 된다. 따라서 상관관계 분석을 실시하기 전에 데이터 중 국외자의 존재

여부 및 국외자 데이터의 삭제 여부를 검토해야 한다.

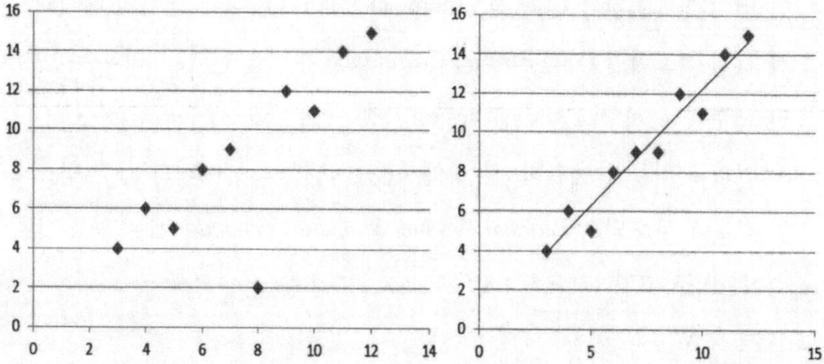

<그림 9-5> 데이터 중 국외자의 존재 여부(신상근, 2014, p. 313)

9.2 상관관계 분석 절차

1) 통계 가설의 설정

상관관계 분석을 위해서 통계적 가설은 다음과 같이 설정된다.

- Ho : $\rho = 0$
- Ha : $\rho \neq 0$

2) 상관관계 분석 방법 결정

상관관계를 분석하는 통계 방법에는 여러 가지가 있는데, 분석 방법은 분석 대상이 되는 두 변인의 데이터가 어떤 유형인가에 따라 결정된다. 예를 들어, 분석 대상이 되는 두 변인이 간격 척도(interval scale)인 경우에는 *Pearson Product Moment Correlation* 분석을 하며, 한 변인의 데이터가 명목 척도(nominal scale)이고 다른 변인의 데이터가 간격 척도이면 *Point Biserial Correlation* 분석을 한다. 그리고 두 변인 모두가 순서 척도(ordinal scale)인 경우에는 *Spearman Brown Correlation* 분석을 사용한다. 본 장에서는 두 변인의 데이터가 간격 척도인 경우에 사용되는 *Pearson Product Moment Correlation*에 초점을 맞추어 설명하고자 한다.

3) 상관계수에 대한 해석

상관관계 정도는 상관계수로 나타나는데, 상관계수는 -1에서 +1 사이에 위치한다. +/-1에 가까울수록 상관관계가 높다고 할 수 있으며, 0에 가까울수록 상관관계는 낮다. 다만 +/-는 상관관계의 정도에 영향을 미치지는 않고 상관관계의 방향, 즉 긍정적 또는 부정적 상관관계 등의 상관관계 방향성을 결정한다. 상관계수에 대한 해석은 다음과 같다.

<표 9-1> 상관계수의 해석

상관계수	상관계수의 해석
0.8 이상	상관관계가 매우 높다.
0.6 - 0.8	상관관계가 높다.
0.3 - 0.5	상관관계가 낮다.
0.3 이하	상관관계가 매우 낮다.

예를 들어, 학생들의 영어 말하기 평가에 대해서 두 채점자가 개입했다고 가정해 본다. 동일한 학습자의 말하기 샘플에 대해서 두 채점자는 어느 정도의 일관성을 보이는지를 알아보기 위해서 상관관계 분석을 실시하였다. 본 연구를 위해서 54명의 학습자를 대상으로 연구가 이루어졌으며, 상관관계 분석 결과는 다음과 같이 나타났다.

<표 9-2> 상관관계 분석의 결과표 예

		채점자 1	채점자 2
채점자 1	Pearson 상관계수	1	.857**
	유의확률(양쪽)		.000
	N	52	52
채점자 2	Pearson 상관계수	.857**	1
	유의확률(양쪽)	.000	
	N	52	52

** 상관관계는 .05 수준(양쪽)에서 유의합니다.

상관관계 분석 결과가 나오면, 먼저 두 변인 간의 연관성을 보여주는 상관계수가 통계적으로 유의미한 지를 판단해야 한다. 위 <표 9-2>에서 상관계수는 .857($p < .05$)로 나타나서 유의 수준과 유의 확률을 고려할 때 통계적으로 유의미한 상관관계가 나타났다고 해석할 수 있다. 그리고 앞서 제시한 <표 9-1>의 기준에 의하면 본 연구에서 나타난 상관계수 .857은 상당히 높은 수준의 상관관계를 보여준 것으로 해석된다. 하지만 다양한 연구 맥락에 따라 상관계수의 해석은 상대적임을 기억할 필요가 있다. 즉, 일상적인 영어 말하기 수업에서의 두 채점자 간의 상관 정도가 .857이 나온 경우와 학습자의 대학 진학 및 학습자의 일생에 중요한 시험인 경우에서 보여준 .857의 상관계수는 똑같이 상관정도가 높다고 해석될 수 없다.

4) 관찰값과 결정값 비교

본 연구에서 설정한 영가설 또는 대체가설의 기각 및 수용을 결정하기 위해서 자유도(degree of freedom)를 계산해야 하고, 그리고 관찰값과 결정값을 계산하여 서로 비교할 수 있다. 앞서 제시한 <표 9-2>에 의하면, 총 54명의 학생이 본 연구에 참여하였는데, 이 경우 자유도는 N(54) - 2 = 52 가 된다. 그리고 다음 쪽에 제시된 <표 9-4>는 *Pearson Product Moment Correlation* 분석에서 결정값을 보여주는 표이다. <표 9-4>를 사용하여 상관관계 분석의 결정값을 구할 수 있는데, 자유도 52, 그리고 양방향성(two-tail)의 유의수준 .05를 고려할 때 본 연구 맥락에서의 결정값은 r_{crit} = .2732 가 된다. 따라서 본 연구 맥락에서는 관찰값이 결정값보다 크기 때문에 영가설을 기각한다.

- 관찰값(r_{obs} = .8570) > 결정값(r_{crit} = .2732)

즉, 본 연구 맥락에서 이루어진 통계분석의 결과, 상관계수 .857은 통계적으로 유의미하다는 것을 보여준다.

5) 상관관계 분석 결과 해석에 대한 유의점

두 변인 간의 관련성 및 연관성을 보여주는 상관계수가 통계적으로 유의미하게 나왔다 하더라도, 두 변인 간에 직접적인 인과관계(causal-effect relationship)가 포함되어 있는 것으로 해석해서는 안 된다. 예를 들어, 외향성(extroversion)과 언어 숙달도 간에 상호 상관관계가 유의한 것으로 발견되었다고 해서 학습자가 보여준 높은 언어적 숙달도의 원인은 그 학습자의 외향성이라고 단정 지을 수 있을까? 그렇지 않다. 외향적인 학습자는 더 많은 사회적 상호작용에 참여하여 더 많은 학습 기회를 가졌기 때문에 언어적으로 더 높은 숙달도를 보여 준 것으로 풀이될 수도 있다. 즉, '외향성→성공적인 외국어 학습'으로 공식화하는 인과관계가 아니라 '외향성→더 많은 사회적 상호작용→성공적인 외국어 학습'이라는 공식이 성립될 수도 있기 때문이다.

또한, 상관관계의 방향성도 문제가 될 수 있다. 예를 들어, 측정된 두 변인 간에 긍정적인 상관관계가 존재한다고 가정할 때, 변인 A가 변한다고 할 때 변인 B가 변할 수 있으며(A → B), 반대로 변인 B가 변할 때 변인 A가 영향을 받아 변할 수 있다(B → A). 예를 들어, 적극적인 수업 참여와 숙달도 간에 긍정적인 상관관계가 존재한다고 가정해 보자. 적극적인 수업 참여가 높은 숙달도의 원인이 될 수도 있지만, 역으로 높은 숙달도가 적극적인 수업 참여의 원인이 될 수도 있다. 또한, 동기와 같은 제3의 요인이 두 요인에 대해서 영향을 미칠 수 있다는 것을 기억할 필요가 있기에, 상관관계 분석의 결과를 해석할 때 주의를 기울일 필요가 있다.

지금까지 논의된 상관관계 분석의 과정을 표로 정리하여 제시하면 다음과 같다.

<표 9-3> 상관관계 분석 절차

필요 정보	단계 설명
1. 연구 문제	학습자들의 모국어 능력과 외국어 능력 간에 어떤 관련성이 있는지를 알고 싶어 한다. 따라서 학습자들의 국어능력과 영어능력 간에는 어떤 상관관계가 있는가?
2. 통계가설 설정	• Ho : $\rho = 0$ • Ha : $\rho \neq 0$
3. 검증 방향	• 양방향 검증(two-tail test)
4. 유의수준 결정	• $a < .05$ • 5% 이내에서 오차를 허용하고 통제함. • 통계적 결정은 최소 95% 이상 신뢰할 수 있어야 한다는 것을 의미함.
5. 학습자 수(N)	본 연구를 위해서 학습자 100명의 한국어 성적과 영어 성적을 조사하여 상호 관련성을 조사함.
6. 자유도(*df*)	• N - 2 • 따라서 자유도는 100 - 2 = 98이 됨.
7. 통계분석 유형	상관관계를 구하고자 하는 두 변인의 데이터 유형이 간격 척도(interval scale)이기 때문에 *Pearson Product Moment Correlation* 분석 방법을 사용함.
8. 결정값	$r_{crit} = .1946$
9. 관찰값	$r_{obs} = .5570$
10. 효과의 크기	$(.5570)^2 = 31.75\%$
11. Ho 기각 여부	• 관찰값 > 결정값; $p < .05$ • Ho 기각; Ha 수용 • 본 연구에서 산출된 상관계수는 통계적으로 유의미하며, 두 변인 간에는 유의미한 상관관계가 있음.

<표 9-4> Pearson 상관관계 분석의 결정값

	방향(한쪽 꼬리) 검증의 유의 수준				
	.05	.025	.01	.005	.0005
	비방향(양쪽 꼬리) 검증의 유의 수준				
df=N-2	.10	.05	.02	.01	.001
1	.9877	.9969	.9995	.9999	1.0000
2	.9000	.9500	.9800	.9900	.9990
3	.8054	.8783	.9343	.9587	.9912
4	.7293	.8114	.8822	.9172	.9741
5	.6694	.7545	.8329	.8745	.9507
6	.6215	.7067	.7887	.8343	.9249
7	.5822	.6664	.7498	.7977	.8982
8	.5494	.6319	.7155	.7646	.8721
9	.5214	.6021	.6851	.7348	.8471
10	.4973	.5760	.6581	.7079	.8233
11	.4762	.5529	.6339	.6835	.8010
12	.4575	.5324	.6120	.6614	.7800
13	.4409	.5139	.5923	.6411	.7603
14	.4259	.4973	.5742	.6226	.7420
15	.4124	.4821	.5577	.6055	.7246
16	.4000	.4683	.5425	.5897	.7084
17	.3887	.4555	.5285	.5751	.6932
18	.3783	.4438	.5155	.5614	.6787
19	.3687	.4329	.5034	.5487	.6652
20	.3598	.4227	.4921	.5368	.6524
25	.3233	.3809	.4451	.4869	.5974
30	.2960	.3494	.4093	.4487	.5541
35	.2746	.3246	.3810	.4182	.5189
40	.2573	.3044	.3578	.3932	.4896
45	.2428	.2875	.3384	.3721	.4648
50	.2306	.2732	.3218	.3541	.4433
60	.2108	.2500	.2948	.3248	.4078
70	.1954	.2319	.2737	.3017	.3799
80	.1829	.2172	.2565	.2830	.3568
90	.1726	.2050	.2422	.2673	.3375
100	.1638	.1946	.2301	.2540	.3211

9.3 SPSS를 이용한 상관관계 분석

예를 들어, 학습자들의 태도 정도에 따라 학습자들의 말하기 능력 간에는 어떤 상관관계가 있는지를 알아본다고 가정 할 때, 아래와 같이 한 칸에는 학습자들의 태도 점수를 입력하고, 다른 칸에는 학습자들의 말하기 점수를 입력한다. 데이터 입력 후, 상관관계 분석을 위해서,

[분석] → [상관분석] → [이변량 상관계수]를 선택한다.

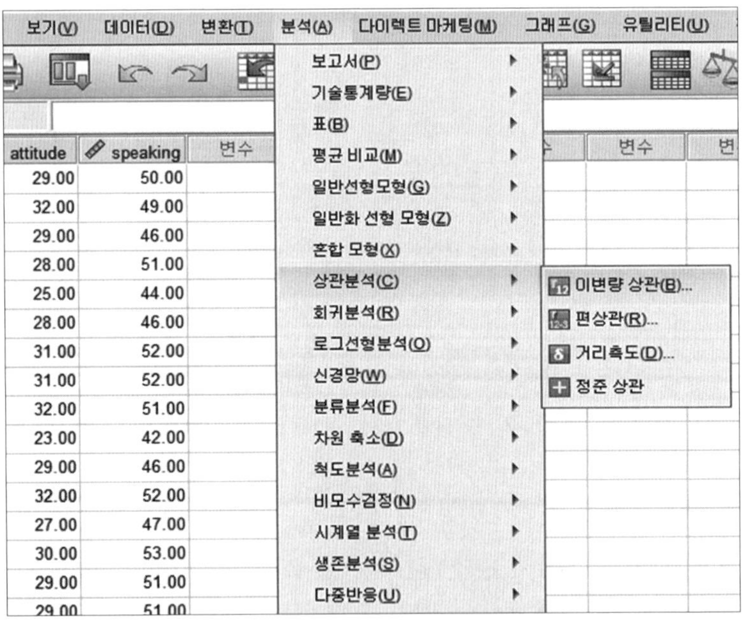

그리고 다음 화면에서 왼쪽에 위치한 태도와 말하기 두 변수를 오른쪽에 위치한 [변수] 칸으로 이동시킨다. 두 변수는 간격 척도(interval scale)이기 때문에 우리가 관심 있는 상관계수는 [Pearson 상관계수]이기에 이를 아래에서 선택하고, 유의성 검증에서 양방향 검증을 의미하는 [양쪽]을 선택하고, 다시 아래에 위치한 [확인] 버튼을 선택하면 상관관계 분석 결과가 나타난다.

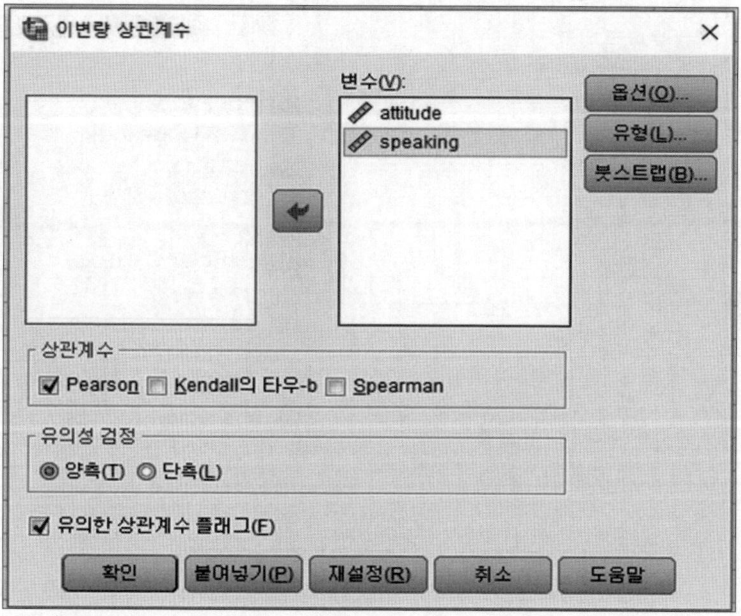

또한, 두 변인 간의 상관관계는 상관계수로 파악할 수 있지만, 그래프(예를 들어, 산점도) 상으로도 상관관계 정도를 파악할 수 있다. 이를 위해 위 메뉴에서,

[그래프] → [레거시 대화상자] → [산점도]를 선택한다.

그리고 다음 화면에서 [단순 산점도]를 클릭하면, 아래와 같은 화면이 뜬다. 그리고 아래에 위치한 [정의] 버튼을 선택하고, X축에 '태도' 점수를 이동시키고, Y 축에 '말하기' 점수를 이동시키고 [확인] 버튼을 선택하면 두 변인 간의 상관 정도를 그래프로 확인할 수 있다.

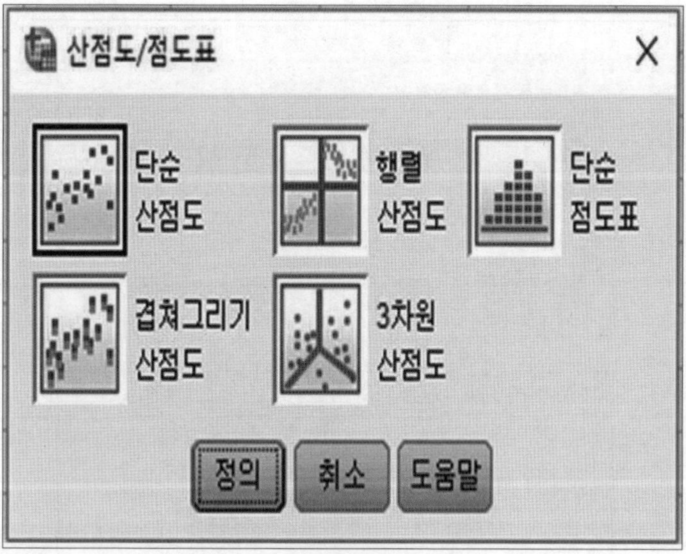

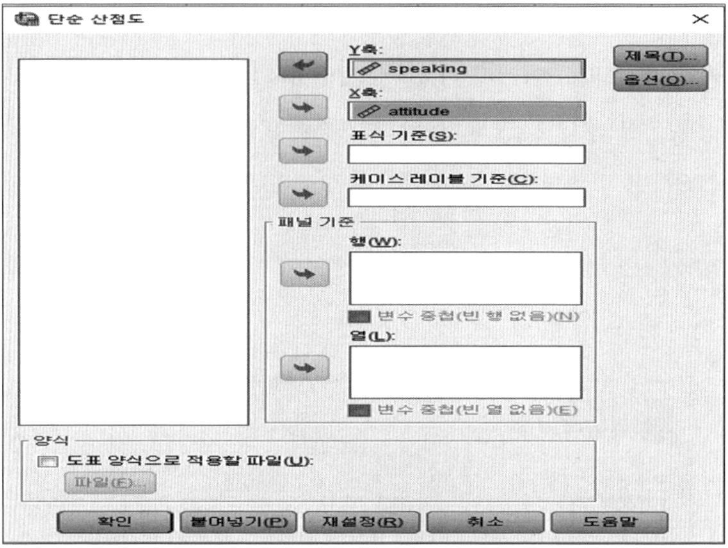
단순 산점도
Y축:
speaking
X축:
attitude
표식 기준(S):
케이스 레이블 기준(C):
제목(T)...
옵션(O)...
패널 기준
행(W):
변수 중첩(빈 행 없음)(N)
열(L):
변수 중첩(빈 열 없음)(E)
양식
도표 양식으로 적용할 파일(U):
파일(F)...
확인
붙여넣기(P)
재설정(R)
취소
도움말

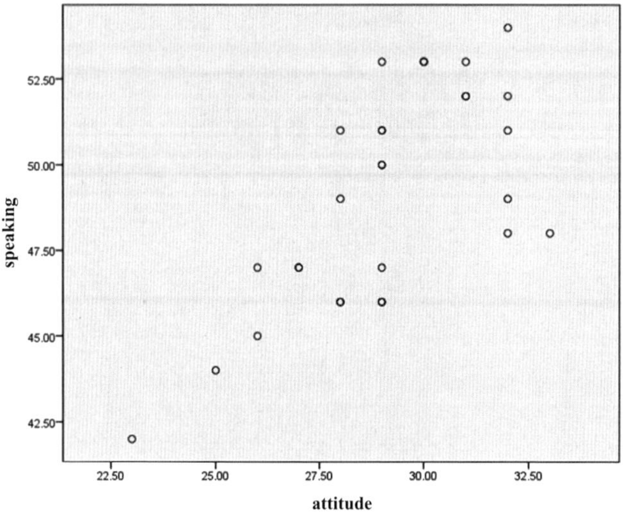
speaking
52.50
50.00
47.50
45.00
42.50
22.50
25.00
27.50
30.00
32.50
attitude

10장

회귀(Regression)분석

만약 두 변인 간에 높은 상관관계가 있다면, 어느 한 변인의 정보에 근거하여 다른 변인의 정보를 예측할 수 있다. 이러한 목적으로 사용되는 통계분석이 회귀분석(regression analysis)이다. 즉, 회귀분석은 독립 변인의 값에 근거하여 종속 변인의 값을 예측하는 통계분석이라 할 수 있다. 이때 독립 변인을 예측 변인(predictor variable)이라 하며, 종속 변인을 준거 변인(criterion variable) 또는 예측된 변인(predicted variable)이라 한다. 회귀분석은 독립 변인이 하나인 경우에 단순 회귀분석을 실시하며, 독립 변인이 두 개 이상인 경우에 다중 회귀분석(multiple regression)을 실시한다.

10.1 회귀분석의 이해

10.1.1 단순 회귀분석의 연구 맥락

회귀분석을 실시하기 위한 기본 전제는 두 변인 간에 높은 상관관계가 있어야 한다. 왜냐하면, 독립 변인의 변화 정도에 따라 종속 변인의 변화 정도를 알아보고, 또한 그 정도를 예측할 수 있기 때문이다. 만약, 두 변인 간에 유의미한 상관관계가 발견되지 않는다면 회귀분석은 불가능하다. 앞서 9장에서 언급한 바와 같이, 두 변인 간의 상관관계를 시각적으로 파악할 수 있는 가장 좋은 방법은 두 변인 간의 산점도(scatter plot)를 그려 보는 것이다. 산점도를 그려 보면 두 변인 간에 선형관계(linear relationship)가 있다는 것을 알 수 있다. 따라서 이들 점들 사이를 통과하는 직선을 그려볼 수 있는데, 이 직선을 회귀선(regression line)이라 한다. 이 직선의 방정식, 예를 들어 'y = aX + b' 와 같은 공식을 구하게 됨으로써 독립 변인의 변화 정도에 따라 종속 변인에서의 변화 정도를 예측할 수 있다.

회귀분석을 위한 연구 맥락을 제시하면 다음과 같다.

> [연구 맥락 1]
> 00대학교 교육대학원은 엄격한 학사관리로 인해 석사학위를 취득하는 것이 매우 까다롭기로 소문이 나 있다. 성공적으로 학업을 수행하기 위해서 대학원생은 학업시작 첫 학기에서 최소한 평점 3.00이상을 받아야 한다. 실제로 많은 학생들이 첫 학기 성적이 좋지 못해서(3.00 미만) 2학기 등록이 취소되는 경우가 많이 발생하고 있다. 그럼에도 불구하고 매우 높은 국내외 인지도와 높은 취업률 때문에 00대학교 교육대학원에 입학하기 위해 많은 학생들이 지원하고 있다. 이에 대학원 입학 전형관리 위원회에서는 대학원 신입생들을 선발하는데 있어 대학원 과정에서 첫 학기 평점 3.00 이상을 받을 수 있는 학생만 입학시키기로 잠정 합의하였는데 지원자의 학부 평점을 최대한 고려하기로 하였다. 관리위원회의 위원들은 학부 성적이 좋으면 당연히 대학원 성적도 좋을 것이라고 생각하였던 것이다. 이를 위해 관리위원회는 연구기관에 의뢰하여 학부의 평점과 대학원 첫 학기 평점 간의 관계를 조사해서 학부 성적에 의거하여 대학원 성적을 어느 정도까지 예측할 수 있는지 조사해 달라고 의뢰하였다. 연구기관은 대학원 첫 학기를 마친 35명의 대학원생을 대상으로 그들의 평점 및 학부 평점을 조사하여 학부평점에 근거하여 대학원 첫 학기의 평점을 예측할 수 있는지 그 여부를 조사하였다.

위 연구 맥락에서는 대학원 신입생들의 학부 성적과 대학원 첫 학기 성적 간에는 유의미한 상관관계가 있다고 믿으며, 신입생들의 학부 성적(독립 변인)을 근거로 대학원 첫 학기의 성적(종속 변인)을 예측할 수 있다고 생각하였다. 따라서 두 변인 간의 상관관계가 높을 경우, 어떤 회귀 공식(regression equation)을 만들 수 있으며, 이 공식을 이용하여 대학원 첫 학기 성적이 최소 3.0 이상 예측되는 학습자에게 입학 허가서를 발부하게 된다. 만약 학부성적과 대학원 첫 학기 성적 간에 아무런 상관관계가 없다면, 회귀 공식 그 자체는 의미가 없게 된다.

회귀분석을 위한 또 다른 연구 맥락을 제시하면 다음과 같다.

[연구 맥락 2]
사회학을 가르치는 김모 교수는 일반 직장인을 대상으로 그들이 지금까지 받아온 학교교육의 연 횟수와 그들이 현재 받고 있는 급여를 같이 조사하였다. 김 교수는 직장인들의 과거 교육경력과 급여 간에 밀접한 상관관계가 있을 것이라고 생각하고 그 여부를 조사하기로 하였다. 또한, 직장인들의 과거 학교교육의 연 횟수와 관련해서 그들이 현재 받고 있는 급여를 어느 정도 예측해 낼 수 있을 것이라고 생각하였다. 다음은 그 Data이다.

교육 경력	연봉(단위 : 백만원)
10	15
14	29
9	14
14	37
12	20
13	23

위 연구 맥락에서는 근로자의 과거 교육경력과 현재 그들이 받는 연봉 간에는 상관관계가 있을 것이고, 교육경력을 근거로 근로자의 연봉을 예측할 수 있다고 생각한다. 두 변인 간에 상관관계가 있다면, 근로자의 과거 교육경력을 근거로 그들의 연봉을 예측해 낼 수 있다. 이들 두 변인, 즉 교육경력과 그들이 받는 연봉 간의 상관관계 여부를 산점도로 그려보면 다음과 같다.

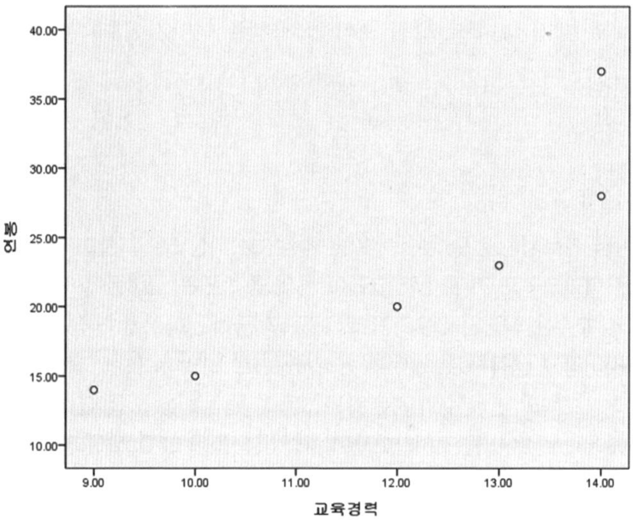

<그림 10-1> 교육경력과 연봉 간의 상관관계 산점도

위 산점도에 의하면, 근로자의 교육경력과 그들의 연봉 간에는 선형적이면서 긍정적인 상관관계가 있음을 알 수 있다. 따라서 두 변인 간에 회귀 공식을 만들게 되면, 근로자의 과거 교육경력에 따라 그들의 연봉을 예측할 수 있다. 그렇게 되면, 실제 근로자들이 현재 받고 있는 실제 연봉과 예측되는 연봉 간에 비교가 가능해 진다.

10.1.2 단순 회귀분석 방정식

단순 회귀분석을 위해서는 다음 조건들이 충족되어야 한다.

① 두 변인, 즉 독립 변인과 종속 변인의 데이터 유형은 간격 척도이어야 한다.

② 종속 변인의 모집단 데이터는 정상 분포도를 보여야 한다.

③ 독립 변인과 종속 변인 간에는 선형관계가 성립되는 상관관계가 있어야 한다. 또한, 산점들 사이의 가운데를 지나는 직선을 그릴 수 있어야 한다. 만약, 산점도에 나타난 여러 점들의 패턴이 선형관계가 아니면 상관관계를 구하기가 어려워진다.

③ 데이터 중 다른 데이터와 비교해서 아주 크거나 작은 데이터를 국외자(outlier)라고 하는데, 데이터 중 가능한 국외자가 없어야 한다. 국외자가 있으면, 그만큼 회귀분석의 목적이라 할 수 있는 예측 정도가 낮아진다.

⑤ 잔차(prediction error)의 항상성(homoscedasticity)이 충족된다고 가정한다. 즉, 잔차의 분산이 회귀선의 모든 값에서 동질적이다. 두 변인 간에 완벽한 상관관계가 아닌 이상, 모든 데이터가 회귀선 위에 위치하지 않는다. 어떤 데이터는 회귀선 위에 위치하지만, 어떤 데이터는 회귀선으로부터 떨어져 위치하게 된다. 어떤 데이터가 회귀선으로부터 떨어져 있는 거리를 오차 또는 잔차라 하는데, 회귀선은 가능한 이들 산점들로부터 오차가 최소화될 수 있도록 그려져야 한다는 것을 의미한다. 이러한 방식으로 회귀선이 그려지는 것을 'Least Squared Method'라 한다. 한 예를 제시하면 <그림 12-3>과 같다

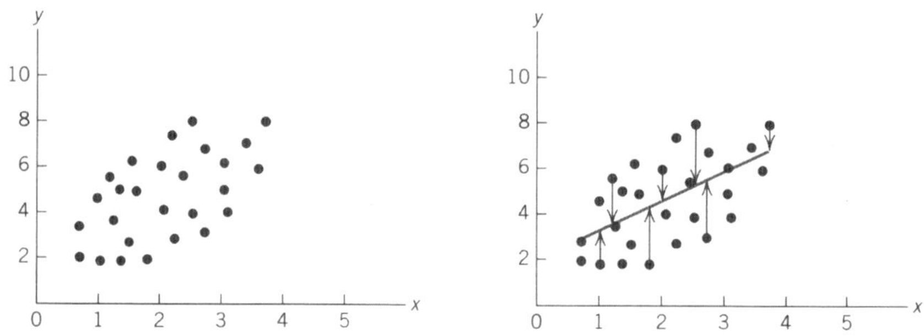

<그림 12-3> Least Squared Method에 의한 회귀선의 예

그리고 회귀선 위에 위치하는 산점들을 예측값(predicted value)이라 하며, 실제 데이터에 의해 만들어진 산점들을 실제값(observed / actual value)이라 한다. 따라서 오차는 실제 값에서 예측 값을 뺀 값이라 하는데, 상관관계가 높으면 높을수록 이들 오차들이 가장 최소화되는 방향으로 아래와 같이 회귀선이 그려진다.

ε(오차) = Y(실제값) - Yp(예측값)

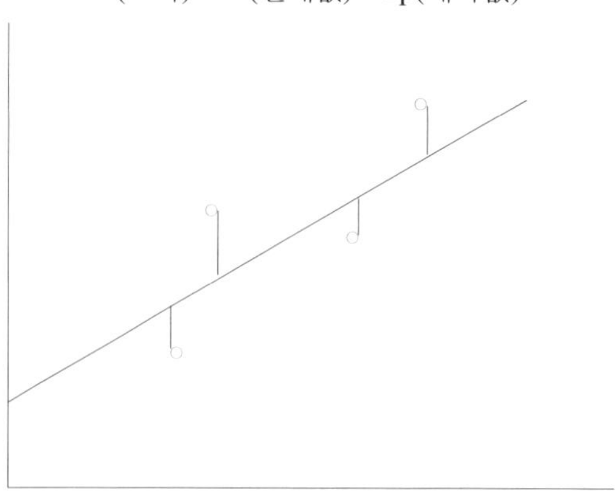

<그림 10-4> 회귀선의 예시

회귀분석을 위해서 산점들의 가운데를 지나는 직선, 즉 회귀선(regression line)을 그리게 되며, 이들 데이터 사이의 관계를 잘 나타내는 직선의 방정식을 구하게 된다. 이때 직선의 방정식이 바로 단순 회귀 분석을 위한 방정식이 된다. 회귀 방정식은 다음과 같다.

$$Y = aX + b$$

Y : 종속 변인
a : 기울기(slope)
X : 독립 변인
b : 상수(X가 0 인 경우의 Y 값)

앞서 언급한 근로자의 과거 교육경력에 근거하여 연봉을 예측할 수 있는지에 대한 연구를 위해 회귀분석을 실시한다고 가정해 보자. 먼저 이들 두 변인에 대한 회귀분석을 할 경우, 다음과 같이 3개의 분석 결과표를 얻게 된다.

<표 10-1> 회귀분석에 의한 모형 요약 표

모형	R	R 제곱	수정된 R 제곱	표준오차
1	.892	.796	.745	4.376

예측자: 교육경력

<표 10-1>은 회귀분석을 위한 모형 결과표라 할 수 있다. 앞서 언급한 바와 같이, 회귀분석을 진행하기 위한 전제 조건은 두 변인 간에 유의미한 상관관계가 있어야 한다. 따라서 <표 10-1>은 두 변인 간의 상관관계 여부를 보여주는 표이다. 분석 결과에 의하면, 교육경력과 연봉 간의 두 변인 간에는 상관도가 r = .892 로 유의미한 상관관계가 나

타났다. 그리고 R 제곱값이 .745로 나타나서 교육경력이 연봉 변화량의 대략 74.5%를 설명하는 것으로 나타났다. 그렇다면, 두 변인 간에 유의미한 상관관계가 나타났기 때문에 회귀 공식을 구하는 것이 적절할까? 회귀 공식의 적절성 여부는 다음 분석표에서 확인할 수 있다.

<표 10-2> 회귀 공식 산출의 적절성을 위한 ANOVA 분석

모형	제곱합	자유도	평균제곱	F	유의확률
선형회귀분석	298.227	1	298.227	15.572	.017
잔차	76.606	4	19.152		
합계	374.833	5			

위 <표 10-2>에 의하면, 유의확률이 $p < .05$ 이기 때문에 회귀 공식을 구하는 것이 적절하다는 결론을 내릴 수 있다. 즉, 교육경력에 의해서 근로자의 연봉을 예측하는 것이 유의미하다는 것을 보여준다. 따라서 다음 <표 10-3>의 표에 의해서 회귀 공식을 구할 수 있다.

<표 10-3> 회귀 공식 산출을 위한 결과 표 요약

모형		비표준화 계수		표준화 계수		
		B	표준오차	베타	t	유의확률
1	(상수)	-22.273	11.057		-2.014	.114
	교육경력	3.773	.190	.901	4.146	.014

a. 종속변수 : 연봉

앞서 언급한 바와 같이, 단순 회귀분석에서의 회귀 공식은 다음의 형태를 띠게 된다.

$$Y = aX + b$$

<표 10-3>에서 보듯이, 상수는 (-22.273)이 되고, 독립 변인 앞의 기울기는 (3.773)이 된다. 따라서 회귀 공식은 다음과 같다.

$$Y = (3.773)X + (-22.273)$$

위 회귀 공식을 이용하여 예측되는 연봉을 구할 수 있는데, 이는 근로자들이 실제로 받고 있는 연봉과 비교해 볼 수 있다. 이를 표로 제시하면 다음과 같다.

<표 10-4> 회귀 공식에 의한 실제 연봉과 예측 연봉 비교

교육 경력	실제 연봉(단위 : 백만원)	예측 연봉(단위 : 백만원)
10	15	Y = 10 x (3.773) - 22.273
14	29	Y = 14 x (3.773) - 22.273
9	14	Y = 9 x (3.773) - 22.273
14	37	Y = 14 x (3.773) - 22.273
12	20	Y = 12 x (3.773) - 22.273
13	23	Y = 13 x (3.773) - 22.273

10.2 다중 회귀분석(Multiple Regression)

10.2.1 다중 회귀분석의 이해

두 변인 간에 유의미한 상관관계가 발견되었을 때, 하나의 변인(독립 변인)에 근거하여 또 다른 변인(종속 변인)의 값을 예측하기 위한 통계분석을 단순 회귀분석이라 한다. 그리고 두 개 이상의 독립 변인에 근거하여 종속 변인 값을 예측하기 위한 통계분석을 다중 회귀분석(multiple regression)이라 한다. 다중 회귀분석의 연구 맥락을 제시하면 다음과 같다.

> [연구 맥락]
> 본 연구의 목적은 고등학교 영어 학습자들의 영어 듣기 능력에 어떤 요인들이 영향을 미치는지를 알아보는데 있다. 이를 위해서 'D' 시에 위치한 고등학생 15명을 대상으로 전국 단위 영어 모의고사 성적 중 듣기 점수를 조사하였으며, 또한 독립 변인 요인으로 학습자들의 불안감 정도, 듣기 전략, 언어적 지식 등을 조사하였다. 이들 3가지 독립 변인이 종속 변인인 영어 듣기 능력에 어느 정도 설명되는지, 그리고 이들 3가지 변인 중 어느 변인이 영어 듣기 능력에 가장 중요한 영향을 미치는지를 알아보기 위해서 다중 회귀분석을 실시하였다.

한편, 다중 회귀분석을 수행하기 위해서는 다음 조건들이 충족되어야 한다.

① 독립 변인과 종속 변인 간에 유의미한 선형적 상관관계가 있어야 한다. 종속 변인의 데이터 유형은 간격 척도여야 하며, 독립 변인의 데이터 유형은 서열 척도 또는 간격 척도여야 한다.

② 다중 회귀분석을 수행하기 위해서는 종속 변인의 충분한 사례 수가 확보되어야 한다. 종속 변인의 사례 수는 최소 독립 변인 수의 20배 이상은 되어야 한다.

③ 다중공선성(multicolinearity)은 독립 변인 간의 상관관계 정도를 의미하는데, 당연히 다중공선성은 낮게 나타나야 한다. 회귀분석에서 독립 변인과 종속 변인 간에는 당연히 상관관계가 높아야 한다. 하지만, 독립 변인 간에 상관관계가 높으면 각각

의 독립 변인이 종속 변인에 미치는 영향력을 예측하는데 어려움이 있게 된다.

한편, 다중공선성 가정을 충족하는지를 알아보기 위해서 다음 2가지 방법이 사용된다.

① 분산팽창계수(VIF: Variance Inflation Factor) 값이 클수록 독립 변인 간에 상관관계가 크다는 것을 의미한다. 일반적으로 VIF 값이 10 이상이면 독립 변인 간에 상관관계가 높게 나타나기 때문에 검토가 필요하다.

② 공차 한계(tolerance) 값은 특정 독립 변인에 대해서 다른 독립 변인을 통해서 예측할 수 없는 정도를 나타내는데, 그 범위는 0 - 1 사이이다. 공차한계 값이 0에 가까울수록 독립 변인과 다른 독립 변인 간에 상관관계가 높다는 것을 의미한다. 따라서 공차한계 값이 작으면 해당 독립 변인이 큰 도움이 안 되는 변인이기 때문에 검토가 필요하다. 일반적으로 공차 한계 값이 .01 이하로 나오면 검토가 필요하다.

10.2.2 다중 회귀분석 방정식

다중 회귀분석은 예를 들어, 학습자 개개인의 언어적성, 학습동기, 학습환경, 학습전략 등이 학습자들의 영어 수업에 대한 만족도에 어떤 영향을 미치는지를 알아보고자 할 때 사용된다. 다중 회귀분석에서 사용되는 다중 회귀 공식은 다음과 같다.

$$Y = a_1X_1 + a_2X_2 +..... a_nX_n + b$$

다중 회귀분석을 하게 되면, 각각의 독립 변인이 종속 변인에 미치는 영향력의 상대적 크기를 서로 비교해 볼 수 있다. 위 공식에서 a_1X_1 하나만 가지고 본다면, a_1은 비표준화 회귀계수로서 다른 독립 변인의 값을 고정시킨 상태에서 X_1이라는 독립 변인의 값 변화에 따라 종속 변인에 미치는 영향을 의미한다. 하지만, 다중 회귀분석은 최소 2개 이상의 독립 변인을 사용하고, 또한 각 독립 변인의 단위가 다를 수 있어서 종속 변인에 미치는 영향력을 직접적으로 비교하기 어렵다. 이런 문제 때문에 각 독립 변인의 단위를 표준화 계수로 변환시켜서 종속 변인에 미치는 영향력을 비교하게 된다. 따라서 표준화 회귀계수가 클수록 독립 변인이 종속 변인에 미치는 영향력은 커진다.

예를 들어, 언어적성, 학습동기, 학습전략 등의 3가지 독립 변인이 학습자의 영어 듣기 능력이라는 종속 변인에 미치는 영향을 조사하는 다중 회귀분석을 실시한다고 가정해 보자. 다중 회귀분석을 하게 되면 몇 가지 결과표를 얻게 되는데, 첫 번째 결과표는 기여율 R^2에 관한 것이다. 그 예는 다음과 같다.

<표 10-5> 기여율 R^2에 관한 모형 요약표

모형	R	R 제곱	수정된 R 제곱	표준 오차
1	.831	.691	.607	2.53

회귀 공식의 유용성을 판단할 수 있는 첫 번째 지표로 기여율(결정계수: coefficient of determination)이 사용된다. 기여율은 종속 변인의 변동 중 회귀 공식에 의해서 설명되는 변동의 비율을 나타내는 지표인데, 1에 가까울수록 회귀 공식은 유용하다. 기여율은 R^2으로 표기되며, R을 다중 상관계수(multiple correlation coefficient)라고 한다.

앞서 제시한 <표 10-5>에 의하면,

다중 상관계수 : 0.831

기여율 : 0.691

따라서 기여율이 .691 이라면, 이는 독립 변인의 변동으로 인해서 종속 변인이 가지고 있는 정보의 69.1% 정도를 설명할 수 있다는 것을 의미한다.

회귀 공식의 유용성을 판단할 수 있는 또 다른 지표로 분산분석 결과표가 사용된다. 분산분석 결과표의 예를 제시하면 다음과 같다.

<표 10-6> 회귀 공식의 유용성 판단을 위한 분산분석 결과표

모형	제곱합	자유도	평균제곱	F	유의확률
선형회귀분석	157.904	3	52.635	8.213	.004
잔차	70.496	11	6.409		
합계	228.400	14			

위 <표 10-6>에 의하면, 유의 확률이 $p < .05$이기 때문에 회귀 공식을 만드는데 의미가 있다고 볼 수 있다.

각 독립 변인이 종속 변인에 미치는 영향력을 보여주는 편회귀 계수의 유의성을 판단하기 위해서 t 값과 p 값이 필요하다. 예를 들어, 다음과 같은 회귀 공식이 만들어졌다고 가정해 보자.

$$Y = 2X_1 + 10X_2$$

이 경우, 독립 변인 X_2가 또 다른 독립 변인 X_1에 비해서 종속 변인에 대한 설명력이 더 크다고 볼 수 없다. 왜냐하면, 각 편회귀 계수들이 취하는 단위에 따라 설명력이 변하기 때문이다. 이러한 이유 때문에 각 독립 변인의 편회귀 계수의 유의성을 판단하기 위해서 *t*-값과 *p*-값을 고려하게 된다. 일반적으로 *t*-값이 클수록 종속 변인에 대한 예측 정도가 더 높아진다고 볼 수 있다. *t*-값은 다음과 같은 공식에 의해서 구해진다.

$$t\text{-값} = \frac{\text{편회귀계수의 값}}{\text{계수의 표준오차}}$$

또한, p-값에 의해서도 편회귀 계수의 유의성을 판단할 수 있다. 만약 유의하지 않은 것으로 나타난 독립 변인은 종속 변인을 예측하는데 불필요한 변인으로 해석된다. 편회귀 계수의 유의성을 판단하기 위해서 p-값이 사용되지만, 때로는 F-값도 사용된다. F-값은 다음 공식을 통해서 구해진다.

$$F\text{-값} = (t\text{-값})^2$$

일반적으로 F-값이 2 이상이면 유효한 독립 변인으로, 2 이하이면 불필요한 독립 변인으로 판단되지만, 유효한 독립 변인을 간과하는 위험성을 줄이기 위해서 F-값이 1 이상의 것을 유효한 독립 변인으로 판단해도 무방하다. 편회귀 계수의 유효성을 판단하기 위해서 t-값과 p-값을 보여주는 분석표의 예를 제시하면 다음과 같다.

<표 10-7> 편회귀 계수의 *t*-값과 *p*-값

모형	비표준화 계수		표준화 계수	t	유의 확률
	베타	표준오차	베타		
(상수)	-13.217	17.604		-.751	.469
언어적성	.201	.184	.348	1.093	.007
학습동기	.171	.132	.306	1.700	.001
학습전략	.125	.167	.281	.750	.469

<표 10-7>에 의하면, 언어적성과 학습동기의 독립 변인의 F-값은 1 이상이고 2 미만으로 유효한 독립 변인으로 판정할 수 있지만, 학습전략의 F-값은 1 이하이기 때문에 유효하지 않은 독립 변인으로 판정한다.

10.2.3 중요한 변인과 불필요한 변인의 선택

독립 변인이 3개가 있다고 가정할 때(예: x1, x2, x3), 3개의 변인 모두를 사용하지 않더라도 x1과 x2만으로도 종속 변인을 예측하는데 어려움이 없다면, 혹 독립 변인 x3은 불필요한 변인이 아닌지를 검토할 필요성이 생긴다. 만약 회귀 공식에 불필요한 변인이 포함되면 종속 변인을 예측하는 정도는 낮아지게 된다. 따라서 다중 회귀분석에서는 이러한 불필요한 변인을 찾아 제거함으로써 최적의 회귀 공식을 만드는 것이 다중 회귀분석의 중요한 과제라고도 할 수 있다.

앞서 언급한 바와 같이, 회귀 공식의 유효성을 나타내는 지표로 기여율(R^2)이 있다. 그렇다고 기여율이 높은 회귀 공식이라고 해서 항상 좋은 회귀 공식이라고는 말할 수 없다. 왜냐하면, 독립 변인 3개(x1, x2, x3)가 갖는 기여율은, 설사 독립 변인 x3이 종속 변인과 직접적인 관련성이 적더라도, 독립 변인 2개(x1, x2)가 갖는 기여율보다 높게 나오는 경우가 있을 수도 있기 때문이다. 이는 기여율을 높이기 위해서 어떤 독립 변인이라도 그 수를 늘리면 기여율은 높아진다는 것을 의미한다. 따라서 독립 변인 수를 늘리면 기여율은 높아지지만 반대로 종속 변인을 예측하는 정확도는 낮아지게 된다. 이러한 경우 때문에 가장 좋은 방법은 기여율 보다는 '수정된 R^2'을 이용한다. '수정된 R^2'은 도움이 되지 않는 변인을 독립 변인으로 사용하게 되면 그 값이 낮아지는 성격이 있다. 따라서 수정된 R^2이 높아지는 회귀 공식을 찾는 것이 가장 좋은 방법이다.

다중 회귀분석에서 유효한 독립 변인을 선택하는 여러 가지 방법이 있지만 이곳에서는 '모든 가능한 회귀(all possible regression)' 방법과 '축차변수선택법(step-wise regression)'에 대해서 언급하고자 한다.

1) 모든 가능한 회귀(all possible regression)

모든 독립 변인에 대해서 회귀 공식을 작성하여 어느 회귀식이 가장 좋은 지를 검토하는 방법이다. 독립 변인의 수를 n이라고 한다면 2^n-1 가지의 회귀 공식을 산출하여 검토한다. 이 방법은 독립 변인의 수가 적을 때 유용하다. 하지만 독립 변인의 수가 많은 경우에는 검토할 회귀식이 많아진다. 만약, 독립 변인의 수가 4개이면, 2^4-1 = 15가지의 회귀 공식을 만들어 검토할 수 있다. 앞서 제시한 바와 같이, x1(적성), x2(동기), x3(전략)이 학습자의 듣기 능력을 예측하는 연구 맥락에서 모든 가능한 회귀 방식을 이용하여 회귀 공식을 검토한다고 가정해 보자. 분석 결과표의 예를 제시하면 다음과 같다.

<표 10-8> 모든 가능한 회귀를 통한 회귀 공식 검토

독립 변인의 편성 패턴			회귀 계수			기여율 R^2	수정된 R^2
			x1	x2	x3		
x1	x2	x3	.201	.171	.125	.691	.607
x1	x2		.310	.225		.676	.622
	x2	x3		.149	.268	.658	.601
x1		x3	.165		.243	.644	.585
x1			.433			.559	.525
	x2			.383		.470	.429
		x3			.350	.621	.592

<표 10-8>에 의하면, 모든 독립 변인(x1, x2, x3)이 사용될 때 기여율이 가장 높게 나타났으며, 수정된 R^2으로 본다면 독립 변인 x1, x2를 이용한 회귀 공식이 가장 높은 기여율을 보이고 있다. 또한, x1, x2, x3 각각의 변인이 갖는 기여율이 적지 않음을 알 수 있으며, 그리고 그 중에서 x3의 기여율이 가장 높음을 알 수 있다. 따라서 위 분석 결과표에 의하면, x1, x2, x3의 모든 변인이 유효하다고 볼 수 있다.

2) 축차변인선택법(step-wise regression)

축차변인선택법은 각 독립 변인이 갖는 편회귀 계수의 유의성에 의거하여 유효한 독립 변인과 불필요한 독립 변인을 구분하는 방법이다. 이를 위해서 변인증감법과 변인감증법을 사용한다. 변인증감법은 먼저 종속 변인과 가장 관계가 강한 독립 변인 하나를 선택한다. 그 다음에 그 변수와 짝을 지었을 때 기여율이 높아지는 변수를 선택한다. 이러한 과정을 순차적으로 반복하는 과정을 거친다. 이러한 과정에서 선택한 변인 중 불필요한 변인이 나왔을 때 그 변인을 제거하는 방법이다. 반면에 변인감증법은 먼저 모든 독립 변인을 사용하여 이용 가능한 회귀 공식을 작성한다. 그 다음에 종속 변인과 가장 관계가 약한 독립 변인 하나를 제거하는데 이러한 과정을 순차적으로 반복하는 방법이다.

앞서 제시한 x1(적성), x2(동기), x3(전략)의 3가지 독립 변인에 대해서 축차변인선택법에 의해 유효한 변인을 찾아내는 방법을 시행하면 다음과 같은 결과표를 얻게 된다.

<표 10-9> 축차변인선택법에 의한 변인 진입

모형	비표준화계수		표준화계수	t	유의확률
	베타	표준오차	베타		
1 (상수)	9.596	3.660		2.622	.021
동기	.350	.076	.788	4.614	.000

<표 10-10> 축차변인선택법에 의한 변인 제거

모형	진입-베타	t	유의확률	편상관	공차한계
1 적성	.285	.882	.395	.247	.284
전략	.267	1.139	.277	.312	.518

위 결과표에 의하면, 학습동기 변인만 선택되고, 언어적성과 학습전략 변인은 선택되지 않았다. 그렇다고 해서 영어 듣기 능력을 예측하는데 있어서 언어적성과 학습전략 변인이 전혀 무관하다고 결론을 내려서는 안 된다. 여기서 고려할 점은 학습동기와 다른 두 변인(언어적성, 학습전략) 간의 관계가 어떠한 지를 검토할 필요가 있다. 만약 서로

간의 관계가 강할 때는 학습동기 만의 변인으로 영어 듣기 능력을 예측하고자 할 때 언어적성과 학습전략 두 변인은 이미 불필요한 것으로 판단되는 경우가 있기 때문이다.

10.3 SPSS를 이용한 회귀분석

10.3.1 단순 회귀분석

학습자의 태도 변인에 근거하여 학습자의 말하기 능력을 예측한다고 가정해 본다. 앞서 9장의 상관관계에서 두 변인을 입력한 것처럼 아래와 같이 데이터를 두 칸에 입력한다. 회귀분석을 위해서 위 메뉴에서,

[분석] → [회귀분석] → [선형]을 선택한다.

아래 그림에서 말하기(speaking) 변인을 오른쪽의 [종속변수]에, 그리고 태도(attitude) 변인을 오른쪽의 [독립변수]로 이동시킨다. 그런 후, 오른쪽에 위치한 [통계량]을 선택하고, 다음과 같이 관심 있는 통계량을 선택한다. 그리고 [계속] 버튼을 선택하고, [확인] 버튼을 선택하면 분석 결과 화면이 나타난다.

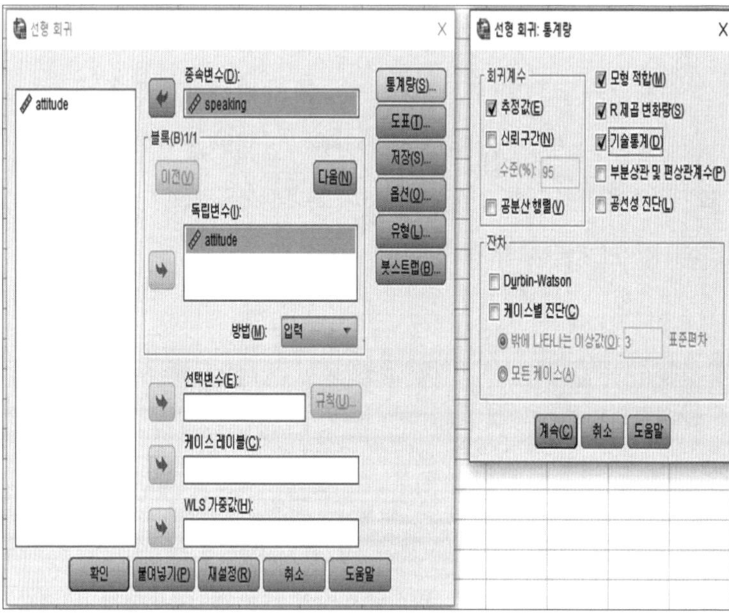

상관계수

		speaking	attitude
Person 상관	speaking	1.000	.681
	attitude	.681	1.000
유의확률(단측)	speaking	.	.000
	attitude	.000	.
N	speaking	30	30
	attitude	30	30

입력/제거된 변수[a]

모형	입력된 변수	제거된 변수	방법
1	attitude[b]	.	입력

a. 종속변수 : speaking
b. 요청된 모든 변수가 입력되었습니다.

모형 요약

모형	R	R제곱	수정된 R 제곱	추정값의 표준오차	통계량 변화량				
					R 제곱 변화량	F 변화량	자유도1	자유도2	유의확률 F 변화량
1	.681[a]	.464	.444	2.36840	.464	24.199	1	28	.000

a. 예측자: (상수), attitude

ANOVA[a]

모형		제곱합	자유도	평균제곱	F	유의확률
1	회귀	135.739	1	135.739	24.199	.000[b]
	잔차	157.061	28	5.609		
	전체	292.800	29			

a. 종속변수 : speaking
b. 예측자: (상수), attitude

계수[a]

모형		비표준화 계수		표준화 계수		
		B	표준오차	베타	t	유의확률
1	(상수)	22.151	5.516		4.016	.000
	attitude	.928	.189	.681	4.919	.000

a. 종속변수 : speaking

10.3.2 다중 회귀분석

언어적성, 학습동기, 학습전략 등의 3가지 독립 변인이 학습자의 영어 듣기 능력이라는 종속 변인에 미치는 영향을 조사하는 다중 회귀분석을 실시한다고 가정해 본다. 아래와 같이 적성, 태도, 전략, 듣기 점수, 그리고 성별에 대한 데이터를 입력한다.

적성	태도	전략	듣기	성별
28.00	46.00	34.00	22.00	1.00
46.00	69.00	57.00	36.00	2.00
39.00	60.00	48.00	24.00	2.00
25.00	56.00	38.00	22.00	1.00
34.00	61.00	47.00	27.00	1.00
29.00	68.00	50.00	29.00	1.00
38.00	54.00	54.00	26.00	2.00
23.00	53.00	40.00	23.00	1.00
42.00	60.00	62.00	31.00	1.00
27.00	52.00	39.00	24.00	2.00
35.00	55.00	46.00	23.00	2.00
39.00	54.00	54.00	27.00	2.00
38.00	57.00	57.00	31.00	2.00
32.00	62.00	53.00	25.00	1.00
25.00	42.00	32.00	23.00	1.00

다중 회귀분석을 위해서 위 메뉴에서,

[분석] → [회귀분석] → [선형]을 선택한다.

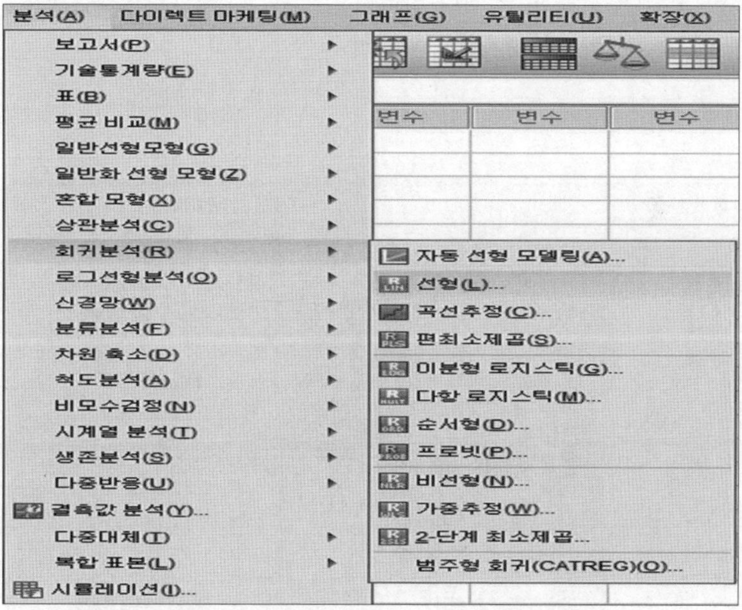

그리고 다음 그림에서 '듣기점수'를 오른쪽에 위치한 [종속변수]로 이동시키고, '적성, 태도, 전략'의 점수를 다시 오른쪽에 위치한 [독립변수]로 이동시킨다. 그리고 다시 오른쪽 맨 위에 위치한 [통계량]을 선택하여 해당 사항을 선택하고 [계속] 버튼을 선택한다. 다시 [확인] 버튼을 선택하면 분석 결과표가 나타난다.

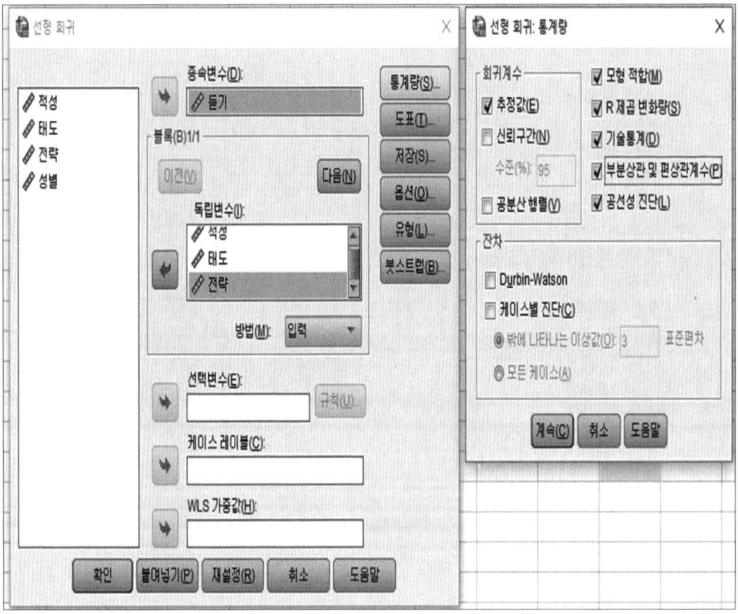

기술통계량

	평균	표준편차	N
듣기	26.2000	4.03909	15
적성	33.3333	6.97615	15
태도	56.6000	7.22891	15
전략	47.4000	9.08531	15

상관계수

		듣기	적성	태도	전략
Person 상관	듣기	1.000	.748	.685	.788
	적성	.748	1.000	.530	.846
	태도	.685	.530	1.000	.694
	전략	.788	.846	.694	1.000
유의확률(단측)	듣기	.	.001	.002	.000
	적성	.001	.	.021	.000
	태도	.002	.021	.	.002
	전략	.000	.000	.002	.

모형 요약

모형	R	R제곱	수정된 R 제곱	추정값의 표준오차	통계량 변화량				
					R 제곱 변화량	F 변화량	자유도1	자유도2	유의확률 F 변화량
1	.831[a]	.691	.607	2.53154	.691	8.213	3	11	.004

a. 예측자: (상수), 전략, 태도, 적성

ANOVA[a]

모형		제곱합	자유도	평균제곱	F	유의확률
1	회귀	157.904	3	52.635	8.213	.004[b]
	잔차	70.496	11	6.409		
	전체	228.400	14			

a. 종속변수 : 듣기

b. 예측자: (상수), 전략, 태도, 적성

계수[a]

모형		비표준화 계수		표준화 계수			상관계수			공선성 통계량	
		B	표준오차	베타	t	유의확률	0차	편상관	부분상관	공차	VIF
1	(상수)	3.885	5.448		.713	.491					
	적성	.201	.184	.348	1.093	.298	.748	.313	.183	.277	3.608
	태도	.171	.132	.306	1.300	.220	.685	.365	.218	.506	1.976
	전략	.125	.167	.281	.750	.469	.788	.220	.126	.200	5.011

a. 종속변수 : 듣기

공선성 진단[a]

모형	차원	고유값	상태지수	분산비율			
				(상수)	적성	태도	전략
1	1	3.964	1.000	.00	.00	.00	.00
	2	.025	12.619	.25	.15	.03	.04
	3	.008	22.460	.44	.35	.35	.12
	4	.004	33.106	.31	.51	.62	.84

a. 종속변수 : 듣기

10.3.3 SPSS를 이용한 축차변수선택법

앞서 10.3.2에서 영어 듣기능력을 예측하기 위해서 적성, 태도, 학습 전략을 독립 변인으로 사용하여 다중 회귀분석을 실시하였다. 이들 3개의 독립 변인 모두를 사용하지 않더라도 2개의 독립 변인 만을 사용하더라도 학습자의 듣기 능력을 충분히 예측할 수 있는 가능성이 있기 때문에, 어느 변인이 불필요한 독립 변인이 되는지를 알아보는 것도 필요하다. 이를 위해, 본 장에서는 SPSS에 의해서 '축차변수선택법'의 절차를 소개하고자 한다.

축차변수 선택법을 실시하기 위해서 위 메뉴에서

[분석] → [회귀분석] → [선형]을 선택한다.

그리고 다음과 같이 대화상자가 나타나면, '듣기점수'를 오른쪽의 [종속변수]로 이동시키고, 적성, 태도, 학습전략의 3가지 데이터를 오른쪽의 [독립변수]로 이동시킨다. 그리고 화면 아래에 위치한 [방법]에서 [단계선택]을 선택하고, 오른쪽에 위치한 [옵션] 버튼을 선택한다. [옵션] 버튼을 선택하였을 때 나타나는 화면에서 유효한 변수와 불필요한 변수를 판단하는데 필요한 기준을 정해야 한다. 일반적으로 F-값이 2이상이면 유효한 변수가 되기 때문에 [옵션] 화면 중 [F-값 사용]을 선택하고, 기준값으로 '2'를 입력한다. 또한, [제거] 란에 '1.99'를 입력하고 [계속] 버튼을 선택하고, 다시 [확인] 버튼을 선택하면 분석 결과 화면이 나타난다.

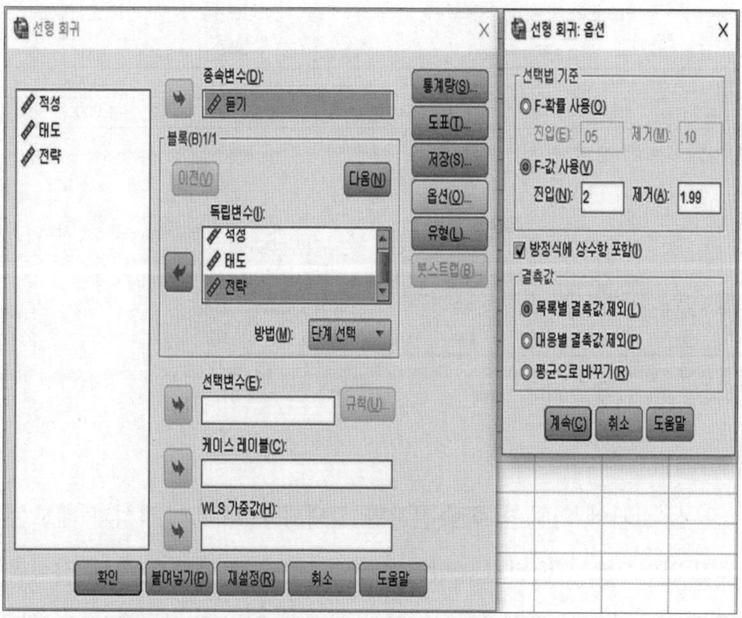

모형 요약

모형	R	R제곱	수정된 R 제곱	추정값의 표준오차	통계량 변화량				
					R 제곱 변화량	F 변화량	자유도1	자유도2	유의확률 F 변화량
1	.788[a]	.621	.592	2.58101	.621	21.286	1	13	.000

a. 예측자 : (상수), 전략

ANOVA[a]

모형		제곱합	자유도	평균제곱	F	유의확률
1	회귀	141.799	1	141.799	21.286	.000[b]
	잔차	86.601	13	6.662		
	전체	228.400	14			

a. 종속변수 : 듣기

계수[a]

모형		비표준화 계수		표준화 계수			상관계수			공선성 통계량	
		B	표준오차	베타	t	유의확률	0차	편상관	부분상관	공차	VIF
1	(상수)	9.596	3.660		2.622	.021					
	전략	.350	.076	.788	4.614	.000	.788	.788	.788	1.000	1.000

a. 종속변수 : 듣기

제외된 변수[a]

모형		베타 입력	t	유의확률	편상관	공선성 통계량		
						공차	VIF	최소공차
1	적성	.285[b]	.882	.395	.247	.284	3.525	.284
	태도	.267[b]	1.139	.277	.312	.518	1.931	.518

a. 종속변수 : 듣기
b. 모형내의 예측자: (상수), 전략

분석 결과에 의하면, 학습전략만 선택되고, 나머지 적성과 태도는 독립 변인으로 선택되지 않았음을 알 수 있다. 그렇다고 해서, 적성과 태도 변인이 학습자의 듣기 능력과 상관이 없다고 결론을 내려서는 안 된다. 만약에 적성과 태도 변인이 학습전략 변수 간에 매우 높은 상관관계가 나타난다면, 학습자의 듣기 능력을 설명하는데 학습전략 변인 만을 사용해도 되기 때문에 적성과 태도 변인이 불필요하다고 생각될 수 있다. 하지만 반대로 낮은 상관관계가 나타난다면, 학습자의 듣기 능력을 설명하는데, 적성과 태도 변인이 필요한 경우도 생길 수 있다. 따라서 종속 변인을 설명하는 독립 변인을 선택하는데 있어서, 독립 변인 간의 관계도 고려해야 한다.

11장
카이제곱(Chi Squared) 분석

카이제곱(chi squared : χ^2) 분석은 분할 표에 있는 데이터에 대해서 관찰된(observed) 값과 기대되는(expected) 값 간에 의미 있는 차이가 있는지를 알아보기 위해서 사용하는 통계분석 방법이다. 앞서 언급된 여러 통계분석의 방법과 다른 점은 카이제곱 분석은 명목 척도(nominal scale) 데이터를 사용한다는 점이다. 이때의 명목 척도 데이터는 빈도(frequency)가 된다.

11.1 단순 카이제곱 분석의 이해

카이제곱 분석은 특정 범주(category)에 연구자가 갖는 기대 빈도수와 실제 관측된 빈도수 간에 통계적으로 의미 있는 차이가 있는지를 알아보기 위해 사용되는 통계분석 방법이다. 카이제곱 분석을 수행하기 위해서는 다음 조건들이 충족되어야 한다.

① 각 항목(category) 별로 관측된 수치는 한 항목에만 해당되는

독립적인 관계여야 한다. 즉, 한 항목에 해당되는 사례는 다른 항목의 사례와는 상호 중복되어 나타나서는 안 된다.

② 종속 변인은 명목 척도에 의한 빈도 데이터여야 한다.

③ 자유도가 2 이상인 경우, 각 항목별 최소 기대 빈도는 5 이상, 자유도가 1인 경우에는 각 항목별 최소 기대 빈도는 10 이상이어야 한다.

단순 카이제곱 분석을 위한 연구 맥락을 제시한 다음과 같다.

[연구 맥락 1]
요즘 날씨가 더워짐에 따라 음료수 소비가 늘고 있다. 때로는 그 수요를 예측 못해 제대로 학생들이 원하는 브랜드의 음료수를 공급하지 못하여 품절이 되는 상황이 자주 발생하고 있다. 이에 학교 당국은 학생들이 어떤 브랜드의 음료수를 좋아하는지 알아보기로 하였고, 그 결과에 따라 적절하게 음료수를 공급할 계획을 세우기로 하였다. 우선 청량음료를 먼저 조사하기로 하였는데 00대학교 학생들은 코카콜라, 펩시, 세븐업, 그리고 사이다 중 어느 것을 더 선호하는지를 알아보기로 하였다. 학교 당국은 학생의 40% 정도가 코카콜라를, 약 25%가 펩시를, 약 20%가 세븐업, 그리고 약 15% 정도가 사이다를 좋아할 것이라고 예측하였다.

위 연구 맥락에서 보듯이, 학교 당국에서 각 음료수에 대해서 예측된 기대치와 실제 학생들이 선호하는 음료에 대한 관찰치 간에 통계적으로 의미 있는 차이가 있는지 그 여부를 파악하기 위해서 연구를 수행하는 경우이다. 실제로 학생들이 선호하는 음료수는 어떻게 나타났는가? 다음 2가지 경우를 예측해 볼 수 있다. 위 연구 맥락에서처럼, 연구자가 어떤 정보에 의해서 기대치를 미리 설정해 놓고 연구를 수행하는 경우(<표 11-1>)가 있고, 또는 연구자가 단순히 각 음료수 별로 학생들의 선호도가 비슷할 것이라고 가정하고(<표 11-2>) 연구를 수행하는 경우가 있다. 이를 표로 제시하면 다음과 같다.

<표 11-1> 학생들이 선호하는 음료수에 대한 기대치를 다르게 하는 경우

	코카콜라	펩시	세븐업	사이다
기대치 f(e)	40%	25%	20%	15%
관찰치 f(o)	30%	35%	15%	20%

<표 11-2> 학생들이 선호하는 음료수에 대한 기대치를 같게 하는 경우

	코카콜라	펩시	세븐업	사이다
기대치 f(e)	25%	25%	25%	25%
관찰치 f(o)	30%	35%	15%	20%

따라서 카이제곱 분석은 연구자가 설정한 기대 빈도와 실제 관찰 빈도 간에 의미 있는 차이가 있는지를 알아보는 통계분석 방법이다. 만약, 기대치와 관찰치 간에 의미 있는 차이가 발견되지 않았다면 학교 당국에서 예측한 대로 각 브랜드별로 음료수를 공급하면 되지만, 만약 의미 있는 차이가 발견되었다면 기존 공급했던 것과는 다르게 음료수를 공급해야 특정 음료수가 조기에 품절되는 현상을 막을 수 있다.

카이제곱 분석을 위한 또 다른 연구 맥락을 제시하면 다음과 같다.

[연구 맥락 2]
어휘학습을 위해서 어떤 학습법이 효과적인지를 알아보기 위해서 40명의 학습자들에게 4가지 학습법을 한 학기 동안 사용하게 하였다. 한 학기가 끝나갈 즈음에 학습자들에게 자신의 어휘학습을 위해서 가장 효과적이었다고 생각되는 학습법 하나를 선택하게 하였다. 학습자들이 사용한 어휘 학습법은 다음과 같다.

- 1 : 이중 언어 단어장
- 2 : 소리 내어 단어를 읽어 봄
- 3 : 단어를 이용하여 실제 문장을 만들어 봄
- 4 : 단어를 속으로 여러 번 읽어 봄

40명의 학습자들이 자신의 어휘학습을 위해서 효과적이라고 선택한 어휘 학습법을 표로 정리하여 제시하면 다음과 같다.

학습자	교수법	학습자	교수법	학습자	교수법	학습자	교수법	학습자	교수법
1	2	9	3	17	2	25	2	33	2
2	2	10	1	18	2	26	3	34	1
3	1	11	2	19	1	27	2	35	2
4	4	12	2	20	4	28	1	36	2
5	3	13	4	21	3	29	2	37	1
6	1	14	3	22	2	30	1	38	3
7	1	15	2	23	1	31	4	39	4
8	2	16	1	24	2	32	3	40	2

학습자들이 자신들의 어휘학습을 위해서 가장 효과적이라고 보고한 학습법에 있어서 서로 비슷한 결과를 나올 것이라고 가정한다면, 다음 <표 11-3>과 같이 각 학습법에 대한 기대 빈도는 40명의 학습자, 그리고 4가지의 학습법에 관한 것이기 때문에 각각의 학습법에 대한 기대 빈도는 10으로 똑같이 설정된다. 그리고 실제 조사 결과에 따라, 각 학습법에 대한 관찰 빈도는 아래 표와 같이 나타났다고 가정 할 때, 이들 관찰 빈도와 기대 빈도 간에 의미 있는 차이가 있는지를 알아보는 것이 카이제곱 분석이라 할 수 있다.

<표 11-3> 어휘 학습법 선호도에 대한 기대 빈도와 관찰 빈도 비교

	학습법 1	학습법 2	학습법 3	학습법 4
기대치 f(e)	10	10	10	10
관찰치 f(o)	11	17	7	5

카이제곱 분석은 연구자가 설정한 기대 빈도와 실제 관찰된 빈도 간에 통계적으로 의미 있는 차이가 있는지를 알아보기 때문에 단순 카이제곱 분석을 위한 통계 가설은 다음과 같이 설정될 수 있다.

- Ho : f(e) = f(o) (기대 빈도와 관찰 빈도는 같다.)
- Ha : f(e) ≠ f(o) (기대 빈도와 관찰 빈도는 같지 않다.)

한편, 영가설 또는 대체가설의 수용 여부를 결정하기 위해서 관찰값(observed value)에 해당되는 카이 제곱 값을 구해야 하는데 이를 위한 공식은 다음과 같다.

$$\chi^2 = \Sigma \frac{(f(o)-f(e))^2}{f(e)}$$

기대 빈도(f(e))와 관찰 빈도(f(o)) 간에 차이가 많으면 많을수록 χ^2 값은 커진다. χ^2 값이 커진다는 것은 Ho 가설을 기각할 수 있는 가능성이 높아진다는 것을 의미한다. 이렇게 계산된 카이제곱의 관찰값은 결정값(critical value)과 비교하게 되어 어느 값이 더 큰지를 비교하게 된다. 이 경우 한 가지 고려해야 할 사항은 자유도(degree of freedom)이다. 따라서 단순 카이제곱 분석에서 자유도는 연구에서 고려되는 전체 항목(category) 수에서 1을 빼면 된다.

$$DF = C(\text{Category 수}) - 1$$

따라서 앞서 제시한 [연구 맥락 1]에서는 음료수 항목이 4개(코카콜라, 펩시, 세븐업, 사이다)이기 때문에 이 경우의 자유도는 4 - 1 = 3이 된다.

한편, 앞서 제시한 [연구 맥락 2]에서 제시한 데이터를 근거로 카이제곱 분석을 실시하면 다음과 같은 결과표를 얻게 된다.

<표 11-4> 각 항목별 빈도 분석 결과표

학습법	기대 빈도 f(e)	관찰 빈도 f(o)	잔차
학습법 1	10	11	1
학습법 2	10	17	7
학습법 3	10	7	-3
학습법 4	10	5	-5

<표 11-4>에서 잔차는 기대 빈도와 실제 관찰 빈도 간의 차이를 의미한다. 그렇다면 위 표에서 제시한 기대 빈도와 관찰 빈도 간에 의미 있는 차이가 있는 것인가? 카이제곱 분석을 하게 되면 다음과 같은 결과표를 얻게 된다.

<표 11-5> 카이제곱 분석 검정표

	빈도
카이제곱	8.40
자유도	3
유의확률	.038

<표 11-5>에 의하면, 유의확률은 $p < .05$ 이기 때문에 기대 빈도와 관찰 빈도 간에는 통계적으로 의미 있는 차이가 있는 것으로 해석된다.

11.2 이원배치 카이제곱 분석의 이해

이원배치 카이제곱 분석은 단순 카이제곱 분석과는 다르게 연구가 진행된다. 이원 배치 카이제곱 분석을 위한 연구 맥락을 제시하면 다음과 같다.

[연구 맥락 3]
영어교사들은 자신의 수업에서 학습자들의 영어 듣기 능력을 향상시키기 위해서 다양한 매체를 활용한다. 학습자들은 어떤 매체가 자신의 영어 듣기 능력에 효과적인 것으로 인식하였는가? 영어 수업에서 가장 많이 사용되는 멀티미디어 컴퓨터, TV, 비디어 매체에 대해서 그들이 가장 효과적이라고 생각하는 매체를 하나만 골라 표시하도록 하였다. 본 연구를 위해서 남학생 34명, 여학생 50명이 참여하였다. 학습자들이 자신의 영어 듣기 능력 향상에 효과적이라고 인식하는 매체 간에 차이가 있는지, 또한 이러한 매체의 선호도는 학습자들의 성별에 따라 차이가 있는지를 알아보았다.

학습자의 성별에 따라, 그리고 선호하는 매체 즉, 멀티미디어, TV, 비디오 등을 고려하면 총 2 X 3 = 6개의 항목이 만들어진다. 학습자들이 선호하는 매체를 정리하여 표로 제시하면 다음과 같다.

<표 11-6> 이원배치 카이제곱 분석을 위한 데이터 요약

	멀티미디어	TV	비디오	
남학생	20(A)	6 (B)	8 (C)	34
여학생	8 (D)	20(E)	22(F)	50
	28	26	30	84

위 <표 11-6>에는 실제 관찰된 빈도를 제시하고 있다. 카이제곱 분석은 기대 빈도와 관찰 빈도 간에 의미 있는 차이가 있는지를 알아보는 방법이기 때문에 각 항목에 대한 기대 빈도를 다음과 같은 공식을 이용하여 계산해 볼 수 있다.

• A $f(e) = \frac{28 \times 34}{84}$ • B $f(e) = \frac{26 \times 34}{84}$ • C $f(e) = \frac{30 \times 34}{84}$

• D $f(e) = \frac{28 \times 50}{84}$ • E $f(e) = \frac{26 \times 50}{84}$ • F $f(e) = \frac{30 \times 50}{84}$

앞서 제시한 공식에 의해서 각 항목 별로 기대 빈도가 계산되며, 또한 학습자들이 보여준 실제 관찰 빈도를 근거로 관찰 빈도와 기대 빈도 간에 의미 있는 차이가 있는지를 알아볼 수 있다. 이원배치 카이제곱 분석을 위한 통계 가설은 다음과 같이 설정될 수 있다.

- Ho : 성별에 따른 학습자들이 선호하는 매체 간에는 차이가 없다.
- Ha : 성별에 따른 학습자들이 선호하는 매체 간에는 차이가 있다.

한편, 이원배치 카이제곱 분석을 위한 자유도는 다음과 같이 계산된다.

$$DF = (C-1) \times (R-1)$$

따라서 위 두 번째 연구 맥락의 자유도는 (3-1) X (2-1) = 2가 된다.

앞서 제시한 [연구 맥락 2]에 근거하여 지금까지 논의된 단순 카이제곱 분석의 과정을 표로 정리하여 제시하면 다음과 같다

<표 11-7> 카이제곱 분석 절차

필요 정보	단계 설명
1. 연구 문제	학습자들로 하여금 자신의 어휘학습을 위해서 4가지의 학습법을 사용하게 한 후, 자신의 어휘학습을 위해서 가장 효과적인 학습법 하나를 선택하게 하였다. 연구자는 학습자들이 보고한 학습법 간에 서로 비슷한 결과가 나올 것이라고 예측하였다. 연구자가 예측한 값과 실제 관찰된 값 간에 통계적으로 의미 있는 차이가 있는가?
2. 통계가설 설정	• Ho : f(e) = f(o) (기대 빈도와 관찰 빈도는 같다.) • Ha : f(e) ≠ f(o) (기대 빈도와 관찰 빈도는 같지 않다.)
3. 유의수준 결정	• $a < .05$ • 5% 이내에서 오차를 허용하고 통제함. • 통계적 결정은 최소 95% 이상 신뢰할 수 있어야 한다는 것을 의미함.
4. 학습자 수(N)	본 연구를 위해서 학습자 40명이 자신의 어휘학습을 위해서 가장 효과적인 것으로 생각되는 학습법 하나를 선택하게 하였다.
5. 자유도(*df*)	• C - 1 • 따라서 자유도는 4 - 1 = 3이 된다.
6. 통계분석 유형	단순 카이제곱 분석
7. 결정값	$\chi^2_{crit} = 7.82$
8. 관찰값	$\chi^2_{obs} = 8.40$
9. Ho 기각 여부	• 관찰값 > 결정값; p < .05 • Ho 기각; Ha 수용 • 본 연구에서 연구자가 예측한 기대 빈도와 실제 관찰된 관찰 빈도 간에는 통계적으로 의미 있는 차이가 있다.

<표 11-8> 카이제곱 분석을 위한 결정값

	a Levels				
df	*.10*	*.05*	*.02*	*.01*	*.001*
1.	2.71	3.84	5.41	6.64	10.83
2	4.60	5.99	7.82	9.21	13.82
3	6.25	7.82	9.84	11.34	16.27
4	7.78	9.49	11.67	13.28	18.46
5	9.24	11.07	13.39	15.09	20.52\
6	10.64	12.59	15.03	16.81	22.46
7	12.02	14.07	16.62	18.48	24.32
8	13.36	15.51	18.17	20.09	26.12
9	14.68	16.92	19.68	21.67	27.88
10	15.99	18.31	21.16	23.21	29.59
11	17.28	19.68	22.62	24.72	31.26
12	18.55	21.03	24.05	26.22	32.91
13	19.81	22.36	25.47	27.69	34.53
14	21.06	23.68	26.87	29.14	36.12
15	22.31	25.00	28.26	3058	37.70
16	23.54	26.30	29.63	32.00	39.25
17	24.77	27.59	31.00	33.41	40.79
18	25.99	2887	32.35	34.80	42.31
19	27.20	30.14	33.69	36.19	43.82
20	28.41	31.41	35.02	37.57	45.32
21	29.62	32.67	36.34	38.93	46.80
22	3081	33.92	37.66	40.29	48.27
23	32.01	35.17	38.97	41.64	49.73
24	33.20	36.42	40.27	42.98	51.18
25	34.38	37.65	41.57	4431	52.62
26	35.56	38.88	42.86	45.64	54.05
27	36.74	40.11	44.14	46.96	55.48
28	37.92	41.34	45.42	48.28	56.89
29	39.09	42.56	46.69	49.59	58.30
30	40.26	43.77	4796	50.89	59.70

11.3 SPSS를 이용한 카이제곱 분석

11.3.1 단일 표본 카이제곱 분석

앞서 제시한 [연구 맥락 2]의 경우와 같이, 어휘학습에 참여한 40명의 학습자들이 아래와 같은 어휘학습법을 사용하였다고 가정해 본다. 일정기간 동안 어휘학습법을 사용한 후, 학습자들이 생각하는 가장 효율적인 어휘학습법 하나를 선택하게 하였다.

- 1 : 이중 언어 단어장
- 2 : 소리 내어 단어를 읽어 봄
- 3 : 단어를 이용하여 실제 문장을 만들어 봄
- 4 : 단어를 속으로 여러 번 읽어 봄

학습자들이 가장 효과적이라고 선택한 교수법 번호를 아래와 같이 데이터로 입력한다. 카이제곱 분석을 위해서 위 메뉴에서,

[분석] → [비모수검정] → [레거시 대화상자] → [카이제곱]을 선택한다.

다음 스크린에서 왼쪽의 '어휘 학습법' 데이터를 오른쪽의 [검정변수]로 이동시킨다. 그리고 기댓값은 [모든 범주가 동일함]을 선택한다. 이는 4가지 어휘 학습법 중 학습자들이 가장 선호하는 학습법을 선택하였을 경우, 그 선택 결과가 서로 비슷하게 나올 것이라고 가정하는 것을 의미한다.

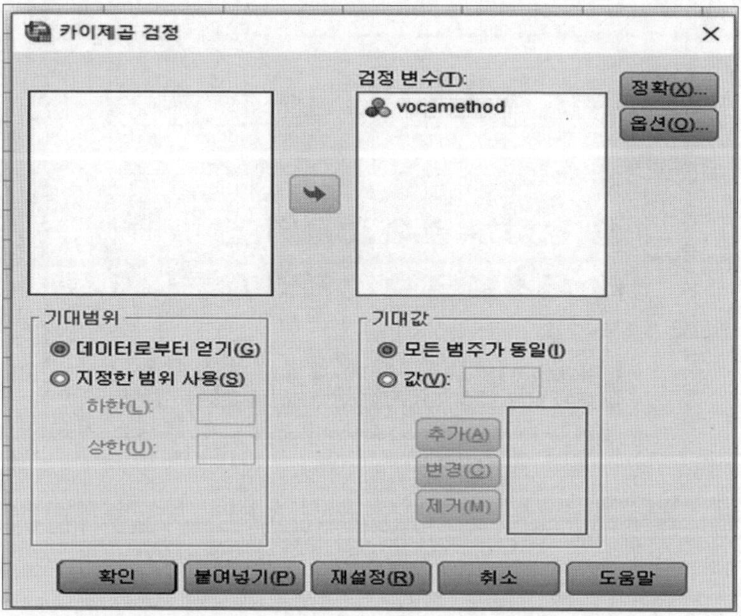

그리고 오른쪽에 위치한 [옵션]을 선택하고 [기술통계]를 선택한다. [계속] 버튼을 선택하고, 다시 [확인] 버튼을 선택하면 분석 결과가 제시된다.

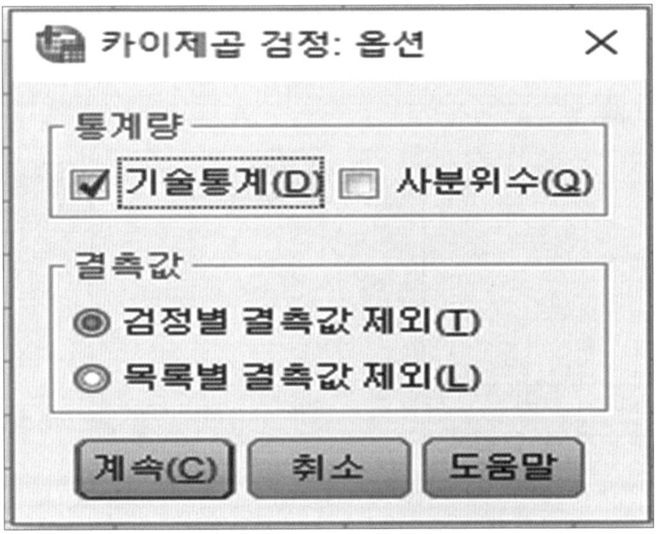

11.3.1 일원배치 카이제곱 분석

200명의 학습자들이 4가지 어휘 학습법을 사용하여 영어 어휘를 학습한 후, 가장 효율적이었다고 생각되는 학습법 하나를 선택하게 하였다. 아래와 같은 결과가 나왔다고 가정해 본다. 그리고 분석을 위해 2가지 상황을 가정해 본다. 먼저, 각 교수법에 대한 학습자들의 선호도가 서로 비슷하게 나올 것이라고 가정한다. 즉, 각 학습법에 대한 기대 빈도는 50이 된다. 또 다른 상황은 각 학습법에 대한 기대치를 각각 다르게 설정하는 것이다. 교사의 수업 경험, 학생 면담 등의 경로를 통해서 학습자들이 선호하는 학습법의 정도를 미리 예측해 보고, 교사의 기대치와 실제 관찰치가 맞는지를 알아보는 것이다. 이를 정리하여 표로 제시하면 아래와 같다.

	A 학습법	B 학습법	C 학습법	D 학습법	합계
실제 관측 빈도	77	59	42	22	200
기대 빈도(1)	70	60	40	30	200
기대 빈도(2)	50	50	50	50	200

1) 기대 빈도 값을 동일하게 설정하는 경우

앞서 제시한 4개의 학습법에 대해서 200명의 학습자들이 가장 선호한 것으로 보고한 빈도를 교수법 순서대로 입력한다. 이들 데이터는 빈도 데이터이기 때문에 분석을 위해 먼저 '가중케이스'를 지정할 필요가 있다. 이를 위해서 메뉴 중,

[데이터] → [가중케이스]를 선택한다.

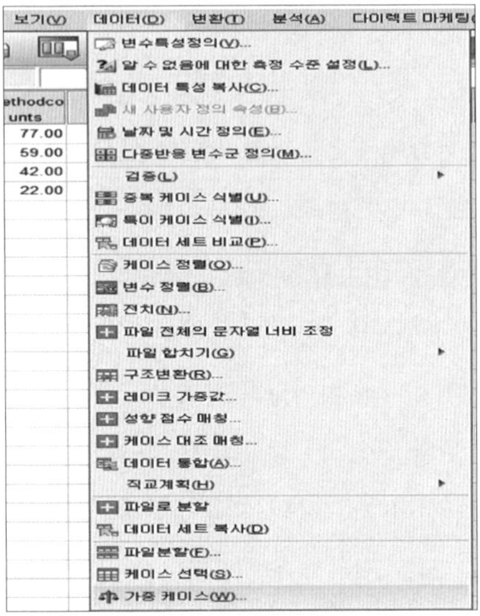

위 화면에서 가중케이스를 선택하면, 아래와 같은 화면이 나타난다. 아래 화면에서 [가중케이스 지정]을 선택하고, 분석 대상이 되는 변수를 오른쪽의 [빈도변수]로 이동시키고 [확인] 버튼을 선택한다.

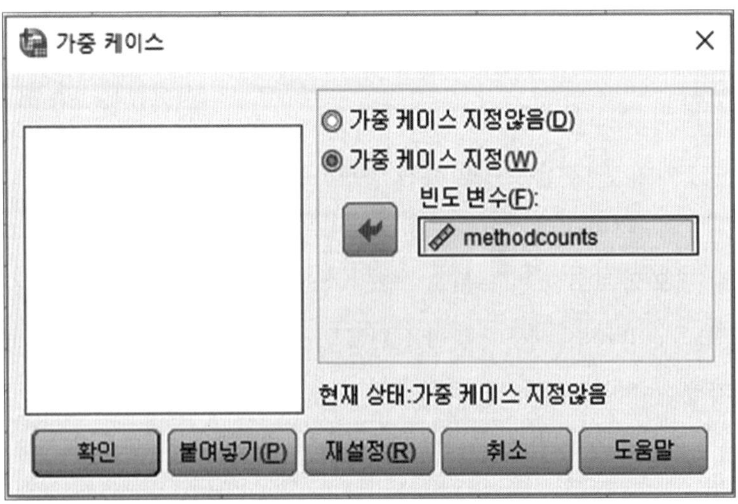

분석을 계속하기 위해서, 입력한 데이터를 [오름차순]으로 다시 정렬할 필요가 있다. 이를 위해서 위 메뉴에서

[데이터] → [케이스정렬]을 선택한다.

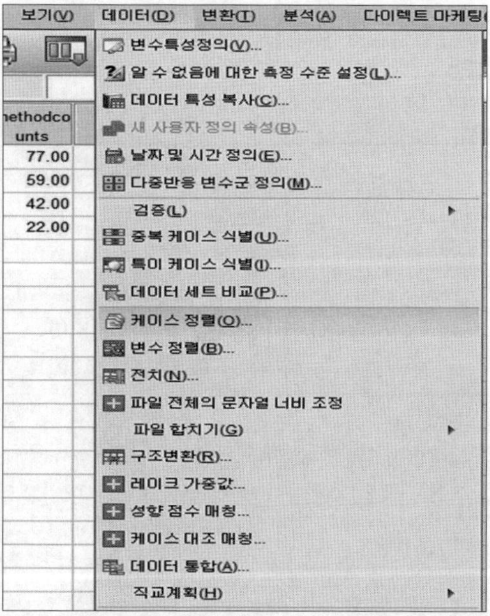

[케이스정렬]을 선택하면, 아래와 같은 화면이 나타난다. 분석 대상이 되는 변수를 오른쪽의 [정렬기준]으로 이동시키고, 아래 [오름차순]을 선택한다. 그런 후, [확인] 버튼을 선택한다. 이 과정이 끝나면, 이제 본격적인 카이제곱 분석을 시작할 수 있다.

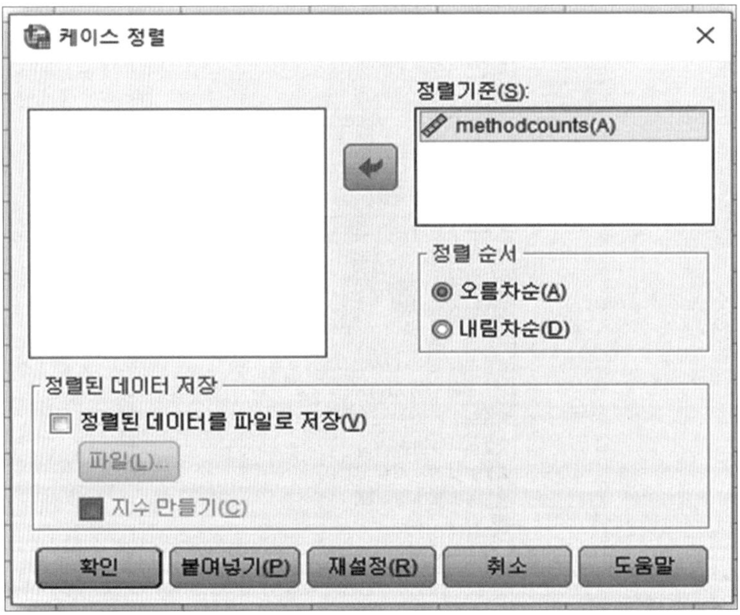

카이제곱 분석을 위해서, 위 메뉴에서

[분석] → [비모수검정] →[레거시대화상자] → [카이제곱]을 선택한

다.

카이제곱 분석을 선택하면 아래와 같은 화면이 나타나는데, 먼저 분석이 되는 변수를 오른쪽 [검정변수]로 이동시키고, 아래에 위치한 [기대값]에서 [모든 범주가 동일] 버튼을 선택한다. 그런 후, [확인] 버튼을 선택하면 분석 결과 화면이 나타난다.

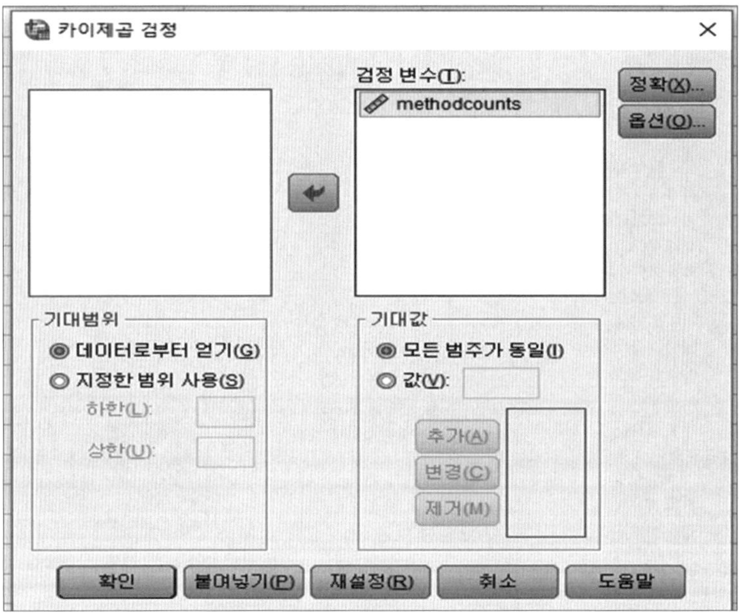

methodcounts

	관측빈도	기대빈도	잔차
22.00	22	50.0	-28.0
42.00	42	50.0	-8.0
59.00	59	50.0	9.0
77.00	77	50.0	27.0
전체	200		

검정 통계량

	methodcounts
카이제곱	33.160[a]
자유도	3
근사 유의확률	.000

2) 기대 빈도 값을 다르게 설정하는 경우

이번에는 각 학습법에 대한 기대 빈도가 다르게 설정한 경우에 어떻게 분석할 것인지에 대해서 설명해 보고자 한다. 위 메뉴에서,

[분석] → [비모수검정] →[레거시대화상자] → [카이제곱]을 선택한다.

이는 앞서 제시한 방법과 동일하다. 카이제곱 분석을 선택하면 아래와 같은 화면이 나타나는데, 먼저 분석 대상이 되는 변수를 오른쪽 [검정변수]로 이동시킨다. 그런 후, 아래에 위치한 [값] 버튼을 선택하고, 오름차순으로 입력된 실제 빈도수에 따라 설정된 기대 빈도를 입력하고, [추가] 버튼을 선택한다. 예를 들어, 가장 먼저 입력된 데이터는 D 교수법으로서 실제 관찰 빈도는 22이고, 이에 대한 기대 빈도는 30이기에 30을 입력하고, [추가] 버튼을 선택한다.

계속해서, 오름차순에 의해서 관찰 빈도가 입력된 순서대로 기대 빈도를 입력하고 [추가] 버튼을 선택하고, 마지막에 [확인] 버튼을 선택하면 분석 결과 화면이 나타난다.

methodcounts

	관측빈도	기대빈도	잔차
22.00	22	30.0	-8.0
42.00	42	40.0	2.0

59.00	59	60.0	-1.0
77.00	77	70.0	7.0
전체	200		

검정 통계량

	methodcounts
카이제곱	2.950[a]
자유도	3
근사 유의확률	.399

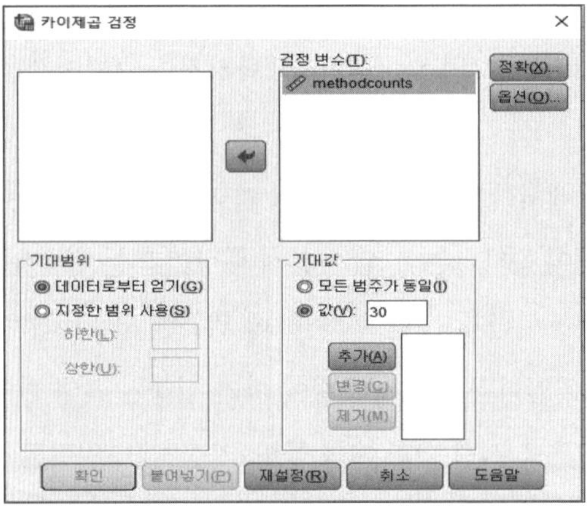

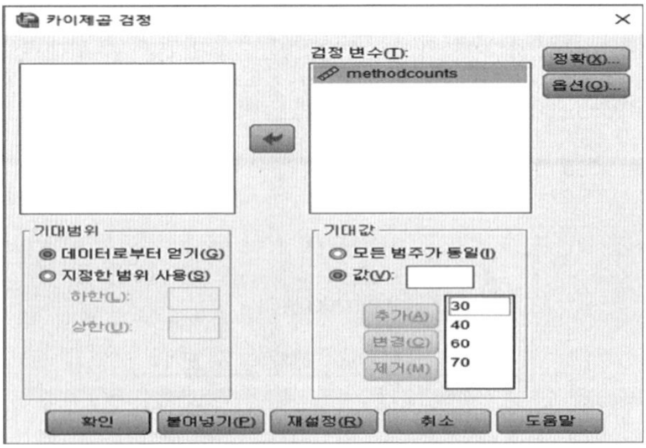

11.3.3 이원배치 카이제곱 분석

앞서 제시한 <표 11-6>과 같이, 남학생과 여학생에 따라 이들 학습자들이 선호하는 학습매체 간에 차이가 있는지를 조사한다고 가정해 보자. 아래와 같이, 남학생과 여학생이 선호하는 학습매체가 조사되었다고 가정해 본다.

	멀티미디어	TV	비디오	
남학생	20(A)	6 (B)	8 (C)	34
여학생	8 (D)	20(E)	22(F)	50
	28	26	30	84

다음 그림과 같이, 데이터를 입력하고, 그룹을 구분하기 위해서 성별(gender)에서 남학생은 '1'로 표기하고, 여학생은 '2'로 표기한다. 그리고 선호하는 매체(media)에서 멀티미디어는 '1'로, TV는 '2'로, 그리고 비디오는 '3'으로 표기한다. 또한, 첫 번째 칸에 입력한 데이터는 빈도이기 때문에 가중 케이스를 지정한다.

이제 본격적인 카이제곱 분석을 위해 위 메뉴에서, [데이터] → [가중케이스]를 선택하면, 아래와 같은 화면이 나타난다.

[가중케이스 지정]을 선택하고, 분석 대상이 되는 변수를 오른쪽의 [빈도변수]로 이동하고, [확인] 버튼을 선택한다.

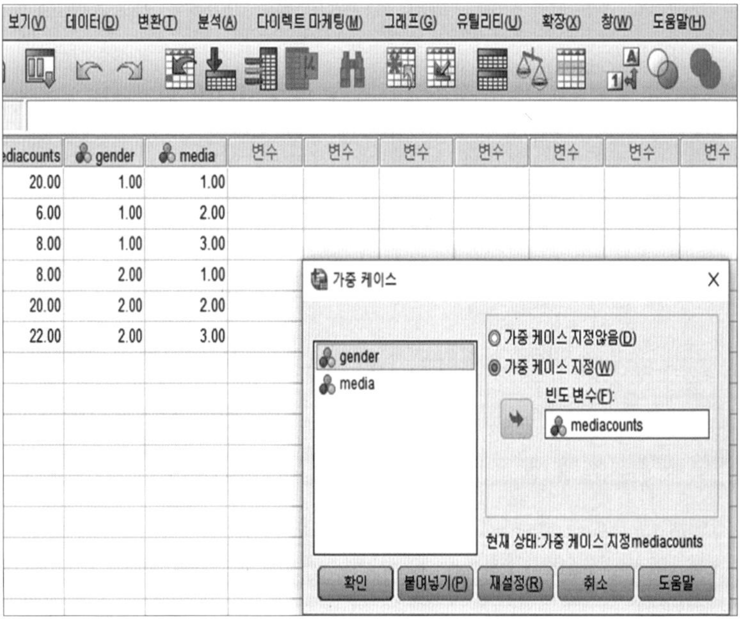

분석을 위해서, 위 메뉴에서,

[분석] → [기술통계량] → [교차분석]을 선택하면, 아래와 같은 화면이 나타난다.

여기에 [행(O)]에 성별을 나타내는 'gender'를, [열(C)]에는 매체를 의미한 'media'를 오른쪽으로 이동시킨다. 그런 후 왼쪽 메뉴에서 [통계량] 버튼을 선택한다.

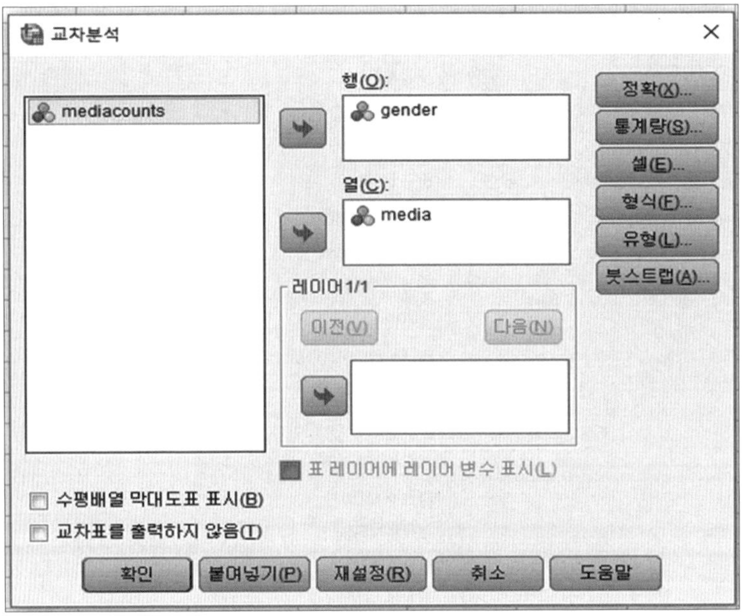

다음과 같이 '교차분석 통계량' 화면이 나타나면, [카이제곱] 분석 버튼을 선택하고, [계속] 버튼을 선택한다. 그 후, [확인] 버튼을 선택하면 분석 결과표가 나타난다.

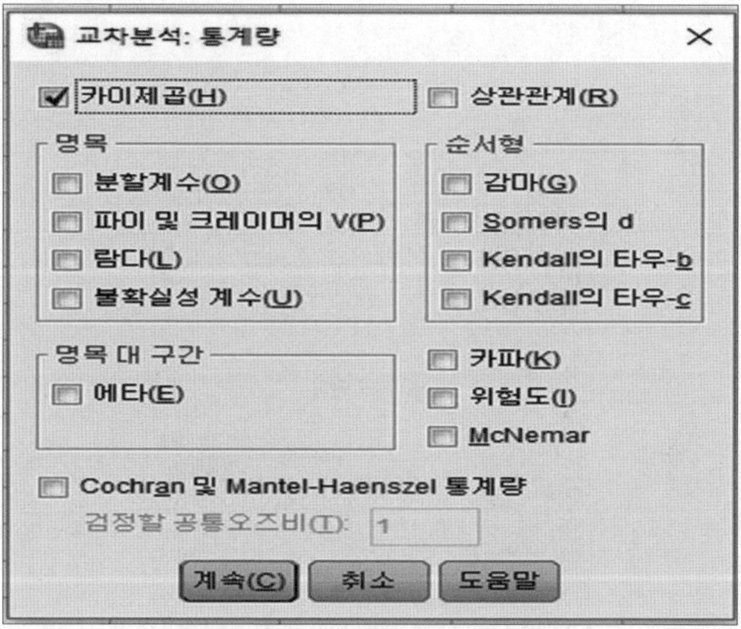

➜ 교차분석

케이스 처리 요약

	케이스					
	유효		결측		전체	
	N	퍼센트	N	퍼센트	N	퍼센트
gender*media	84	100.0%	0	0.0%	84	100.0%

gender*media 교차표

빈도

		media			
		1.00	2.00	3.00	전체
gender	1.00	20	6	8	34
	2.00	8	20	22	50
전체		28	26	30	84

카이제곱 검정

	값	자유도	근사 유의확률 (양측검정)
Person 카이제곱	16.776[a]	2	.000
우도비	16.994	2	.000
선형 대 선형결합	11.612	1	.001
유효케이스 수	84		

a. 0셀(0.0%)은(는) 5보다 작은 기대 빈도를 가지는셀입니다.
최소 기대빈도는 10.52입니다.

12장

요인분석(Factor Analysis)

요인분석(factor analysis)은 검사 도구(예: 설문지)에서 사용되고 있는 많은 측정 문항들이 연구자가 측정하고자 하는 특정 구인(construct)을 제대로 측정하는지를 알아보기 위해서 사용하는 통계분석 방법이다. 또한, 요인분석은 측정 목표가 되는 특정 구인을 구성하는 하위 요인들을 찾아서 이들 문항들을 그룹으로 분류할 목적으로 사용되는 통계 방법이라 할 수 있다. 일반적으로 요인분석은 다음과 같은 경우에 사용된다.

① 데이터의 양을 줄여서 정보를 요약하는 경우에 사용된다.

② 변인들 내부에 존재하는 어떤 패턴 또는 구조를 발견하고자 하는 경우에 사용된다.

③ 중요도 또는 관련성이 낮아서 어떤 요인으로 묶이고자 할 때 속하지 않는 변인을 제거하고자 하는 경우에 사용된다. 즉, 측정 도구가 측정하고자 하는 특정 구인을 구성하는 하위 구성요인이 무엇인지를 파악하는데 사용되며, 따라서 하위 구성요인에 들지 않는 변인들은 삭제하게 된다.

④ 같은 개념 또는 구인을 측정하는 것으로 여겨지는 측정 문항들

이 동일한 요인으로 묶이는지를 확인하고자 하는 경우에 사용된다. 이는 측정 도구가 측정하고자 하는 개념을 측정하고 있는지를 알아보기 위해서 측정 도구의 타당성을 검증하는 경우에 해당된다.

12.1 구인 타당도(Construct Validity)와 요인분석

요인분석을 위해서는 구인 타당도(construct validity)에 대한 이해가 필요하다. 왜냐하면, 요인분석의 기본 전제는 연구자가 관심을 갖고 있는 특정 구인의 하위 구성요소가 적절해야 하며, 또한 검사 도구의 측정 문항들이 측정하고자 하는 해당 구인을 정확하게 측정해야 하기 때문이다. 따라서 연구자가 새로운 검사 도구를 개발하여 특정 구인을 측정하고자 할 때는 구인 타당도가 적절한 지를 먼저 점검해야 한다.

구인 타당도는 비교적 새로운 개념이면서 동시에 평가 도구의 과학적 발전에 탐구적 가능성을 열어주는 타당도이다. 여기서 '구인(construct)'이란 측정의 대상이 되는 인간의 어떤 가정적 특징 또는 속성을 지칭한다. 구인 타당도는 조작적으로 정확하게 정의되지 않았으며, 또한 이론적으로도 제대로 정립이 되지 않은 인간의 어떤 특성이나 속성을 측정하고자 할 때, 그것을 과학적 개념으로 분석하고 의미를 부여하는 과정으로 이해된다. 예를 들어, '정의적 여과기(affective filter)가 낮은 학습자는 영어를 더 많이 말할 것이다.' 라는 점을 객관적 평가를 통해서 검증한다고 가정해 본다. 우선 '정의적 여과기가 낮은 학습자' 라고 하는 학습자의 속성은 아직 모호하고 조작적으로 정의되지 않은 구인이 된다. 따라서 이 평가에서 사용되는 구인 타당도는 이 구인의 성질에 관한 이론과 법칙을 정립하기 위한 과정이 되며 검사 자체보다는 준거의 확인과 이론 형성에 더 많은 관심을 보이는 타당화 과정이 된다.

구인 타당도는 다음과 같은 과정을 통해서 추정해 볼 수 있다 (성태제, 1995, p. 37).

① 측정하고자 하고자 하는 인간 내의 특정 가정적 속성 또는 능력을 구성하는 구인이 무엇인지를 이론적, 경험적 배경에 의해서 명확한 조작적 정의(operational definition)를 내린다.
② 측정하고자 하는 구인과 관련된 이론에 근거하여 구인을 측정할 수 있는 여러 측정 문항들을 제작한다.
③ 구인을 측정하는 문항들로 구성된 평가 도구를 개발한다.
④ 측정 대상에게 평가를 실시하여 응답 자료를 얻는다.
⑤ 응답 자료를 분석하여 측정 목표가 되는 특정 구인들이 평가 도구를 통해서 정확하게 측정되었는지를 확인한다.
⑥ 인간의 가정적 속성 또는 능력을 규명하는 조작적 정의와 관련 없는 문항은 제거한다.

예를 들어, '자기 결정성(self-determination)'이라는 특정 구인을 측정하기 위해서 30개의 측정 문항으로 구성된 설문지를 개발하여 연구를 수행한다고 가정해 보자. 그리고 연구자는 '자기 결정성'이라는 공통된 구인은 다음 5가지의 하위 구성요인, 즉 '무동기, 내재적 동기, 확인적 동기, 부과된 동기, 외재적 동기'가 있다고 믿으며, 따라서 설문지는 이들 5가지 하위 영역을 검증하는 문항들로 개발되었다고 생각한다. 연구자는 먼저 요인분석을 해 보면, 연구자가 설정했던 대로 설문 문항들이 크게 5가지 하위 요인으로 구분되는지를 확인할 수 있다. 또한, 요인분석의 결과에 따라, 설문지의 여러 측정 문항을 동일 하위 구인을 측정하는 5개의 그룹으로 구분할 수 있다. 이러한 과정은 요인분석의 결과에 따라 하위 구인별로 묶어지는 문항들과 연구자가 처음 설문지를 개발할 때 설정했던 하위 구인 그룹과 일치하는지를 확인할 수 있는 기회가 된다. 예를 들어, 내재적 동기를 측정하기 위해서 개발되었던 문항이 외재적 동기를 측정하는 문항으로 분류되고 있지는 않는지를 확인할 수 있다. 따라서 요인분석은 설문지와 같은 검사 도구가 측정하고자 하는 구인을 제대로 측정하고 있는지를 확인하는 목적으로 사용되기 때문에 측정 도구의 타당화 과정에서 매우 중요한 통계분석이라 할 수 있다.

12.2 탐색적 요인분석의 이해

12.2.1 요인분석의 기본 용어 이해

요인분석에는 탐색적(exploratory) 요인분석과 확인적(confirmatory) 요인분석이 있다. 탐색적 요인분석의 목적은 측정 도구를 실시한 후 그 결과를 통해서 공통된 하위 구성요인을 찾아내는데 있다. 즉, 연구자가 사용하는 측정 도구가 몇 가지 하위 요소로 구성되어 있는지를 알고 싶을 때 사용한다. 한편, 확인적 요인분석의 목적은 측정 도구를 실시한 후 그 결과와 연구자가 설정한 하위 구인 간의 관계가 일치하는지를 알아보는데 있다. 본 장에서는 요인분석에서 많이 사용되는 탐색적 요인분석에 초점을 맞추어 기술하고자 한다.

앞서 언급한 바와 같이, 설문지와 같은 측정 도구에서 사용된 문항들을 공통된 하위 구성요인을 측정하는 것으로 여겨지는 몇 개의 하위 그룹으로 나누어 볼 수 있다. 만약에 하위 그룹이 만들어진다는 것은 이는 요인(factor)이 추출되는 것으로 여겨진다. 같은 요인에 속하는 측정 문항들은 서로 높은 상관 값을 갖게 되는데, 요인분석에서는 이들 문항들이 '요인 적재량(factor loading)'을 갖고 있는 것으로 이해된다. 따라서 이들 같은 요인에 속하는 문항들은 그들이 측정하는 공통된 하위 구성요인이 무엇인지를 살펴보고 이에 대한 적절한 이름을 부여한다. 만약에 '확인적 동기'를 측정하고 있다면, 연구자는 '확인적 동기'라는 요인 이름을 부여할 수 있다.

1) 요인 적재량(factor loading) : 요인 적재량은 각 요인이 해당 변인의 전체 분산을 설명해 내는 정도를 의미한다. 즉, 변인과 요인 사이의 상관계수로 이해된다.

2) 고유값(eigen value) : 고유값은 각 요인으로 설명되는 개별 변인들이 갖는 분산의 총합으로 각 변인의 요인 적재량을 제곱하여 더한 값이다. 고유값이 클수록 해당 요인의 설명력이 커진다.

3) 요인 회전(factor rotation) : 요인이 추출되면, 요인의 적절한 해석을 위해서 요인들을 회전시키게 된다. 요인 회전의 주된 목적은 공통된 하위 구성요인을 측정하는 것으로 여겨지는 문항들은 같은 요인에 적재되고, 가능한 다른 요인에는 적재되지 않도록 하는데 있다. 추출된 요인의 회전 예를 제시하면 다음과 같다(신상근, 1991, p. 374).

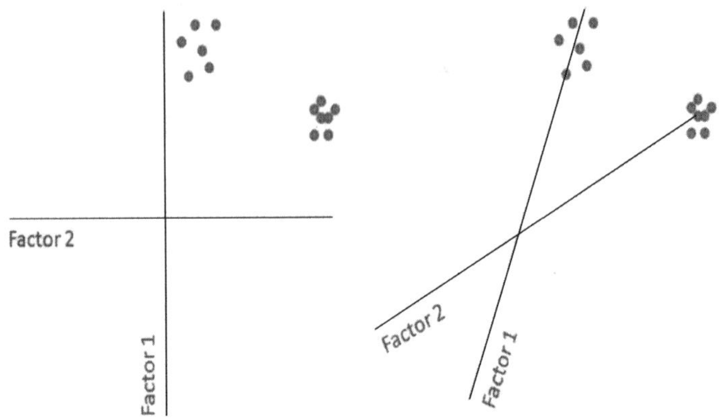

<그림 12-1> 추출된 요인의 회전

<그림 12-1>의 왼쪽의 그림은 문항들의 그룹이 요인에서 다소 떨어져 있음을 알 수 있다. 하지만 요인들을 약간 오른쪽으로 회전하게 되면 그림의 오른쪽과 같이 요인 1과 요인 2에 위치하게 된다. 요인 회전을 하게 되면, 한 그룹의 문항들은 요인 1을 측정하게 되고, 다른 그룹의 문항들은 요인 2를 측정하는 것으로 해석된다. 요인을 회전시키는 방법에는 직각 회전과 사각 회전이 있다.

(1) 직각 회전(orthogonal rotation)

회전축이 직각을 유지하면서 회전하기 때문에 요인들 간의 관계가 상호 독립적인 것으로 간주될 때 사용된다. 따라서 요인들 간의 상관관계는 0인 경우가 많다. 하지만 인문 · 사회과학 분야에서는 서로 다른 두 요인이라 할지라도 완전히 독립적인 경우는 드물기 때문에 직각 회전 방식 보다는 사각 회전 방식이 사용되는 경우가 많다. 직각 회전 방식 중 Varimax 방식이 가장 많이 사용되며, 각 요인들의 특성을 알고자 할 때 사용된다.

(2) 사각 회전(oblique rotation)

인문 · 사회과학 분야에서는 요인들 간의 관계가 완전히 독립적이기 보다는 상호 관련성이 높은 경우가 많은데, 이 경우 사각 회전 방식이 사용된다. 사각 회전 방식은 요인들을 회전시킬 때 꼭 직각을 유지하지 않기 때문에 요인 적재량이 높은 경우는 더 높게, 요인 적재량이 낮은 경우에는 더 낮게 나타나도록 요인을 회전시키는 이점이 있다.

4) 표본 수 : 요인분석을 수행하기 위해서 기본 표본 수는 얼마나 되어야 하는가? 요인분석을 위해서 최소 500명 이상은 되어야 한다. 또는 변인과 표본 수 간의 과계는 1:5를 넘어야 한다.

12.2.2 탐색적 요인분석 절차

요인분석의 이해를 돕기 위해서 다음과 같은 연구 맥락에서 요인분석이 수행되었다고 가정해 보자.

[연구 맥락]
다음은 00 대학교에 재학하고 있는 학생들에게 성공적인 영어학습을 위해서 가장 중요한 요인이 무엇인지에 대해서 물어 보았다. 00 대학교 500명을 대상으로 연구가 진행되었고, 5개 요인에 대해서 각 7점 척도의 *Likert* 방식으로 개발된 설문지가 사용되었다. 5개의 요인은 다음과 같다.

x1. 원어민 화자 및 원어민 사회에 대한 긍정적 태도 요인
x2. 원어민과 상호작용 할 수 있는 기회 요인
x3. 영어학습 자체에 대한 흥미와 동기 요인
x4. 실제 영어를 사용할 수 있는 상황과 기회의 제공 요인
x5. 영어학습의 중요도 인식 요인

요인분석을 시작하면서 먼저 검증할 것은 입력된 데이터를 가지고 요인분석을 하는 것이 적합한 지를 알아보아야 한다. 요인분석의 적합성 여부는 *KMO*와 *Bartlett* 검정 결과를 보면 된다. 그 예를 제시하면 다음과 같다.

<표 12-1> KMO와 Bartlett 검정 결과

표준형성 적절성의 Kaiser-Meyer-Olkin 측도		.844
Bartlett의 구형성 검정	근사 카이제곱	3757.63
	자유도	78
	유의확률	.0000

일반적으로 *KMO* 값이 1에 가까울수록 요인분석에 적합하다는 것을 의미한다. 따라서 위 <표 12-1>에서 *KMO* 값이 .844로서 1에 가깝고, 또한 유의확률이 $p < .05$ 이기 때문에 입력된 데이터가 요인분석을 진행하기에 적합하다는 것을 의미한다.

*KMO*와 *Bartlett* 검정 결과에 의해서 입력된 데이터가 요인분석을 진행하기에 적합하다면, 이제 주된 관심사는 요인분석을 통해서 몇 개의 요인을 추출할 수 있는가 이다. 요인분석은 측정 도구에 사용된 문항들을 몇 개의 하위 공통 요인으로 분류하는데 있기 때문에, 요인분석을 통해서 몇 개의 요인을 추출할 것인지는 매우 중요하다. 일반적으로 요인의 고유값(eigen value)을 조사하여 고유값이 1 이상인 요인만 추출하는 방식을 가장 많이 사용한다. 요인을 추출하기 위해서 시각적으로 다음과 같은 스크리(scree) 도표 방식을 이용할 수 있다. 그 예는 다음과 같다.

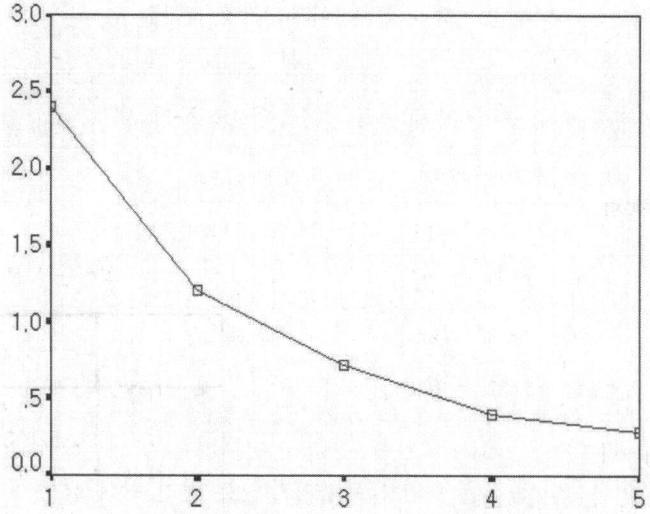

<그림 12-2> 요인분석에 의한 스크리 도표

<그림 12-2>에서 보듯이, X 축은 요인 수를 의미하며, Y 축은 고유값을 의미한다. 위 그림에서 보듯이 두 번째 요인까지는 고유값이 1 이상이고, 다른 나머지 요인들은 1보다 작고, 또한 완만한 경사를 이루고 있어서 위 그림에 의하면, 2개의 요인을 추출하는 것이 바람직하다고 볼 수 있다.

또한, 요인분석에 의한 총 분산값을 보여주는 표를 보면 몇 개의 요인을 추출할 수 있는지 보다 명확해 지는데, 그 예는 다음 <표 12-2>와 같다. <표 12-2>에서 보듯이, 고유값이 1 이상인 요인은 2개로 나타나서 2개 요인이 추출되는 것이 바람직하다는 것을 알 수 있다. 그리고 총 분산값을 보면 이들 추출된 2개 요인이 총 분산의 72.184%를 설명하고 있다는 것을 알 수 있다.

<표 12-2> 요인분석에 의한 총 분산값

요인	초기 고유값			추출 제곱합 적재값			회전 제곱합 적재값		
	전체	% 분산	% 누적	전체	% 분산	% 누적	전체	% 분산	% 누적
1	2.396	47.929	47.929	2.396	47.929	47.929	2.236	44.719	44.719
2	1.213	24.255	72.184	1.213	24.255	72.184	1.373	27.465	72.184
3	.714	14.287	86.471						
4	.395	7.898	94.368						
5	.282	5.632	100						

요인분석의 목적은 요인으로 묶이지 않는 변인, 즉 중요도가 낮은 변인을 제거하는데 있기 때문에, 위 <표 12-2>에서 제시된 5가지 요인 모두를 사용하는 것은 바람직하지 않다. 일반적으로 고유값이 1 이상인 1번과 2번의 두 요인을 유효한 요인으로 추출하게 된다. 또한, 요인 1이 더 많은 설명력을 갖고 있지만 요인 1과 요인 2를 합하여 72.184%의 설명력을 갖고 있는 것을 알 수 있다. 물론, 요인 수를 추가하면 설명력은 높아지지만 요인의 수가 증가하는 단점이 있게 된다. 따라서 요인의 수는 줄이면서 동시에 설명력을 높이는 것이 요인분석의 목적이라 할 수 있다.

또한, 성분 행렬을 해 보면, 어떤 요인에서, 그리고 어떤 문항에서 요인 적재량이 높게 나타나는지를 알 수 있다. 예를 들어, 회전 전 성분 행렬이 다음과 같이 나왔다고 가정해 보자.

<표 12-3> 회전 전 성분 행렬 표

	성분	
	1	2
x1. 태도 요인	.867	-.266
x2. 상호작용 기회 요인	.291	.829
x3. 흥미와 동기 요인	.800	-9.72E-02
x4. 언어 사용 상황과 기회의 제공 요인	.503	.602
x5. 영어학습의 중요도 인식 요인	.817	-.287

앞서 제시한 <그림 12-2>와 <표 12-2>에서 본 바와 같이 2가지 요인이 추출되는 것이 적절하다고 하였다. 위 <표 12-3>의 각 수치는 요인들을 회전시키기 전의 요인 적재량을 보여준다. <표 12-3>에 의하면, 요인 1에서 x1, x3, x5의 요인 적재량이 하나의 공통적인 특성을 갖고 있으며, 요인 2에서는 x2, x4가 공통된 특징을 갖고 있다는 것을 알 수 있다.

한편, 요인이 추출되면, 요인의 적절한 해석을 위해서 요인들을 회전시키게 된다. 요인 회전의 주된 목적은 공통된 하위 구성요인을 측정하는 것으로 여겨지는 문항들은 같은 요인에 적재되고, 가능한 다른 요인에는 적재되지 않도록 하는데 있다. 회전 후 성분 행렬표를 제시하면 다음과 같다.

<표 12-4> 회전 후 성분 행렬 표

	성분	
	1	2
x1. 태도 요인	.904	7.18E-02
x2. 상호작용 기회 요인	-3.52E-02	.878
x3. 흥미와 동기 요인	.779	.204
x4. 언어 사용 상황과 기회의 제공 요인	.246	.745
x5. 영어학습의 중요도 인식 요인	.865	3.37E-02

요인 회전 전의 <표 12-3>과 요인 회전 후의 <표 12-4>를 비교해 보면, 요인 회전의 이점을 바로 알 수 있다. 즉, 요인 적재량이 높은 경우는 더 높게, 요인 적재량이 낮은 경우에는 더 낮게 나타났다. 이제 연구자는 요인 회전의 결과를 가지고, 변인의 공통점을 발견할 수 있으며, 이에 따라 각 요인의 의미를 부여하게 된다. <표 12-4>의 결과에 나타난 바와 같이, x1, x3, x5를 요인 1의 "학습자 요인"으로, 그리고 x2, x4를 요인 2인 "환경적 요인"이라 명명할 수 있게 된다.

2개 요인에 의해서 구성된 2차원의 공간에 5개의 변인들이 어떻게 위치하고 있는지를 보여주는 '회전 공간 성분 도표'는 다음과 같이 나타난다.

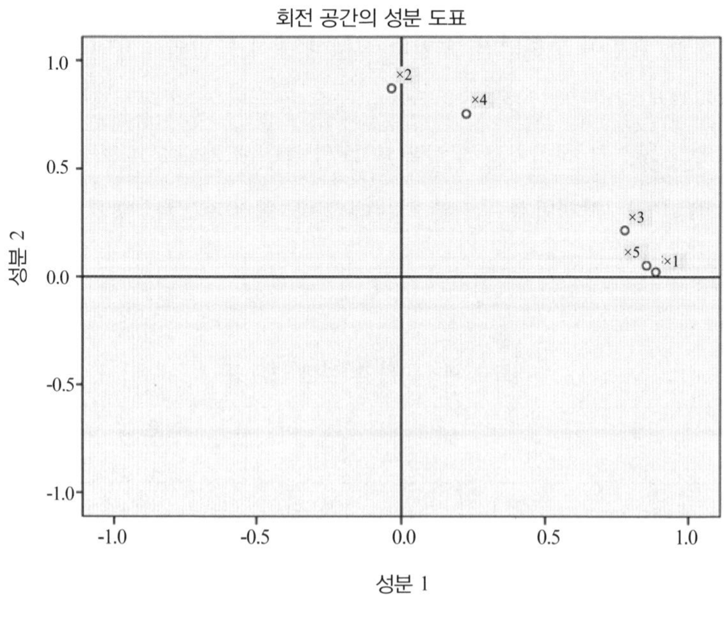

<그림 12-3> 회전 공간의 성분 도표

<그림 12-3>에 의하면, 요인 1의 x1, x3, x5가 같이 모여 있으며, 요인 2의 x2, x4가 같이 모여 있음을 알 수 있다. 하지만 요인 1과 요인 2를 구성하는 각 변인들은 서로 떨어져서 다른 위치에 있어서 서로 다른 요인이 되고 있음을 알 수 있다.

또 다른 예를 들어, 특정 구인을 측정하기 위해서 13개 문항으로 구성된 설문지를 학습자들에게 사용하였다고 가정해 보자. 그런데 측정하고자 하는 특정 구인이 3개의 하위 구성요인으로 이루어졌다고 할 때, 요인분석 후 다음과 같은 성분 행렬표는 각 요인 별, 그리고 각 문항별 요인 적재량을 파악하는데 도움이 된다.

<표 12-5> 요인분석의 성분 행렬 예시

	요인		
	1	2	3
문항1	.081	-.079	.729
문항2	-.009	.022	.755
문항3	-.110	.112	.676
문항4	-.018	.647	-.009
문항5	-.110	.851	-.086
문항6	.068	.563	.025
문항7	.128	.567	.176
문힝8	.672	-.027	-.069
문항9	.696	-.111	.122
문항10	.674	.160	-.079
문항11	.691	.089	-.042
문항12	.769	-.072	.030
문항13	.566	.055	.011

<표 12-5>에 의하면, 어느 요인에 그리고 어느 문항의 요인 적재량이 높은지를 확인할 수 있다. 공통된 하위 구성 요인을 측정하는 것으로 여겨지는 문항의 요인 적재량은 다른 요인을 측정하는 것으로 여겨지는 문항의 요인 적재량에 비해서 높게 나타난다. 만약 두 요인에서 공통적으로 요인 적재량이 높게 나타난 문항은 분석에서 삭제하거나 또는 가장 높은 적재량을 보인 문항만을 요인분석에 사용한다. 일반적으로 요인 적재량이 '.40' 이상인 경우에 특정 요인을 측정하는 문항으로 여겨진다. 따라서 위 <표 12-5>에서 문항 1, 2, 3은 요인 3에서 요인 적재량이 높게 나타나고, 문항 4, 5, 6은 요인 2에서 요인 적재량이 높게 나타났으며, 그리고 문항 8번부터 13번까지는 요인 1에서 요인 적재량이 높게 나타난 것으로 확인된다.

12.3 SPSS를 이용한 요인분석

예를 들어, 25명의 학생들에게 성공적인 영어학습을 위해서 가장 중요한 요인이 무엇인지를 알아보기 위해서 5개 요인 (X_1-X_5)에 대해서 각 7점 척도의 *Likert* 방식으로 개발된 설문지가 사용되었다고 가정해본다. 5개의 요인은 다음과 같다.

x1. 원어민 화자 및 원어민 사회에 대한 긍정적 태도 요인

x2. 원어민과 상호작용 할 수 있는 기회 요인

x3. 영어학습 자체에 대한 흥미와 동기 요인

x4. 실제 영어를 사용할 수 있는 상황과 기회의 제공 요인

x5. 영어학습의 중요도 인식 요인

x6. 일주일 동안 영어학습을 위해 사용한 시간

x7. 학습자의 성별(1: 남학생; 2: 여학생)

아래 화면과 같이 25명의 학생으로부터 수집된 데이터를 입력한다.

요인분석.sav [데이터세트1] - IBM SPSS Statistics Data Editor

파일(F) 편집(E) 보기(V) 데이터(D) 변환(T) 분석(A) 다이렉트 마케팅(M) 그래프(G) 유틸리티(U) 확장(X) 창(W) 도움말(H)

14 :

	x1	x2	x3	x4	x5	X6	x7	변수	변수	변수	변수	변수
1	6.00	4.00	7.00	6.00	5.00	4.00	1.00					
2	5.00	7.00	5.00	6.00	6.00	6.00	1.00					
3	5.00	3.00	4.00	5.00	6.00	4.00	1.00					
4	4.00	3.00	2.00	3.00	4.00	3.00	1.00					
5	5.00	3.00	3.00	3.00	2.00	2.00	1.00					
6	2.00	6.00	2.00	4.00	3.00	3.00	1.00					
7	1.00	3.00	3.00	3.00	2.00	1.00	1.00					
8	3.00	5.00	3.00	4.00	2.00	2.00	1.00					
9	7.00	3.00	6.00	5.00	5.00	4.00	1.00					
10	6.00	4.00	3.00	4.00	4.00	5.00	1.00					
11	6.00	6.00	2.00	6.00	4.00	6.00	1.00					
12	3.00	2.00	2.00	4.00	2.00	3.00	1.00					
13	5.00	7.00	6.00	5.00	2.00	6.00	2.00					
14	5.00	3.00	5.00	5.00	7.00	3.00	2.00					
15	3.00	4.00	4.00	3.00	2.00	2.00	2.00					
16	2.00	7.00	5.00	5.00	4.00	4.00	2.00					
17	3.00	5.00	2.00	7.00	2.00	5.00	2.00					
18	6.00	4.00	5.00	5.00	7.00	4.00	2.00					
19	7.00	4.00	6.00	3.00	5.00	2.00	2.00					
20	5.00	6.00	6.00	3.00	4.00	3.00	2.00					
21	2.00	3.00	3.00	4.00	3.00	2.00	2.00					
22	3.00	4.00	2.00	3.00	4.00	3.00	2.00					
23	3.00	6.00	3.00	5.00	3.00	5.00	2.00					
24	6.00	5.00	7.00	5.00	5.00	5.00	2.00					
25	7.00	6.00	5.00	4.00	6.00	5.00	2.00					
26												
27												
28												
29												
30												

요인분석을 위해서 위 메뉴에서,

[분석] → [데이터 축소 또는 차원 축소] → [요인분석]을 선택한다.

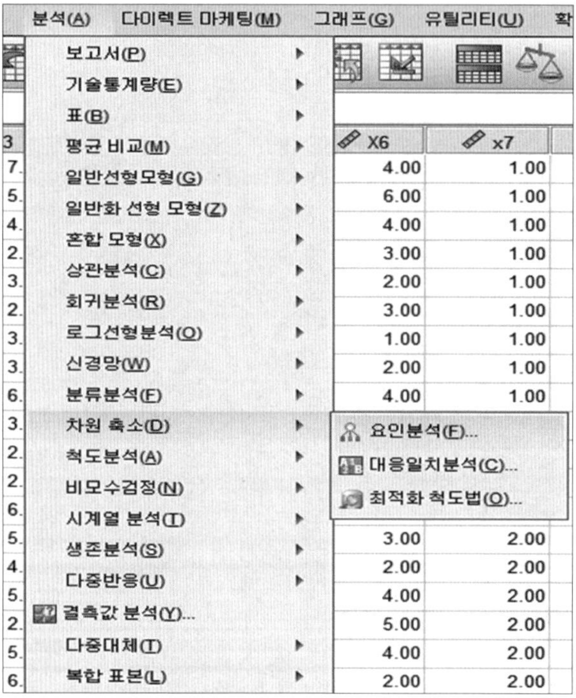

아래와 같은 요인분석 화면에서 분석 대상이 되는 x1부터 x5까지의 데이터를 오른쪽 [변인]으로 이동시키고, 오른쪽에 위치한 [기술통계] 버튼을 선택한다. 그 후 [기술통계] 화면에서 [초기 해법]을 선택하고, 또한 [상관계수]를 선택한 후 [계속] 버튼을 선택한다.

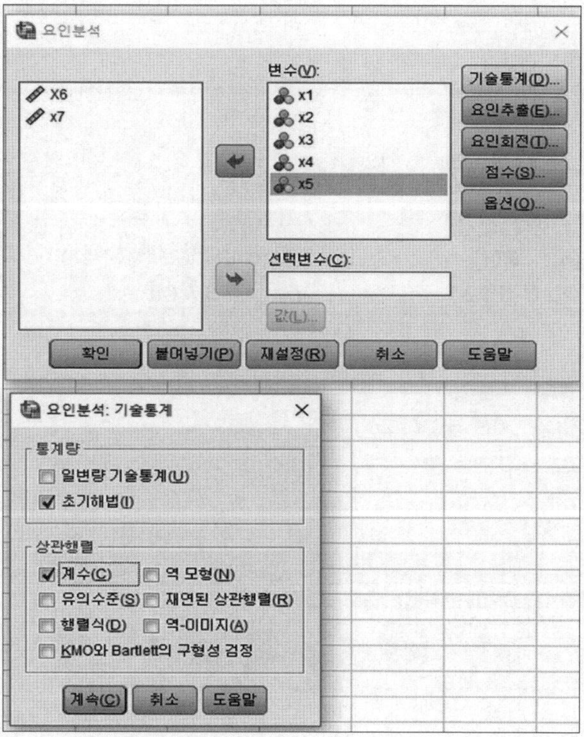

요인분석 화면에서 다시 오른쪽에 위치한 [요인추출] 버튼을 선택한다. 요인추출 화면의 [분석]에서 [상관행렬]을 선택하고, [표시]에서 [회전하지 않은 요인해법]과 [스크리 도표]를 선택한다. 그리고 아래의 [추출]에서 [고유값 기준]을 선택하고 고유값으로 '1'을 선택한다. 또한 맨 아래에 위치한 [수렴을 위한 최대 반복] 횟수에 '25'를 입력하고, [계속] 버튼을 선택하면 요인분석 화면으로 돌아간다.

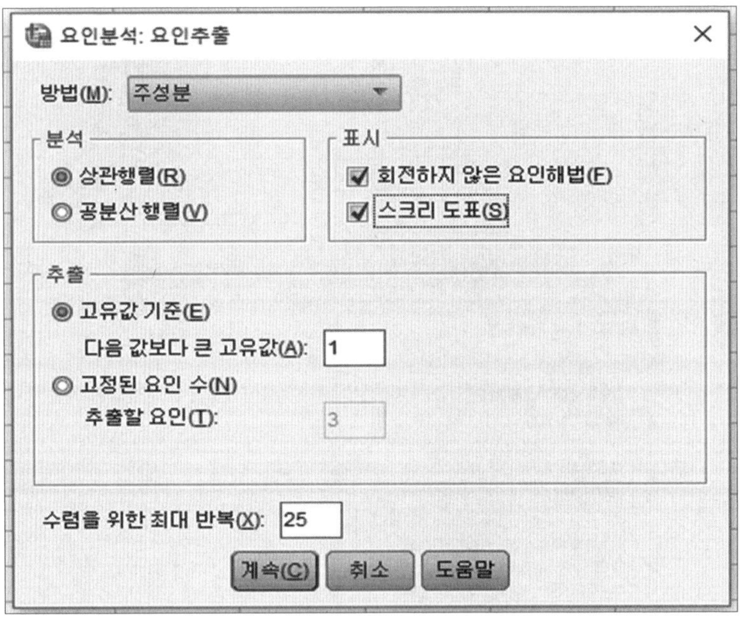

다음과 같은 요인분석 화면에서 오른쪽에 위치한 [요인추출] 버튼을 선택하고, [방법]에서 [베리맥스]를 선택하고, 그리고 [표시]에 [회전요법]과 [적재량 도표] 두 버튼을 선택한다. 그리고 [수렴을 위한 최대반복]에 '25'를 입력하고 [계속] 버튼을 선택하면 다시 요인분석 화면으로 돌아간다. 그런 후, 아래에 위치한 [확인] 버튼을 선택하면 요인분석 결과가 나타난다.

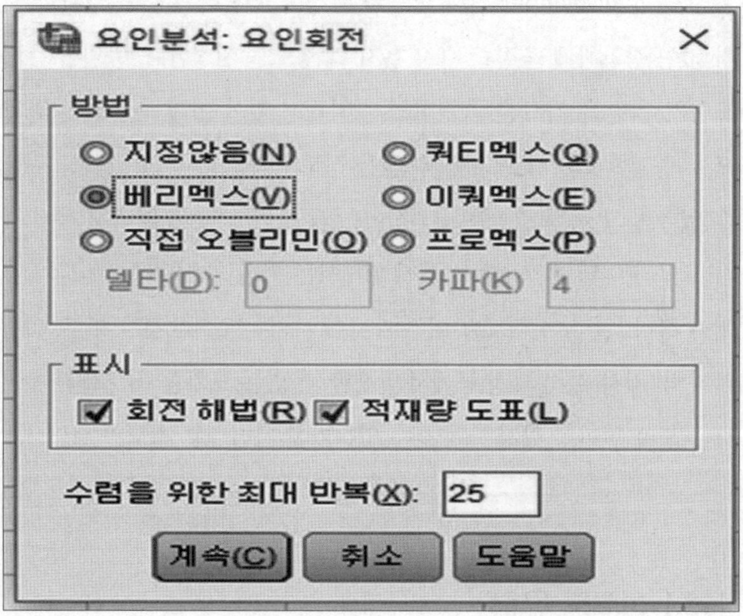

13장
신뢰도(Reliability) 검사

신뢰도(reliability)란 검사 도구가 측정하고자 하는 것을 얼마나 오차 없이 정확하게 측정할 수 있는지 그 정도를 지칭한다. 동일한 측정 도구가 똑같은 자료를 측정하면서 일관성 없이 어제 측정한 결과와 오늘 측정한 결과가 예측할 수 없을 정도로 변화하여 그 결과를 믿을 수 없다면 그 측정 결과는 신뢰성이 낮을 수밖에 없다. 따라서 특정 검사 도구가 어떤 목적으로 쓰이기 위해서는 우선 최소한의 신뢰도가 있어야 한다. 결국, 신뢰도란 여러 가지 오차의 근원, 즉 검사 도구, 피검사자 및 검사 실시 과정 등에서 발생할 수 있는 오차를 최소화하여 어느 정도로 일관성 있게 측정할 수 있는가를 나타내는 척도가 된다.

13.1 신뢰도 유형

연구자는 자신의 연구를 진행하면서 오류 없이 측정 목표가 되는 학습자의 여러 능력들을 측정하는 것은 매우 중요하다. 따라서 연구자는 연구 중에 사용할 검사 도구의 개발 과정 중에서 신뢰도를 높일 수 있는 방법에 대해서 많은 관심을 갖는다. Hughes(2003)는 검사 도구의 신뢰도를 높이기 위해서 다음과 같은 방법을 사용하도록 권고하였다.

① Take enough samples of behaviour.

② Do not allow candidates too much freedom.

③ Write unambiguous items.

④ Provide clear and explicit instructions.

⑤ Ensure that tests are well laid out and perfectly legible.

⑥ Provide uniform and non-distracting conditions of administration.

1) 재검사 신뢰도(Test-retest reliability)

재검사 신뢰도는 한 개의 평가 도구를 같은 집단에게 시간적 간격을 두고 두 번 실시해서 그 전, 후의 결과에서 얻은 점수를 기초로 해서 어느 정도로 일관된 측정 결과가 산출되는지를 보여주는 신뢰도이다. 만약, 신뢰도가 높게 나왔다면, 첫 번째 평가와 두 번째 평가에서 얻은 결과 사이에서 어느 정도의 안정성이 있음을 의미한다. 하지만 올바른 재검사 신뢰도를 산출하기 위해서는 다음 사항에 주의해야 한다.

① 첫 번째 평가와 두 번째 평가가 이루어지는 시기를 어떻게 정하느냐에 따라 신뢰도가 달라진다. 일반적으로 그 간격을 짧게 잡으면 첫 번째 평가에서의 기억, 연습, 효과 등이 두 번째 평가에 영향을 미쳐서 신뢰도가 높게 나올 수 있지만, 그 간격을 너무 길게 잡으면 신뢰도가 낮게 나올 수 있다.

② 첫 번째 평가와 두 번째 평가가 이루어지는 여러 조건들, 즉 동기 상태, 수험 태도, 검사 지시문, 검사 시간, 검사 환경 등을 서

로 똑같이 통제하기가 어려워 오차가 발생할 수 있다.

2) 동형검사 신뢰도(Equivalent form reliability)

동형검사는 외형적으로 평가 문항은 다르지만 두 검사가 측정이론에서 볼 때 서로 동일한 능력을 측정하는 것으로 추정할 수 있는 문항으로 구성된 검사 도구를 지칭한다. 따라서 동형검사 도구는 문항의 난이도 및 변별성에서 서로 같거나 비슷하고 문항 내용도 같은 능력을 측정하는 검사라 할 수 있다. 따라서 동형검사 신뢰도는 미리 두개의 동형검사를 제작한 후 그것을 같은 학습자에게 각각 실시해서 이들 두 검사에서 얻은 점수 사이에서 어느 정도로 일관성 있게 나오는지를 알아보는 신뢰도이다. 만약 신뢰도가 높게 나왔다면, 이들 두 검사 도구는 같은 목적의 시험에서 사용될 수 있다.

3) 반분 신뢰도(Split-half reliability)

학습자가 모든 문항에 반응하는 일관성에 기초를 둔다. 한 개의 평가 도구를 어느 집단에게 실시한 후에 그것을 적절한 방법으로 두 부분의 점수로 분할하고 이 분할된 두 부분을 독립된 검사로 생각해서 그 사이에 존재하는 상관관계를 계산해서 나온 신뢰도이다. 일반적으로 재검사 신뢰도가 부적절할 때 그리고 동형검사 제작이 어려울 때 쉽게 사용할 수 있는 방법이다. 평가 도구를 두 부분으로 나누는 방법은 다음과 같다.

① 측정 도구의 전, 후로 꼭 반이 되게 나누는 방법이 있다.
② 문항 번호의 홀수와 짝수에 따라 반이 되도록 나누는 방법이

있다.

③ 무작위로 반이 되도록 나누는 방법이 있는데, 이때는 문항이 어떻게 선택되어도 무방한 경우에 사용한다.

④ 의식적으로 문항의 난이도 및 내용에 따라 비슷한 것끼리 짝지어 반분하는 방법이다.

4) 채점자 내 신뢰도(Intra-rater reliability)

채점자 내 신뢰도는 동일 채점자가 채점 과정에서 얼마나 일관성을 유지할 수 있는가를 의미한다. 이는 채점자가 시간의 간격을 두고 동일 답안지를 두 번 이상 채점함으로써 그 결과가 얼마나 일관성 있게 나오는지를 봄으로써 채점자의 채점 일관성 정도를 알아 볼 수 있다. 채점자 내 신뢰도를 높이기 위해서 채점자가 참고할 수 있는 구체적인 채점표를 준비해야 하고, 학습자자의 이름을 가리고 채점하여 외적인 요인의 영향을 최소화 시킬 필요가 있다.

5) 채점자 간 신뢰도(Inter-rater reliability)]

채점자 간 신뢰도는 동일 답안지에 대해서 최소 2명 이상의 채점자가 채점하였을 때 그 채점자들의 채점 결과 간에 얼마나 일치하고 있는지를 의미한다. 채점자 간 신뢰도를 높이기 위해서 사용되는 가장 좋은 방법은 채점자들이 모여서 모의 채점을 한 후 그 결과를 서로 비교해 보는 것이다. 또한, 채점 과정 중에서 채점자들이 참고해야 할 채점표를 구체화하여 채점자들이 이들 세부 항목들에 대해서 숙지하는 것도 신뢰도를 높일 수 있는 좋은 방법이다.

13.2 신뢰도의 증대 : 크론바하 알파(Cronbach α)

13.2.1 측정 항목의 증대

학습자들의 영어학습에 대한 태도를 측정하기 위해서 설문지가 개발되었다면, 이 설문지에 사용된 설문 문항 20개는 학습자들의 영어학습에 대한 태도를 측정하는 관련 문항으로 개발되었다고 가정한다. 따라서 하나의 개념(예: 영어 학습에 대한 태도)을 측정하기 위해서 여러 개의 설문 문항으로 구성된 측정 도구가 사용될 경우, 이 측정 도구에 대한 반분 신뢰도(split-half reliability)를 구하여 어느 정도로 학습자들이 일관성 있게 각 문항들에게 대해서 반응하고 있는지를 보여주는 수치를 크론바하 알파(*Cronbach α*) 라고 한다. 또한, 이 방법을 활용하여 설문지에 사용된 각 문항들의 신뢰도까지 평가할 수 있다. 문항 전체로 볼 때 *Cronbach* 알파 값이 .50 이상, 그리고 각 문항별로 본다면 .70 이상이면 신뢰도는 높다고 볼 수 있다.

연구자의 연구에 사용할 목적으로 설문지의 신뢰도를 계산했는데, 때에 따라서는 신뢰도가 기준보다 낮게 나올 수도 있다. 이 경우, 측정 항목의 수를 늘리는 방법을 사용하여 신뢰도를 높일 수 있다. 예를 들어, 신뢰도의 수준이 이미 알려진 경우, 측정 문항의 수를 일정한 양만큼 늘렸을 때 신뢰도는 늘어나게 된다. 만약 10개 항목으로 구성된 설문지의 전체 신뢰도가 .60이라고 할 때, 그 측정 항목 수를 2배로 늘려서 20개의 항목이 된다면, 아래 제시된 공식을 이용하여 전체 신뢰도를 계산하게 되면 신뢰도는 .75로 높아지게 된다.

$$.75 = \frac{kr_{xx}}{1+(k-1)r_{xx}} = \frac{.60}{1+(2-1).60}$$

13.2.2 내부 일치도(Internal Consistency)를 높임

앞서 언급한 바와 같이, 설문지에 사용된 측정 항목들은 동일 구인(construct: 예를 들어 태도, 또는 동기 등의 인간적 속성)을 측정하는 것으로 여겨지기 때문에 측정 항목 간에도 높은 상관관계가 있을 것으로 생각된다. 따라서 측정 항목 간에 비교적 상관도가 낮은 항목을 제거하게 되면 내부 일치도(internal consistency)를 높일 수 있다. 다음과 같은 연구를 진행한다고 가정해 보자.

[연구 맥락]
00 대학교 학생들은 영어 어휘를 어떻게 실제 생활 속에서 활용하면서 학습하는지를 알아보기 위해서 교양영어 수업을 수강하고 있는 학습자 25명을 대상으로 설문 조사를 실시하였다. 본 연구를 위해서 5개의 설문 문항이 개발되었으며, 각 문항은 7점 척도의 *Likert* 방식으로 개발되었다. 설문 문항은 다음과 같고, 수집된 데이터는 다음과 같다. 이 데이터를 근거로 신뢰도 검사를 진행하고자 한다.

x1. 새로운 어휘를 학습하기 위해서 여러 번 말하거나 쓰기를 반복한다.
x2. 영어로 수업내용을 필기하거나, 영어로 편지 및 일기를 작성한다.
x3. 배운 어휘를 원어민과 대화하면서 활용한다.
x4. 적당한 단어가 생각나지 않으면 새로운 단어를 만들어 사용한다.
x5. 대화 중 모르는 어휘가 있을 경우, 상대방에게 그 의미를 물어본다.

학습자	x1	x2	x3	x4	x5	학습자	x1	x2	x3	x4	x5
1	6	4	7	6	5	14	6	3	5	5	7
2	5	7	5	6	6	15	3	4	4	3	2
3	5	3	4	5	6	16	2	7	5	5	4
4	4	3	2	3	4	17	3	5	2	7	2
5	5	3	3	3	2	18	6	4	5	5	7
6	2	6	2	4	3	19	7	4	6	3	5
7	1	3	3	3	2	20	5	6	6	3	4
8	3	5	3	4	2	21	2	3	3	4	3
9	7	3	6	5	5	22	3	4	2	3	4
10	6	4	3	4	4	23	3	6	3	5	3
11	6	6	2	6	4	24	6	5	7	5	5
12	3	2	2	4	2	25	7	6	5	4	6
13	5	7	6	5	2						

앞서 연구 맥락에서 제시된 데이터를 근거로 신뢰도 검사를 할 경우, 먼저 각 항목별 기술통계량을 다음과 같이 제시할 수 있다.

<표 13-1> 항목 통계량

	평균	표준편차	N
x1	4.4000	1.77951	25
x2	4.5200	1.50333	25
x3	4.0400	1.69509	25
x4	4.4000	1.15470	25
x5	3.9600	1.64520	25

<표 13-1>에 의하면, x2의 평균값이 가장 크다는 것을 알 수 있고, x5의 평균값이 가장 작게 나타났다. 5개 항목 간의 상관행렬을 제시하면 다음 <표 13-2>와 같다.

<표 13-2> 항목 간 상관행렬

	x1	x2	x3	x4	x5
x1	1.000				
x2	.028	1.000			
x3	.588	.220	1.000		
x4	.203	.355	.183	1.000	
x5	.632	.009	.509	.272	1.000

<표 13-2>에 의하면, x1, x3, x5 간에 상관관계가 높은 것으로 나타났으며, 상대적으로 x1, x2, x4 간에는 상관관계가 낮은 것으로 나타났다. 상관관계가 가장 높게 나타난 항목은 x1과 x5, 가장 낮은 상관관계를 보인 항목은 x2와 x5 간이다.

본 연구에 사용된 5개의 항목을 하나의 가상 변인으로 보고, 이에 대한 평균, 분산, 표준편차, 변인의 등의 정보를 제공하면 다음 <표 13-3>과 같다.

<표 13-3> 요약 항목 통계량

요약 항목 통계량	평균	분산	표준편차	항목 수			
	21.2800	28.8767	5.3737	5			
	평균	최소값	최대값	범위	최대값 / 최소값	분산	항목 수
항목 평균	4.264	3.960	4.520	.560	1.141	.061	5
항목 분산	2.468	1.333	3.167	1.833	2.375	.510	5
항목 간 공분산	.761	.022	1.850	1.828	85.385	.428	5
항목 간 상관관계	.300	.009	.632	.623	72.133	.045	5

1) 항목 평균(Item means) : 5개의 항목을 하나의 가상 변인으로 보았을 때, 이 변인의 평균값(즉, 각 문항의 평균의 평균값), 평균값 중의 최소값 및 최대값, 평균의 범위, 최대 평균과 최소 평균의 비율, 평균의 분산 등의 정보를 보여준다.
2) 항목 분산(Item variance) : 각 변인 분산의 평균값, 분산값 중 최소값 및 최대값, 분산의 범위, 최소 분산과 최대 분산의 비율, 분산의 분산 등의 정보를 보여준다.
3) 항목 간 공분산(Inter-item covariance) : 각 변인들 간의 공분산의 평균, 공분산 중 최소값 및 최대값, 공분산의 범위, 최대 공분산과 최소 공분산 간의 비율, 공분산의 분산 등의 정보를 보여준다.
4) 항목 간 상관관계(Inter-item correlation) : 각 변인들 간의 상관관계 평균, 상관계수 중 최소값 및 최대값, 상관계수의 범위, 최대 상관계수와 최소 상관계수의 비율, 상관계수의 분산 등의 정보를 보여준다.

신뢰도 검사를 하게 되면, <표 13-4>와 같은 결과표를 얻게 되는데, 이는 각 항목 간의 관계를 보여 주는 결과표로서 특히, 측정 항목 중 어떤 항목을 삭제할 경우 *Cronbach* 알파 값이 어느 정도 더 높아지는지를 보여준다.

<표 13-4> 항목 총계 통계량

	항목이 삭제된 경우 척도 평균	항목이 삭제된 경우 척도 분산	수정된 항목-전체 상관계수	제곱 다중 상관계수	항목이 삭제된 경우 Cronbach 알파
x1	16.9200	16.160	.575	.500	.576
x2	16.8000	22.750	.178	.195	.743
x3	17.2800	16.460	.598	.422	.566
x4	16.9200	22.410	.349	.202	.678
x5	17.3600	17.240	.557	.457	.588

1) 항목이 삭제된 경우 척도 평균(Scale mean if item deleted) : 해당되는 변인을 분석 대상에서 제외하였을 때, 나머지 변인들로 구성되는 변인들의 평균값을 의미한다. 예를 들어, 5개 항목의 전체 평균값은 21.2880(<표 13-3> 참조)이다. 하지만 x1을 제외하고 신뢰도 검사를 한다면 나머지 4개 항목의 평균값은 16.9200이 된다는 것을 의미한다. 이 값은 전체 평균값에서 x1의 평균값을 뺀 값과 같다(21.2880 - 4.3600 = 16.9200).
2) 항목이 삭제된 경우 분산 평균(Scale variance if item deleted) : 해당되는 변인을 분석 대상에서 제외하였을 때 나머지 변인들로 구성되는 변인들의 분산 값을 의미한다. 예를 들면, x2를 분석 대상에서 제외할 경우 분산 값(22.750)이 가장 크게 나온다.
3) 수정된 항목-전체 상관계수(Corrected item-total correlation) : 해당 변인과 그 변인을 제외한 다른 나머지 변인들 간의 상관계수 평균값을 의미한다. <표 13-4>에 의하면, x1과 다른 나머지 변인들 간의 상관계수 평균값이 가장 높게 나온다.

5) 항목이 삭제된 경우 알파(Alpha if item deleted) : 각 개별 변인을 제외하였을 때 *Cronbach* 알파 값이 어떻게 변화하는지를 보여준다. <표 13-4>에 의하면 *Cronbach* 알파 값은 .690인데, 만약 x1 변인을 제외하면 *Cronbach* 알파 값은 .576으로 낮아진다. 하지만 x2 변인을 제외하면 오히려 *Cronbach* 알파 값은 .743으로 높아진다. 신뢰도 검사에서는 *Cronbach* 알파 값이 크면 클수록 좋은 것이기 때문에 이 경우에 x2 변인을 제외하면 좋다. 하지만 해당 변인을 제외함으로써 *Cronbach* 알파 값이 작아지면 그 변인은 제외하지 않는 것이 좋다.

본 연구를 위해서 사용된 5개의 측정항목은 동일한 구인을 측정하기 때문에 각 문항들이 보여주는 평균값은 서로 동일하거나 비슷할 것으로 여겨진다. 이에 대한 검증 결과는 다음과 같은 분산분석 결과표로 나타난다.

<표 13-5> 분산분석 결과표

		제곱 합	자유도	평균 제곱	F	유의확률
개체 간		132.288	24	5.512		
개체 내	항목 간	6.128	4	1.532	.897	.469
	잔차	163.872	96	1.707		
	전체	170.000	100	1.700		
전체		302.288	124	2.438		

앞서 제시한 분산 분석은 다음과 같은 통계 가설을 전제로 수행된다.

• Ho : 각 문항의 평균 값 간에 차이가 없다.

• Ha : 각 문항의 평균 값 간에 차이가 있다.

<표 13-5>에 의하면, F = .897, p > .05로 나타나서 영가설을 수용하게 된다. 이는 각 문항들의 평균 값 간에 차이가 없다는 것을 의미한다.

한편, 본 연구에서 사용된 5개의 측정 문항을 하나의 변인으로 가정하고 *Cronbach* 알파 값을 계산하면 다음 <표 13-6>과 같다.

<표 13-6> 신뢰도 통계량

Cronbach 알파	표준화된 항목의 Cronbach 알파	항목 수
.690	.682	5

일반적으로 *Cronbach* 알파 값이 .60 이상이면 신뢰성이 있는 것으로 판단된다. 앞서 제시한 <표 13-4>에서 변인 x2를 삭제할 경우 *Cronbach* 알파 값이 원래의 .690에서 .743으로 높아진다. 따라서 보다 높은 알파 값을 담보하기 위해서는 5개의 문항 중 x2 문항을 제거 또는 문항 수정을 검토할 필요가 있다. 또한, 표준화된 각 변인으로 신뢰도 검사를 할 경우에는 *Cronbach* 알파 값은 .682로 나타났다. 만약 각 측정 항목에서 사용된 척도가 서로 다를 경우, 또는 각 변인들이 갖는 분산 값이 클 경우에는 두 알파 값 간에는 차이가 크게 나타날 수 있다. 이 경우에는 표준화된 알파 값을 사용한다.

13.3 SPSS를 이용한 신뢰도 검사

25명의 학생들을 대상으로 7점 척도의 Likert 방식으로 개발된 설문지 조사를 실시하여 데이터를 수집하였다고 가정해 본다. 설문조사 결과, 수집된 데이터를 아래와 같이 입력한다. 그 후 신뢰도 검사를 위해서 위 메뉴에서,

[분석] → [척도분석] → [신뢰도분석]을 선택한다.

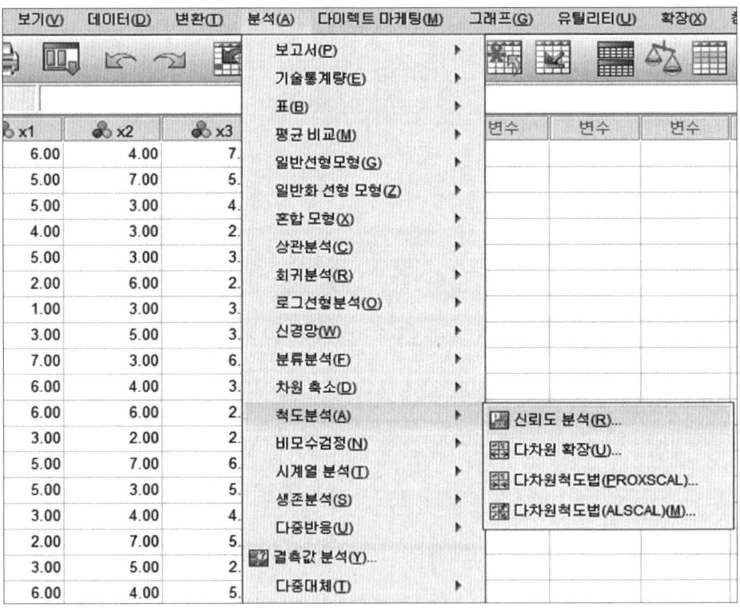

왼쪽에 있는 5개 항목을 선택하여 모두 오른쪽의 [문항]으로 이동시킨다. 분석 모형은 Cronbach's alpha를 의미하는 [알파]를 선택하고, 오른쪽에 위치한 [통계량]을 선택한다.

통계량을 선택하면 아래 그림과 같이 선택할 수 있는 여러 항목이 나타나면 관심있는 통계량에 클릭하여 선택하면 된다. 그리고 아래에 위치한 [계속] 버튼을 선택하고, 다시 [확인] 버튼을 클릭하면 통계분석 결과표를 얻게 된다.

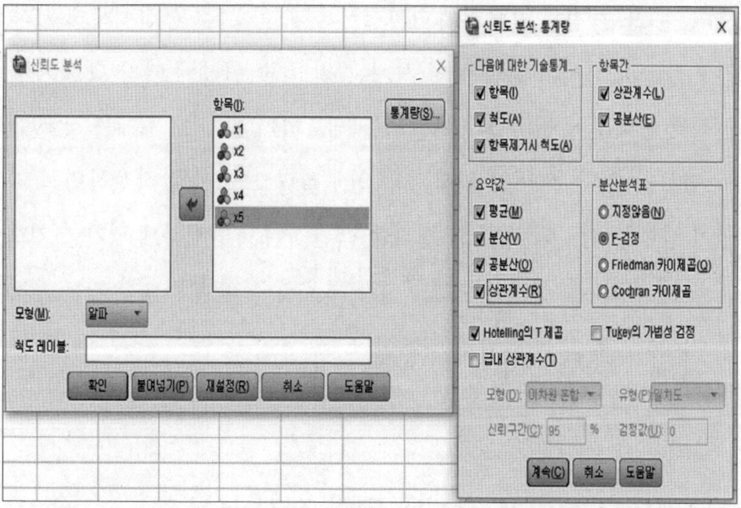

14장

연구결과 보고서의 작성

연구를 수행한 후, 연구자는 연구결과 보고서, 즉 학위(석사 또는 박사) 논문 또는 전문 학술지에 게재를 위한 연구 논문을 작성하게 된다. 연구결과 보고서의 형식은 연구 기관 및 학술 단체에 따라 그 체제를 달리하기 때문에 연구결과 보고서를 제출하기 전에 그 체제를 잘 살펴볼 필요가 있다. 그리고 연구자는 연구결과 보고서를 작성하면서 자신이 수행한 연구과정 및 그 결과를 객관적이고 엄정하게 평가할 기회를 갖게 된다. 본 장에서는 연구결과 보고서 작성에 필요한 기본 체제를 이해하는데 초점을 맞추고자 한다.

14.1 연구 보고서 작성을 위한 점검 사항

연구자는 연구를 종료한 후 연구결과 보고서를 작성하면서 자신이 수행한 연구의 전반적인 과정, 연구 방법, 데이터 수집 및 분석 과정, 그리고 학문 분야에 어느 정도 기여하는 지 등을 점검할 필요가 있다. 이를 위해서 연구자는 자신의 연구 과정에 대해서 객관적인 평가를 할 필요가 있는데, 이를 위해 도움이 될 만한 몇 가지 질문을 제시하면 다음과 같다.

1) 연구 보고서의 제목은 적절한가?
   ① 연구 제목이 너무 포괄적 또는 일반적이지 않는가?

2) 연구의 목적이 분명하고 명확한가?
   ① 연구자가 원래 의도했던 연구 목적을 분명하게 기술하고 있는가?

3) 연구 질문과 연구 가설이 분명하게 설정되었는가?
   ① 연구자가 수행한 연구에서 독립 변인 또는 종속 변인은 무엇인가?
   ② 연구자가 수행하고자 하는 연구에서 독립 변인과 종속 변인 간의 관계는 명확하게 설정되고 기술되었는가?

4) 연구 결과에 영향을 미칠 수 있는 외재적 변인은 잘 통제되었는가?
   ① 연구에서 외재적 변인은 무엇인가?
   ② 외재적 변인은 어떻게 통제되었는가?
   ③ 연구가 끝난 후, 종속 변인에서 나타난 변화는 독립 변인의 영향 때문에 나타났다고 확신할 수 있는가?

5) 충분한 수의 학습자들이 표본으로 설정되었는가?
   ① 연구에 참여한 학습자는 충분한가?
   ② 각 집단에 배정된 학습자 수는 몇 명인가?
   ③ 각 집단으로 학습자를 배정하는 목적은 무엇인가?
   ④ 집단 간 차이가 있는지를 비교하는 목적인가?
   ⑤ 사전 및 사후 검사 간의 향상도 정도를 비교하려는 목적인가?
   ⑥ 두 변인 간의 상관관계를 조사하는 목적인가?

⑦ 특정 변인에 근거하여 다른 변인의 성취도 정도를 예측하려는 목적인가?

6) 선험 연구에 대해서 광범위하게 조사가 이루어졌는가?

① 내 연구의 롤 모델(role model)이 될 수 있는 선험 연구를 찾았는가?

② 롤 모델이 될 수 있는 선험 연구들을 매우 집중적으로 점검하였는가?

③ 충분한 수의 선험 연구들을 수집하여 점검하였는가?

7) 선험 연구에서 이루어진 많은 연구의 발견점들에 대한 점검이 이루어졌는가?

① 연구자가 수행하려는 연구를 통해서 무엇을 발견할 수 있을 지에 대한 예측이 어느 정도 가능한가?

② 이러한 발견점들은 과거 선험 연구에서 발견된 점들과 비교했을 때 어떤 점에서 새로운가?

8) 선험 연구와 비교하여 내 연구 방법에 대한 정당성 또는 독창성이 있는가?

① 내 연구 방법과 선험 연구에서 이루어진 연구 방법 간에는 차이가 있는가?

② 선험 연구를 통해서 내 연구에 도움이 될 만한 실마리들을 찾았는가?

9) 연구의 종속 변인으로서 수집되는 데이터의 유형은 무엇인지 확인하였는가?

① 연구에서 측정 대상이 되는 종속 변인은 몇 개인가?

② 종속 변인의 데이터는 어떤 유형인가?

③ 성취도 평가에 관한 데이터인가? 설문지 조사 결과에 대한 데이터인가?

10) 연구자의 연구에서 사용되는 측정 도구를 확인하였는가?

① 연구에서 사용되는 측정 도구는 무엇인가?

② 연구에서 사용되는 측정 도구는 develop / adopt / adapt 되었는가?

11) 측정 도구는 종속 변인의 데이터를 수집하는데 적절한가?

① 측정 도구를 사용하였을 때, 연구자가 원하는 데이터를 수집할 수 있는가?

12) 데이터 수집 절차는 명확하고 적절한가?

① 실험을 진행하기 위한 일정은 적절한가?

② 데이터 수집을 위한 측정 도구의 사용은 언제 또는 몇 번 사용할 것인가?

13) 전반적으로 연구자가 수행하고자 하는 연구는 실행가능한가?

① 시간, 비용, 학습자 수, 측정 도구, 데이터 분석, 통계분석 가능성 등의 제반 여건들이 연구를 실제 수행하기에 가능한가?

14) 연구를 수행하기 위한 시간은 충분한가?

① 연구 기간은 학생들의 행동 변화를 가져 오기에 충분한 시간인가?

15) 영문초록 및 연구자의 영문 이름, 선험 연구에서 언급된 연구자들의 이름은 정확하게 작성되었는가?

16) 결과보고서의 선험연구 인용 및 참고문헌은 APA 양식을 준수하고 있는가?

17) 연구결과 보고서는 기본 체제에 충실하고 있는가?
(여백 주기, 글자 양식, 글자 크기, 표 및 그림 양식, 각 장의 번호 등)

18) 연구 결과는 학문 분야에 어떤 시사점을 줄 수 있는지를 확인하고 이를 적절하게 기술하였는가?

14.2 연구결과 보고서의 기본 체제 이해

연구결과 보고서의 형식은 연구 기관 및 학술 단체에 따라 그 체제를 달리하기 때문에 연구결과 보고서를 제출하기 전에 그 체제를 잘 살펴볼 필요가 있다. 하지만 영어교육 분야에서 이루어진 연구 결과에 대한 보고서는 다음 5개의 장(chapter)으로 이루어진다.

- 1장 : 서론(Introduction)
- 2장 : 이론적 배경(Literature review)
- 3장 : 연구 방법(Research method)
- 4장 : 연구 결과 및 논의(Results and discussion)
- 5장 : 결론 및 제언(Conclusion and suggestions)

연구결과 보고서의 기본 체제를 좀 더 세부적으로 제시하면 다음 <표 14-1>과 같다. 이 체제는 절대적인 의미를 갖기보다는 교육 기관 및 전문 학술 단체에 따라 달라질 수 있는 상대적인 측면이 있다. 그리고 <표 14-1>에서 보듯이, 연구 질문 및 연구 가설이 위치하는 곳은 연구자에 따라, 그리고 학술 단체의 규정에 따라 서론의 마지막 부분에서 언급될 수 있지만, 때에 따라서는 2장의 이론적 배경 마지막 부분에서 언급될 수 있다는 점이다.

<표 14-1> 연구 보고서의 기본 체제

Title and researcher(논문 제목 및 연구자)
Abstract(영문초록)

1. Introduction(서론)
   1) Statement of topic area
   2) Statement of general issue
   3) General goal of paper
   4) (*Statement of purpose, hypothesis*)

2. Literature review(이론적 배경)
   1) Historical overview
   2) Major contribution of this research area
   3) (*Statement of purpose, hypothesis*)

3. Research method(연구 방법)
   1) Participants
   2) Materials / Instruments
   3) Research procedure
   4) Data analysis

4. Results(연구 결과)

5. Conclusion and discussion(결론 및 토론)
   1) Restatement of main idea of the study
   2) Summary of the findings
   3) Interpretation, explanation of the findings
   4) Limitation, suggestions for future studies

References(참고문헌)
Appendices(부록)

연구결과 보고서의 각 세부 장의 내용 및 성격에 대해서 기술하면 다음과 같다.

1) 영문초록(Abstract)

연구의 내용을 영어로 간결하고 종합적으로 요약한 것이다. 선험 연구를 탐색하고자 하는 전 세계의 연구자들이 가장 먼저 접하고, 해당 연구가 연구자에게 유용한 지를 결정하는데 사용되는 첫 지표가 될 수 있기 때문에 간결하고 정확하게 기술될 필요가 있다. 일반적으로 영문초록에는 연구문제, 참여자, 실험 방법, 결과(통계 결과), 그리고 결론 및 시사점 등의 정보가 간결하게 기술된다. 일반적으로 영문초록에 사용되는 단어의 수는 학술 단체마다 엄격하게 정하고 있어서 정해진 어휘 수 내에서 의미 있게 작성되어야 한다.

2) 서론(Introduction)

서론에서는 연구의 필요성, 연구 목적, 이론적 근거, 연구의 범위를 통상 2-3쪽 이내에서 기술한다. 이론적 근거는 그 다음 장인 '이론적 배경'에서 광범위한 선행연구가 제시되기 때문에 서론에서는 본 연구를 수행하는데 결정적인 역할을 하는 1-2개 정도의 선험 연구 이론 및 결과를 제시하는 것이 좋다. 일반적으로 선험 연구를 탐색하는 목적으로 연구 논문을 읽는 연구자들은 연구의 필요성 및 그 의의를 알기 위해서 주로 연구 논문의 서론을 읽게 된다. 따라서 서론은 연구자로서 연구를 촉발시킨 전문적인 경험 및 흥미를 기술하는 부분이기 때문에 매우 간결하면서도 직접적으로 기술되어야 한다.

3) 이론적 배경(Literature Review)

이론적 배경은 연구자가 수행하고자 하는 연구 주제와 관련하여 주요 변인들이 선험 연구에서 어떻게 밝혀졌는지를 탐색하는 부분이다. 따라서 이론적 배경은 연구자가 선험 연구의 결과와 관련시키면서 자신의 연구를 위한 이론적 초석을 다지는 과정이라 할 수 있다. 즉, 연구자가 수행하고자 하는 연구의 목적을 이론적으로 이해할 수 있는 부분이며, 동시에 독자들은 연구자가 수행하는 연구의 주요 이슈에 대해서 이론적으로 잘 이해할 수 있도록 해주는 역할을 한다. 선험 연구에 대한 광범위한 탐색은 현재 진행하고자 하는 연구 주제와 관련해서 과거 연구에서 이미 발견된 사실에 대한 탐색, 과거의 연구들이 하지 못했던 분야, 선험 연구에서 행해진 연구 방법의 제한점, 따라서 현 연구에서 행하고자 하는 연구 방법, 그리고 이로 인해 미래 연구에서 행해질 필요가 있는 연구 분야의 제안 등이 포함되어 기술된다. 이러한 점 때문에 이론적 배경은 연구자가 수행하는 연구방법의 정당성, 독창성, 창의성을 부여하기도 한다.

4) 연구 방법(Research Method)

연구 방법의 기술은 독자가 충분히 이해하여 그 과정을 그대로 재현할 수 있을 정도로 구체적이어야 한다. 연구 방법에는 연구 대상, 측정 도구, 연구 절차, 데이터 수집 및 분석 방법 등이 포함된다.

(1) 연구 대상(Subjects)

연구자에 참여하는 연구 대상의 수, 이들을 확보하기 위한 추출 방법 및 표본의 특징을 기술함으로써, 본 연구에 사용된 표본이 적절하다는 이론적 이유를 제시한다. 또한, 연구에 참여한 피험자들의 성별, 연령, 교육적 배경, 지리적 배경 등의 정보를 포함하여 기술한다.

(2) 측정 도구(Instruments)

측정 도구는 연구를 위해서 사용된 평가지 및 설문지 그리고 실험 중에 사용된 학습 자료 등을 의미한다. 연구 목적을 충분히 달성하는데 안정적이고 신뢰성이 있는 측정 도구가 사용되고 있다는 점을 언급하여야 한다. 따라서 이들 도구 및 자료들의 신뢰도를 높이기 위해서는 그 출처를 밝혀야 한다. 연구를 위해서 사용되는 도구 및 자료들은 다른 선험 연구에서 이미 사용된 자료 및 도구를 그대로 사용할 수 있고(adopt), 이들 자료 및 도구를 연구자의 연구 목적에 맞게 약간 수정할 수도 있으며(adapt), 또는 연구자가 스스로 개발할 수도 있다(develop).

(3) 연구 절차(Procedure)

연구자는 연구 논문을 읽는 독자들이 연구의 설계 및 진행 과정에 대해서 이해할 수 있도록 자세하게 기술하여야 한다. 연구 과정 중에서 연구자가 취한 모든 결정은 가능한 모든 대안들을 검토한 후에 내려졌기 때문에 모든 연구의 과정은 합리적이라는 점을 밝혀야 한다. 또한, 연구 과정이 독립 변인과 종속 변인 간의 관계를 밝히기 위해 다른 변인들이 개입되지 않도록 엄격하게 통제된 상황 속에서 연구가 진행되었다는 점을 밝힘으로써 독자들을 설득시킬 수 있어야 한다. 필요하다면 연구를 위해서 사용된 제반 연구 절차들은 다른 연구자에 의해서 그대로 사용될 수 있고, 연구 결과 역시 재검증될 수 있어야 한다.

(4) 데이터 수집 및 분석(Data collection and analysis)

본 연구에서 수집되는 데이터의 유형이 무엇인지를 확인하고, 수집된 데이터를 분석하기 위해서 어떤 통계 방법을 사용했는지를 밝힌다. 또한, 특정 통계 방법이 사용되었다면 그 근거가 무엇인지를 밝힌다. 만약 가설을 검증하는 실험이라면 유의 수준(alpha-level)도 같이 밝힌다.

5) 연구 결과 (Results)

연구 결과 부분은 수집된 데이터를 대상으로 이루어진 분석 결과, 예를 들어 통계 분석의 결과를 요약하여 제시한다. 분석 결과에 의해서 발견된 사실에 대해서는 간결하게 제시하고, 이를 뒷받침할 수 있는 구체적인 자료를 같이 제시한다. 결과 자료를 제시할 때 독자의 이해를 돕기 위해서 표, 그림, 그리고 통계 분석 결과표(평균, 편차, 유의수준, 유의확률 등 포함)를 같이 제시한다. 중요한 점은 연구자는 표와 그림을 제시할 때 이에 대한 설명을 꼭 글로 설명해야 한다.

6) 결론 및 논의(Conclusion and Discussion)

결론 부분은 다른 연구자들이 연구결과 보고서를 모두 읽지 않더라도 연구의 윤곽을 파악할 수 있도록 간결하고 포괄적인 요약을 제시하는 부분이다. 이 부분에는 연구의 목적, 가설의 진술, 연구 방법, 발견점 등의 연구의 전반적인 과정이 요약되어 제시된다. 특히, 연구를 통해서 발견한 일반적인 사실이나 법칙을 기술하되, 연구에서 얻은 결과와 상반되는 연구자의 개인적인 의견은 가능한 제시하지 않는 것이 좋다. 그리고 논의하는 부분에서는 연구를 통해서 발견된 결과에 대해서 평가하고, 그리고 왜 이런 결과가 나오게 되었는지에 대해서 연구자의 해석이 기술되는 부분이다. 연구 문제 및 질문에 대한 연구자의 최종적인 답을 제시하는 부분이기 때문에 선행 연구에서 발견한 점, 그리고 연구자 자신의 연구를 통해서 발견한 결과 등을 연계시키면서 최종 결론에 대한 타당성을 강조하는 부분이라 할 수 있다. 자신의 연구와 다른 연구자의 선험 연구에서 나타난 유사점 및 차이점을 언급하면서 연구자 자신만의 결론을 도출시키면서, 연구자 자신의 최종 입장을 밝히게 된다. 또한, 독자들이 연구 문제에 대한 결론을 이해하는 데 도움이 될 수 있도록 객관적 자료에 근거하여 구체적으로 기술되어야 한다.

7) 참고문헌(References)

연구자는 연구를 수행하면서 여러 자료들을 참조할 수 있다. 국문 및 영문 서적이 될 수 있고, 국문 및 영문 학술지 논문이 될 수 있으며, 또한 학술대회 및 온라인에 업로드 된 자료가 될 수 있다. 따라서 연구자는 연구가 끝난 후, 연구결과 보고서를 작성하면서 서론, 이론적 배경, 그리고 연구 방법 등의 각 장에서 인용된 모든 자료들을 참고문헌 목록에 제시하여야 한다. 일반적으로 국문 자료와 영문 자료는 서로 구분하여 제시하되, 국문 자료는 연구자의 성에 따른 가, 나, 다 순으로, 그리고 영문 자료는 연구자 성(last name)의 알파벳 순서에 따라 제시한다. 중요한 점은 연구결과 보고서에 제시한 인용 목록과 참고문헌 상에 제시된 문헌은 서로 완전하게 일치되어야 한다.

8) 부록(Appendices)

연구자는 연구를 진행하면서 사용된 측정 도구, 특히 학습자의 언어능력을 측정하기 위해서 사용한 평가지, 학습자의 정의적 및 기타 능력을 측정하기 위해서 사용한 설문지, 그리고 실험이 이루어지는 수업 활동 중에 사용한 학습 자료들을 부록에 제시할 수 있는데, 이는 연구 과정 전체에 대한 독자들의 이해를 도울 수 있다.

14.3 연구결과 보고서의 기술 양식

14.3.1 연구결과 보고서의 일반적인 기술 원리

연구결과 보고서는 개인 일지 또는 문학 작품과는 다르게 학술적 성격을 띠는 보고서이기 때문에 연구자는 연구 결과 보고서의 기본 체제 이외에 문투, 인칭 및 시제 등의 사항에 대해서 주의를 기울여야 한다. 연구자가 주의해야 할 사항을 정리하여 제시하면 다음과 같다(임인재, 1993. pp. 82-83).

1) 연구결과 보고서의 문장은 논리적이고 간결해야 한다. 한 문장의 길이는 가능한 3줄을 넘지 말아야 하며, 한 단락의 길이도 한 쪽을 넘기지 않도록 적절하게 길이를 조정해야 한다.
2) 문장은 독자가 이해하기 쉽게 작성되어야 하며, 또한 쉬운 용어를 선택하여 사용하도록 한다. 그리고 문장의 전후 관계에 따라 한 가지 개념 또는 사상을 명확히 표현하도록 한다.
3) 맞춤법, 용어의 명확성, 약어나 기호, 구두점, 인칭의 사용, 문법성 등에 있어서 문장 표현이 일관되고 정확하게 표기되도록 한다.
4) 논지를 전달하면서 자신의 주장, 그리고 선험 연구자의 주장, 그리고 객관적인 사실의 전달을 명확히 구별하여 기술하도록 한다.
5) 연구 결과를 전달하기 위해서 구어체 보다는 문어체를 사용한다.
6) 연구 결과 보고서에서 특정 용어를 사용한다면, 보고서 전체에 있어서 용어는 일관되게 사용하도록 한다.

7) 연구결과 보고서에서 사용되는 문장의 시제는 미래형, 현재형과 과거형을 적절하게 사용한다.

① 선험 연구를 언급할 때, 연구의 방법과 결과를 언급할 때, 그리고 연구 결과를 요약하는 영문초록에서는 과거시제를 사용한다.

예 1) Nunan(1992)은 --- 이라는 사실을 *발견하였다*.

예 2) 김정렬과 이제영(2012)은 --- 라는 방법을 사용하여 학습자들에 대한 자료를 *수집하였다*.

② 용어에 대해서 정의를 내릴 때, 어떤 이론의 일반적인 진술을 인용할 때, 논의에서 연구자의 의견을 제시할 때, 그리고 연구의 목적을 진술할 때 일반적으로 현재 시제를 사용한다.

예 1) 본 연구에서 '학습자와 학습자 간의 상호작용'이란 — 로 *정의한다*.

예 2) 본 연구에서 발견된 현상은 ---로 *해석된다*.

예 3) Brown(2007)에 의하면, 상호작용은 ---로 인해서 학습자들의 정의적인 측면에 긍정적인 *영향을 미친다*.

③ 가설이나 제언을 할 때는 미래형을 사용한다.

8) 연구결과 보고서에서의 문장은 대체적으로 3인칭을 사용한다. 또는 진술의 객관성을 높이기 위해서 인칭을 사용하지 않는데, 이 경우 수동형으로 표현되는 경우가 많다. 또한, 연구결과 보고서에서는 존칭 및 경어 등을 사용하지 않는다.

예) "나는-", "우리는-" 표현을 사용하지 않고, 대신에 "필자는-", "연구자는-" 등의 표현을 사용한다.

9) 숫자는 일반적으로 아라비아 숫자를 사용하되, 10 이내에서 '하나, 둘, 셋 ...' 등으로 표기하며, 또한 서열을 표기할 때도 '첫째, 둘째, 셋째 ...' 등으로 표기한다.

10) 국문 논문일 경우, 가능한 모든 전문 용어는 국어로 먼저 표기하고, 국문 용어 다음에 괄호를 사용하여 영문 표기를 한다. 처음 전문 용어가 제시될 때 괄호 안에 영문 표기를 하고, 그 다음부터는

괄호 안에 영문 표기를 할 필요가 없다. 그리고 독자들이 이미 잘 알고 있는 보편적인 용어에 대해서는 괄호를 사용하여 영문 표기를 할 필요가 없다.

14.3.2 APA 양식의 이해

연구결과 보고서를 작성하기 위해서 인용, 표, 그림, 각주, 참고문헌 등을 제시하기 위해서 일정한 양식을 준수해야 한다. 만약 인용, 표, 그림, 각주, 참고문헌 등의 양식에 일정한 양식이 준수되지 않으면 논문 내용 전체에 대한 그릇된 편견을 갖게 할 수도 있다. 일반적으로 영어교육 분야에서는 미국심리학회(APA: American Psychological Association)에서 제안한 APA 양식을 준수하고 있다. 따라서 본 장에서는 연구 결과 보고서에서 인용, 표, 그림, 각주, 참고문헌 등의 형식이 APA 양식에 맞게 어떻게 제시되는지에 대해서 살펴보고자 한다.

1) 인용(Quotation)

인용에는 직접 인용(direct quotation)과 간접 인용(indirect quotation)이 있다. 직접 인용은 자신 또는 다른 연구자가 이전에 말한 내용을 글자 그대로 인용하는 것을 뜻하며, 간접 인용은 자신 또는 다른 연구자가 이전에 말한 내용을 연구자 자신의 말로 바꿔서 표현하는 것을 의미한다.

(1) 직접 인용

직접 인용의 경우, 저자, 연도, 페이지가 명확하게 제시되어야 한다. 인용문이 짧은 경우에는 다음과 같이 문장 중에 " "을 사용하여 인용문이라는 사실을 명확하게 드러나도록 해야 한다.

① He stated, "The 'placebo effect' disappeared.... when behaviors were studied in this manner" (Smith, 1982, p. 276).
② Smith (1982) found that "the 'placebo effect' disappeared.... when behaviors were studied in this manner" (p. 276).

하지만 인용문이 긴 경우에는 다음과 같이 독립 단락으로 처리한다.

③ On the concept of 'audience,' Kirsch and Roan(1990) defined it as follows:

The meaning of 'audience' ..... tend to diverge in tow general directions: one toward actual people external to a text, the audience whom the writer must accommodate; the other ..... listeners. (p. 14)

[설명] 위 인용문에서처럼 독립 단락에서 필요하지 않은 말이나 어구를 생략할 때는 ...(3개)를 사용하며, 단락이 끝난 곳에 구두점을 찍고 그 다음에 괄호를 사용하여 페이지를 명시한다. 또는 다음과 같이 표기할 수도 있다.

The meaning of 'audience' ..... tend to diverge in tow general directions: one toward actual people external to a text, the audience whom the writer must accommodate; the other ..... listeners. (Kirsch and Roan, 1990, p. 14)

(2) 간접 인용

간접 인용은 다른 연구자가 언급한 내용을 그대로 사용하지 않고, 원문 또는 원문의 함축된 뜻을 연구자의 말로 재구성하여 제시하는 경우를 지칭한다. 이 경우, 원저자의 의도가 정확하게 전달될 수 있도록 신중해야 한다. 간접 인용에는 저자 및 연도가 제시되어야 하지만, 인용부호는 사용되지 않는다.

① Gardner and Lambert (1976) found that their previous study (Gardner & Lamber, 1972) could not......

② Gardner와 Lambert(1976)의 연구는 과거의 연구(Gardner & Lambert, 1972)보다 .....

[설명] 위 ①항과 ②항에서처럼, 2명의 저자를 표기할 때 국문 논문에서는 '-와/-과'를 사용하고, 영문 논문에서는 '-and' 또는 '&'를 사용한다.

예) Gardner와 Lambert (1976)의 연구는 ---

Gardner and Lambert (1976) studied the effect of motivation ---

③ William, Jones, Smith, Bradner, and Tornington (1983) found that multimedia media could be effective tools for increasing 4 skills of language.

④ William, Jones, Smith, Bradner와 Tornington(1983)은 학습자의 .....

⑤ William et al. (1983) studied the effect of using media in teaching and learning a foreign language.

⑥ William 등(1983)은 담화구조의 특징에 대해서 ..... 과 같이 정의하였다.

⑦ William 외 4인(1983)의 연구결과는 ....

[설명] 위 ③-⑦항은 저자가 3명 이상인 경우의 표기 방법을 보여준다. ③항과 ④항처럼, 저자를 모두 표기하기도 하지만, ⑤-⑦항은 첫 번째 저자만 표기하고 나머지 저자들은 생략된 경우이다. 영문논문에서 'et al.' 표기 방법을 사용하고, 국문논문에서는 '-등 또는 -외' 방법을 사용한다. 하지만 이들 생략된 다른 연구자들의 이름은 참고문헌 상에서는 모두 정확하게 표기되

어야 한다.

⑧ Oxford (1986, 1989, 1994) reported that many studies (Gosden, 1992; Hanania & Akhtar, 1985; Hopkins, 1987, 1988a, 1989; Tarone et al., 1981) used strategy training sessions to help students........

[설명] Oxford (1986, 1989, 1994)처럼, 한 저자가 여러 연구 결과를 발표할 수 있는데, 이러한 경우는 발표 연도에 따라 제시한다. 하지만 (Gosden, 1992; Hanania & Akhtar, 1985; Hopkins, 1987, 1988a, 1989; Tarone et al., 1981)처럼 여러 연구자의 연구 결과를 제시할 때는 연구자의 성(last name)에 따른 알파벳 순서에 따라 제시하며, 각각의 서로 다른 연구자는 semi colon (;)을 사용하여 구분한다.

(3) 단락의 구분과 단락 내 인용 경계

연구 논문을 작성하면서 각 단락은 명확히 구분되어야 한다. 간혹, 한 단락이 한쪽 이상이 되는 경우와 같이 단락의 길이가 너무 길게 나타나는 경우가 있지만, 한 단락의 길이가 단지 2-3줄의 한 문장으로 나타나는 경우도 발견된다. 일반적으로 단락은 먼저 2-3칸 정도 들여쓰기로 시작되며, 문장의 구성이 최소 4-5줄 이상 되어야 하며, 또한 하나의 논점은 하나의 단락에서 다뤄져야 한다. 연구자는 한 단락 안에서 직접 인용 및 간접 인용을 하면서 자신의 논지를 발전시켜 나간다. 하지만 때때로 인용 경계가 명확하지 않아서 누가 어떤 주장을 하였는지에 대한 구분이 명확하지 않아서, 인용 혼란을 유발하는 경우가 있다. 그 예를 제시하면 다음과 같다.

Tomlinson(1983)은 자유 작문은 통제가 거의 없는 상태에서 자신의 생각을 표현함으로써 실제로 자신들이 글을 쓰고 있다는 생각을 하므로 쓰기에 대한 흥미를 유발할 수 있다고 하였다. 또한 문법적인 제한을 두지 않고 학습자 스스로 자신의 언어와 내용을 구성하여 글을 전개하므로 학생들의 창의력을 신장시킬 수 있는 장점이 있음을 언급하였다. 그러나 채점에 시간이 많이 걸리고 주관식 채점이 용이하지 않으며 때때로 학생들의 지나친 오류가 학습에 방해가 되며 학생들에게 성취감을 주지 못하는 단점을 지닐 수 있다고 하였다(김소이, 2007).

[설명] 위의 예에서 보듯이, Tomlinson(1983)의 주장은 어디까지 이며, 동시에 김소이(207)의 주장은 어디서부터 어디까지인지 명확하지 않은 혼란을 유발하고 있어서 이러한 인용 표기는 적절하지 않다.

2) 참고문헌

참고문헌은 연구를 위해서 참조한 모든 문헌을 제시하는 부분이다. 따라서 연구자는 연구를 위해서 직 · 간접적으로 인용한 모든 자료를 정리하여 참고문헌 상에 제시하여야 한다. 참고문헌을 나타내는 용어에는 'Reference' 또는 'Bibliography'가 있다. *Reference*는 연구결과 보고서 본문에서 인용한 자료만을 제시하는 것이고, *Bibliography*는 본문에서 인용한 자료뿐만 아니라 본문 중에 인용되지는 않았지만 연구를 진행하는 중에 보충자료로 사용된 자료, 또는 독자들의 이해를 돕기 위해서 추천하는 자료들을 모두 포함하여 제시하는 것을 의미한다. 하지만 APA 양식에서는 'Reference' 의미로 참고문헌을 작성하도록 요구한다. 다음은 참고문헌 상에서 자료들은 어떻게 APA 양식에 맞추어 표기되는지를 제시하고자 한다.

(1) 연구 논문(정기 간행물)의 경우

① 최인철. (1991). CALL의 위상과 전망. *영어교육, 42*, 69-87.

② 허운나. (1993). 미래 학교에서의 첨단 매체활용 방안. *교육공학연구, 8*(1), 19-53.

[설명] 학술지에 게재된 연구 논문의 제목은 정상체로 사용하되, 논문이 게재된 학술지 이름, 즉 *교육공학연구*, *영어교육* 등은 이탤릭체로 표기한다. 그리고 각 학술지는 권 번호(volume number)와 호수(issue number) 번호가 있는데, 권 번호는 학술지가 발간되면서 매년 하나씩 증가하고, 호수는 그 해에 발간된 학술지의 순서에 따라 번호가 결정된다. 예를 들어, 위 ②항에서 '교육공학연구' 라는 학술지의 8(1)에서 8은 1993년도에 발간된 학술지의 권 번호를 의미하며, (1)은 그해 첫 번째 발간되는 호수를 의미한다. 만약 8(4)로 표기되어 있다면, 그해 4번째로 발간된 학술지를 의미한다. 주의할 점은 학술지 이름과 권 번호까지는 이탤릭체로 표기하고, 호수 번호는 그대로 정상체를 사용하여 표기한다.

③ Pavio, A. (1975). Perceptual comparisons through the mind's eye. *Memory & Cognition*, *3*, 635-647.

④ Davis, N. J., Lange, D. L., & Samuels, S. J. (1988). Effects of text structure instruction: An experimental study on foreign language readers. *Journal of Reading Behavior, 20*(2), 19-34.

[설명] 영문 논문에서 논문 제목은 첫 문자만 대문자로 표기하고 나머지는 소문자로 처리하며 모두 정상체로 표기한다. 그리고 논문이 게재된 학술지의 이름은 원래 학술지 이름을 사용하되, 학술지 이름과 권 번호는 이탤릭체로, 그리고 호수 번호는 정상체로 표기한다. 학술지에서 해당 논문이 게재된 페이지는

'pp.' 없이, 예를 들어 '19-34' 방식으로 표기한다.

(2) 단행본의 경우

① 배두본. (1997). *초등학교 영어교육*. 서울: 한국문화사.

[설명] 단행본의 제목은 이탤릭체로 표기하며, 출판사가 위치한 도시 이름과 출판사 이름을 표기한다.

② Mehan, H. (1979). *Learning lessons: Social organization in the classroom*. Cambridge, MA: Harvard University Press.

③ Strunk, W., Jr., & White, E. B. (Eds.). (1978). *The elements of style*. New York: Macmillan.

[설명] 영문 단행본의 제목은 첫 문자만 대문자로 표기하고 나머지는 모두 소문자로 표기한다. 그리고 부제목이 경우에는 첫 문자만 대문자로 처리하고 나머지는 모두 소문자로 표기한다. 또한, 단행본의 제목은 이탤릭체로 표기하며, 출판사기 위치한 도시 이름과 출판사 명을 표기한다. 표기 중, '(Eds.)'는 최소 2명 이상의 저자가 편집한 단행본을 의미하며, (Ed.)는 한사람에 의해서 편집된 단행본을 의미한다. 위 ③ 항의 단행본은 2사람이 편집한 경우이다.

④ American Psychological Association. (1980). *Diagnostic and statistical manual of mental disorders* (3rd ed.). Washington. DC: Author.

[설명] 위 ④항의 단행본은 개인이 아닌 미국 심리학회 등과 같은 특정 기관 또는 단체에서 발행한 단행본이다. 첫 문자만 대문자로 표기하고 나머지는 소문자로, 그리고 단행본 제목은 모두 이탤릭체로 표기한다. 표기 중, (3rd ed.)은 3번째로 개정되어 발간된 경우를 의미하며, 영어 단행본은 간혹 (2nd ed.) (4th ed.) (5th ed.) 표기를 접할 수 있으며, 국어 단행본은 (2판), (3판) 등을 사용하여 개정되어 발간된 단행본을 표기한다.

(3) 편집된 단행본 중 어느 특정의 장(chapter)을 인용할 경우

① Hunt, R. (1994). Speech genres, writing genres, school genres, and computer genres. In A. Freedman & P. Medway (Eds.), *Learning and teaching genres* (pp. 243-263). Portsmounth, NH: Boynton/Cook.

[설명] Freeman과 Medway가 *Learning and teaching genres* 라는 제목의 단행본을 편집하여 출간하였는데, 이 단행본의 각 장은 여러 학자들에 의해서 작성된 경우이다. 그런데 연구자가 참조한 내용은 Hunt에 의해서 작성된 'Speech genres, writing genres, school genres, and computer genres' 라는 특정 장의 내용이며, 이 내용은 해당 단행본의 pp. 243-263에 위치하고 있음을 의미한다. 위 단행본의 제목은 *Learning and teaching genres* 와 같이 이탤릭체로 표기되지만, Hunt에 해서 작성된 특정 장의 제목인 'Speech genres, writing genres, school genres, and computer genres' 는 정상체로 표기한다.

② Stevens, V. (1989). A direction for CALL: From behavioristic to humanistic courseware. In M. C. Pennington (Ed.), *Teaching language with computers* (pp. 31-44). La Jolla: Athelstan.

[설명] Pennington은 *Teaching language with computers* 라는 제목의 단행본을 편집하여 출간하였는데, 이 단행본의 각 장은 여러 학자들에 의해서 작성된 경우이다. 그런데 연구자가 참조한 내용은 Stephens에 의해서 작성된 특정 장의 'A direction for CALL: From behavioristic to humanistic courseware' 내용이

며, 이 내용은 해당 단행본의 pp. 31-44에 위치하고 있음을 의미한다. 위 단행본의 제목은 *Teaching language with computers* 와 같이 이탤릭체로 표기되지만, Stephens에 의해서 작성된 특정 장의 제목인 'A direction for CALL: From behavioristic to humanistic courseware'는 정상체로 표기한다.

③ 이병민. (1997). 인터넷을 이용한 초등학교 영어교육. 정동빈 (편집). *어린이 영어교육* (pp. 247-266). 서울: 홍익출판사.

[설명] 정동빈이 '어린이 영어교육' 이라는 제목의 단행본을 출간하였으며, 여러 저자들이 각 장을 집필하였는데, 이중 이병민은 '인터넷을 이용한 초등학교 영어교육' 이라는 제목의 특정 장에 대해서 집필한 경우이다. 연구자는 이병민이 작성한 내용을 본인의 연구에 인용하였다는 것을 의미하며, 이 내용은 '어린이 영어교육' 이라는 제목의 단행본 중 pp. 247-266에 위치하고 있음을 의미한다.

(4) 잡지 및 신문 기사

① 김진영. (1999, 7월). 멀티미디어를 활용한 외국어교육의 현주소. *에듀피아, 7*, pp. 23-41.

② Gardner, H. (1981, December). Do babies sing a universal song? *Psychology Today*, pp. 70-76.

③ Lubink J. S. (1980, December 5). On idles: The unemployed shun much mundane work. *The Wall Street Journal*, pp. 1-5.

[설명] 잡지 기사는 출간 달까지 표시하지만, 신문은 발간 연도, 달, 그리고 발간 날짜까지 표시한다. 그리고 쪽 앞에 'pp.'를 붙인다.

(5) 학술대회 발표 논문

① Wells, C. G. (1984). Lexic-grammatical features of child language. In B. Meyer (Ed.), *Proceedings of the Fourth International Symposium on Child Language* (pp. 83-92). Vancouver, British Columbia, Canada: Mitchel Press.

② Michaels, J. (1989, June). *Communication strategies and learning strategies revisited*. Paper presented at the 1988 Summer Conference of the Korea Association of Teachers of English (pp. 182-195). Pusan, Korea.

③ 김인석. (1998). *대학 멀티미디어 어학실 구축과 활용방안*. 한국멀티미디어 언어교육학회 98 춘계학술대회 자료집(pp. 158-167).

[설명] ①항과 같이, 발표 논문집이 출판사를 통해서 발간된 경우에는 이탤릭체로 표기하지만, ②항 및 ③항과 같이, 미 출간된 경우에는 발표 논문만 이탤릭체로 표기한다. 그리고 학술대회 이름은 고유명사이므로 각 단어는 대문자로 표기한다.

(6) 학위 논문

① Kevins, G. M. (1988). *An analysis of ESL learners' discourse patterns*. Unpublished doctoral dissertation. McGil University, Montreal.

② Ryeson, J. F. (1983). *Effective management training: Two models. Unpublished master's thesis*. Clarkson College of Technology. Posdam, NY.

③ 김동균. (1999). *경험수업 형태의 수업모형 개발*. 충북: 한국교원대학교 대학원 석사학위 논문.

(7) 온라인 자료

① Berge, Z., & Collins, M. (2007). Computer-mediated communication and the on-line classroom: Overview and perspectives. *Computer-Mediated Communication Magazine, 2*(2), 6-17. Retrieved June 12, 2008, from the World Wide Web: http://www.december.com/cmc/mag/2007/feb/berg.html.

② Hammersmith, L. (2006). *English Net: Writing for the Web. University of Illinois at Chicago, Tutorium in Intensive English*. Retrived May 2, 2008, from the World Wide Web: http://www.uic.edu/depts/tie/net.

③ Business English and academic writing. (2007). *The Comenius Group*. Retrieved May 2, 1998, from the World Wide Web: http://www.comenius.com/writing/.

[설명] 인쇄 매체로 출판되었으나 인터넷을 통해 얻은 자료인 경우는 논문, 단행본, 연구 논문 등의 양식을 따른다. 그리고 마지막에 인터넷 주소를 괄호 안에 제시한다. 출판된 자료가 아닌 경우에는 자료 제목을 이탤릭체로 표기한다.

(8) 그림과 표 표기

표 제목은 표 중앙 위에, 그림 제목은 그림 아래 중앙에 표기한다. 표 제목과 표 내용은 가능 한 같은 쪽에서 나타나도록 조정한다. 표나 그림을 제시하기 전에 제시되는 표나 그림이 무엇에 관한 내용이라는 점에 대해 먼저 글로 설명되어야 한다. 간혹, 연구결과 보고서 중에 단지 아무런 설명 없이 그림이나 표만을 먼저 제시하는 경우가 발견되는데 이는 좋은 방법이 아니다.

<표 4> 구술 면담평가의 관련 요인에 대한 중요도 인식의 차이

영역	학습자		교수자		t	p
	M	SD	M	SD		
면담 절차 요인	109	12.0	92	11.6	2.9	<.05
교수-학습 요인	105	12.5	101	15.3	.9	n.s
학습자 특성요인	108	14.6	92	15.8	3.1	<.05
면담 환경요인	119	13.7	93	13.3	3.9	<.05
언어적 요인	104	14.3	107	12.0	1.3	n.s

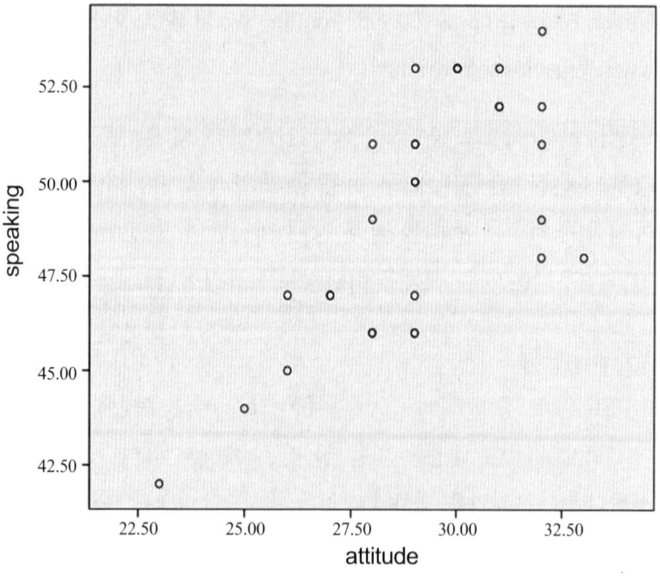

<그림 4> 산점도의 예

참고문헌

권오용, 이필영, 이해용. (2012). *SPSS를 이용한 SPSS 통계분석*. 서울: K & L 통계학당.

김정렬, 이제영. (2012). *영어교육 연구방법론*. 서울: 경문사.

김지영(역). *언어연구를 위한 실천 매뉴얼*. 서울: 범문사.

노형찬. (2001). *한글 SPSS에 의한 조사 방법 및 통계분석*. 서울: 형설출판사.

변창진, 문수백. (1999). *사회과학 연구를 위한 실험설계·분석의 이해와 활용*. 서울: 학지사.

성태제. (1995). *타당도와 신뢰도*. 서울: 양서원.

성태재. (2002). *현대 기초통계학의 이해와 적용*(2판). 서울: 교육과학사.

신상근. (2014). *외국어교육 연구방법론*. 서울: 한국문화사.

이달엽. (2012). *연구와 통계방법*. 서울: 시그마플러스.

이종성, 남궁지영. (2008). *교육연구방법과 SPSS 활용 자료 분석*. 서울: 교학연구사.

임병빈, 이현구, 송해성, 김현진, 장형지. (2014). *영어교육 연구방법*. 서울: 한국문화사.

임인재. (1993). *논문작성법*. 서울: 서울대학교 출판부.

임인재, 김신영. (2008). *교육·심리·사회 연구를 위한 논문 작성법*. 서울: 서울대학교 출판부.

한국심리학회. (1988). *실험심리연구법 총론: 가설설정, 설계, 실험 및 분석*. 서울: 성원사.

Brown, J. D. (1988). *Understanding research in second language learning*. Cambridge University Press.

Brown, J. D. (2005). *Testing in language programs: A comprehensive guide to English language assessment*. McGraw Hill.

Cohen, L., & Manion, L. (1985). *Research method in education*. London: Croom Helm.

Freeman, D. (1998). *Doing teacher research: From inquiry to understanding*. Heinle & Heinle Publishing Company.

Gass, S. M., & Mackey, A. (2008). *Second language research: Methodology and design*. New York: Routledge.

Johnson, A. P. (2005) *A short guide to action research*. Boston: Pearson.

Kemmis, S., & McTaggart, R. (1988). *The action research planner* (3rd ed.). Victoria: Daekin University Press.

Nunan, D. (2009). *Research method in language learning*. Cambridge: Cambridge University Press.

McDonough, J., & McDonough, S. (1997). *Research methods for English language teachers*. London: Arnold.

Miller, D. M., & Pine, G. J. (1990). *Introduction to the practice of statistics* (6th ed.). New York: W. H. Freeman.

Mills, G. (2000). *Action research: A guide for the teacher researcher.* Upper Saddle River, NJ: Prentice Hall.

Nunan, D. (1992). *Research method in language learning.* Cambridge: Cambridge University Press.

Seliger, H. W., & Shohamy, E. (1989). *Second language research method.* Oxford University Press.

색인

S

T

U

V

W

Z

한국어

ㄱ

ㄴ

ㄷ

정양수

충남대학교 영어영문학과 학사, 석사
미국 Stephen F. Austin State Univ. 석사
미국 Brigham Young Univ. 박사
현재 충남대학교 영어영문학과 교수

저서
새로운 영어교수법(2003, 한신문화사)
영어교사를 위한 교사 연구론(역)(2005, 경문사)
영어 교수·학습의 원리(2005, 한신문화사)
영어교육을 위한 미국 문화의 이해(2007, 충남대학교 출판부)
영어교사를 위한 영어교육(2010, 경문사)
현대 영어 교수·학습론(2013, 신아사)
새로운 영어교육의 원리와 적용(2015, 충남대학교 출판문화원)
외국어 교수·학습론의 이해(2018, 충남대학교 출판문화원)

영어교육 연구 방법과 SPSS를 활용한 통계 분석

초판 1쇄 발행 _ 2019년 3월 1일

저　　자 · 정 양 수
발 행 인 · 정 현 걸
발　　행 · 신 아 사
인　　쇄 · 대명프린팅
출판등록 · 1956년 1월 5일 (제9-52호)
주　　소 · 서울시 은평구 통일로 59길 4(2F)
전　　화 · 02)382-6411 · 팩스 02)382-6401
홈페이지 · www.shinasa.co.kr
E-MAIL · shinasa@daum.net

ISBN 978-89-8396-327-7 (93740)

정가 15,000원